林政之变
21世纪中国林政大趋势

党双忍◎等著

Linzheng
Zhi Bian

陕西新华出版传媒集团
陕西人民出版社

图书在版编目(CIP)数据

林政之变：21世纪中国林政大趋势 / 党双忍等著．
—西安：陕西人民出版社，2023.1
ISBN 978-7-224-14834-3

Ⅰ.①林… Ⅱ.①党… Ⅲ.①林业—行政管理—研究—中国 Ⅳ.①F326.2

中国国家版本馆CIP数据核字(2023)第016912号

责任编辑：韩　琳　凌伊君
整体设计：白明娟
作者团队：党双忍　翟晓江　高瑀晗　孔绿玉　呼海涛
　　　　　　赵国平　任博文　程世斌　孙　健　王　正
　　　　　　马　科　寇　勇　熊　鑫　王生银　尹　华
　　　　　　刘　蕾　杜扶阳　孟海龙　李　哲　张　璐
　　　　　　赵　侠　朱建军　王　毅　葛安新　雷颖虎
　　　　　　王伟峰　刘广振　林　洋　孙　阳　巨炎武
　　　　　　张俊和　毋建军　马军林　姚　巍　杨　君
　　　　　　邓小明　温　臻

林政之变——21世纪中国林政大趋势

作　者：	党双忍 等
出版发行：	陕西新华出版传媒集团　陕西人民出版社
	（西安市北大街147号　邮编：710003）
印　　刷：	陕西隆昌印刷有限公司
开　　本：	787毫米×1092毫米　1/16
印　　张：	22.25
字　　数：	290千字
版　　次：	2023年1月第1版
印　　次：	2023年3月第2次印刷
书　　号：	ISBN 978-7-224-14834-3
定　　价：	98.00元

如有印装质量问题，请与本社联系调换。电话：029—87205094

序

变,是事物发展的一种常态,也是一种辩证逻辑思维方式。2022年辞旧迎新之际,西安爆发了新冠疫情,来势汹汹,但终究是短暂的经过。而事业是长青之树,年年岁岁,生生不息,需要日日用功,毕生注情。静下心来,连续居家数日,有足够而整端的时间进行深入思考,先期完成"面相之变""空间之变""数据之变""产业之变"四篇文章。静默远思,静观其变,以生态文明新时代为精神坐标系,感知过去,立足当下,谋划未来,对经历多次转型发展的中国林政体系进行系统总结研究,显得十分必要,尤为迫切。这是生态文明新时代林政治理体系研究、林政基本理论研究,可称为"林政基建",也是"林政储能"。全面梳理、科学分析和精准把握林政发展的历史经纬和未来发展变化趋势,有利于发现和堵住林政漏洞,防范化解林政风险,推动兴林草兴生态事业大踏步向前发展。

林政,因变而变的连锁反应。如何适应人类文明新形态发展的内在要求,科学辨识林政历史方位、未来方向?一生二、二生三、三生万物。林政是日月不居、江河不息的一连串事件,形成了独具一格的林政体系。有组织结构上的体系,有网络空间上的体系,有时间流变上的体系……我们必须以发展变化的观点看林政,必须与时俱进看林政,必须以系统观点看林政。窥一斑而见全豹,我们要见识过全豹而窥一斑。一叶知秋,我们要经历过四季轮回,见识过烂漫金秋而品一叶。致广大而尽精微,尽精微以致广大。回头看来,从系统观念出发,先期的"四变"是冰山一角，也是小决使导，进而引发一个又一个需要精准识别的变化，一个又一个需要精准回答的问题，也在千方百计寻找着正确的解答，已经形成的林政45变，尽力拼接出"全豹"，展示出美丽的"金秋"，从"精微"中彰显"广大"。每一变都是不平凡的岁月，每一变都是光荣奋斗的历程，每一变都是来之不易的成果，每一变都是值得珍藏的经典。

林政，赤字、盈余、再平衡。中华版图自然馈赠甚丰，扎实了百万年人类史、万年文化史和五千年文明史的生态根脉。中国林政曾经是"生态赤字"林政，"采伐""放牧"超过了生态系统可持续再生能力，并由此导致生态账户透支，形成了严重的生态赤字，引发生态系统功能衰退、生态产品和生态服务能力衰减。沙化、荒漠化，水土流失，河湖浑浊，黄沙漫天，这就是历史上的"生态欠账""生态窟窿"带来的生态恶果。新时代中国林政是"生态盈余"林政，以绿治黄，大规模推进国土绿化、各类生态建设工程推动保护修复，本质上就是修补人类过度开发利用而造成的"生态窟窿"。生态空间治理的重点，就是治理生态空间上的"生态窟窿"。修补"生态窟窿"是生态空间治理基础课、兴林草兴生态的基本功。通过修补"生态窟窿"，促进生态系统功能恢复健康，提升生态空间产能。我们已经把生态空间上的"大窟窿"修补完了，在防风固沙、保持水土、涵养水源方面发挥了重要作用。目前，正在一一精心修补"小窟窿"，促进生态系统功能恢复元气，并力求在维持碳氧平衡、维护生物多样性和调节气候上发挥更大作用。当以往的大小"生态窟窿"修补完成，还清"生态欠账"之后，生态空间颜值、产能"双达峰"，生态系统功能稳定健康高效，中国林政必将进入以生态系统功能维护管理为主、生态账户收支高质量再平衡的新阶段。这是中国林政发展变化的历史大趋势，也是《林政之变》着力遵循的历史大逻辑。

林政，盘根错节的内在结构。的确，中国林政已经发生脱胎换骨的变化，有许多不为人知的特点，这也是人们不大了解"林业"，甚至误读"林业"的一个重要原因。比如，"林业"不仅有森林，还有草原、湿地、荒漠。其实更重要的、首要的阵地，是自然保护地，是以国家公园为主体的自然保护地体系。这就是我们常说的"五大阵地"，也是"五位一体"生态空间。生态空间是林业部门施治施政空间，因而也是"林政空间"。再比如，"小林业"本身，也已经"二元化"。好比是一个"林"字，拆开来是两个"木"字。从所有制看，中国林是国有林与集体林二元；从功能看，中国林是公益林与商品林二元；从起源看，中国林是天然林与人工林二元。中国林这种独特的"二元结构"，在政策制度体系上，表现出来"双轨制"特征，这无疑增加了施治施政的"复杂性"。以建设生态文明为坐标系，全面解构解读"林政体系"，需要贯通新发展理念，树立大历史观，占有丰富资料，把握内在逻辑，看清未来大势。再进一步解字分析，一个"森"字，拆分开来即是三个"木"字，呈现出"三元结构"特征，也是林政三面相。第一元：生态空间、生态系统拆分解开，一个又一个的要素，即是被抽象的"自然资源"面相；第二元：自然资源在特定空间组合起来，有机关联，生生不息，即是提供生态产品和生态服务的生态系统，也就是被抽象的"生态环境"面相；第三元：系统利用生态环境服务或是综合利用自然资源，从资源人，到生态人，再到经济人，即形成了产业经济，即是被抽象的"农业农村"面相。林政，从过去以开发利用自然资源为主体，到如今以提供生态产品和生态服务为主体，从过去以生产私人消费品为中心，到如今以追求生命共同体价值为中心。三木合体，三相合一，无形之中，再添林政治理难度。要从复杂的结构中精准识别生态文明新时代林政体系，我们要有深度思考、高度认识、切实行动。

林政，既见树木，又见森林。巍巍秦岭和天下，独木难成林，群林难离木。滔滔黄河贯古今，大河有水小河满，小河无水大河干。木林森，一木二木三木，恰似中国林政体系由简单到宏阔的演进过程。"木"是"森"之解析、"森"之构件，"森"是"木"之集合、"木"之共生。同样一片"林"，可以向"木"而行，也可以向"森"而进。植"木"可得"森"，解"森"可取"木"。这取决于经济社会需要，取决于思维模式，取决于政策策略、发展战略。发展的路径依赖，说到底是思维的路径，在处理整体和局部、保护与发展的关系上，既不能一叶障目，只见树木不见森林，也不能好高骛远，只见森林不见树木。今日"林政之变"，从多维度全方位观察生态文明新时代中国林政体系，全面系统审视、深刻准确认识林政之变是夯实发展之基的"林政"补课行动。补上了这一课，我们的知识体系更完善，制度体系更丰富，治理体系更坚实，工作部署更精准。

林政，九层之台，起于累土。人们惊奇地发现，与人类世代相伴的野生动物，也会"搞基建""筑爱巢"。人类力量曾一度无意识毁坏了野生动物"搞基建""搭爱巢"的那一方净土，让"自然而纯真的爱"失去了庇护。从国土空间中规划出生态空间，持续推进生态空间治理，就是大尺度保护修复人类与自然的本真关系，就是维护野生动物天赋的"爱的世界""爱的权利"。人类具有悲天悯人的同情心、同理心，不光存有自然之爱，也保有事业之爱；不仅能够为自然之爱而筑巢，也能为事业之爱而筑巢。最近几年，我们下定决心，持之以恒，乘势而上，顺势而为，加快自我革命步伐，推进"林政基建"滚滚向前。我们创新生态空间治理理论，构筑生态空间治理体制，健全生态空间治理机制，推进"数字基建"——生态云平台建设、生态空间数据中心建设，强化网络安全和信息化建设……我们着力推动新林政、新基建，全面厘清生态空间上设定的权利和权力、权能结构，以及优化路径。根深叶茂，本固邦宁。依托厚实的"林政基建"，林政体系更加稳健、更具活力，我们心爱的事业必将更上层楼，呈现更为宽广明亮的未来。

林草兴则生态兴，生态兴则文明兴。兴林草兴生态是中国林政之变的主题，是新时代中国林政的神圣使命。生态空间即林政空间占国土空间的70%以上，高质量国土空间需要高质量生态空间，高质量生态空间需要高质量林政体系，高质量林政体系需要坚实的林政基础储能赋能。实践是检验真理的唯一标准。《林政之变》的生命力，不只在于理论创新，更在于指导实践、推动工作，不只在于创作者的知识贡献，而更在于阅读者的吸收转化。《林政之变》部分篇章，全文已在价值中国网站刊载，有的篇章阅读量还挺大。不过，更具有价值潜力的阅读者，不只网站阅读者，而是来自各级林政组织的实际工作者。《林政之变》的价值，在于被林政工作者所掌握，在于向林政工作实践转化，在于推进生态空间治理迈出的实质步伐，在于全面提升生态空间的生产力、承载力、支持力所取得的实际成效。新时代林政工作者，自当凝心聚智，竭尽所能，添砖加瓦，把新发展理念熔铸在新时代林政体系中，必定是一项重大战略行动。我作为发起人，笃定前进，纵有荆棘处处，难挡使命召唤。

绿色愚公，向绿向美，朝夕逐梦，最美丽、最幸福！

目 录

第一篇 / 总论

第一章　职能之变　002
第二章　空间之变　008
第三章　面相之变　011
第四章　数据之变　014
第五章　理念之变　017
第六章　目标之变　021
第七章　问题之变　026

第二篇 / 阵地

第一章　林地　036

第一节　天然林之变　036
第二节　人工林之变　041
第三节　公益林之变　047
第四节　商品林之变　054
第五节　防护林之变　061
第六节　经济林之变　067
第七节　国有林之变　074
第八节　集体林之变　081

第二章	草原之变	088
第三章	湿地之变	095
第四章	荒漠化土地之变	101

第五章	保护地	107
第一节	保护地之变	107
第二节	国家公园之变	112
第三节	风景名胜之变	117
第四节	植物园之变	125

第三篇 / 战线

第一章	生态保护	132
第一节	生态保护之变	132
第二节	野生动物保护之变	138

第二章	生态修复	144
第一节	国土绿化之变	144
第二节	生态修复之变	151
第三节	森林经营之变	156

目录

第三章　生态重建　163

第一节　造林地之变　163
第二节　苗圃之变　170

第四章　生态富民　177

第一节　产业之变　177
第二节　木材之变　182

第五章　生态服务　190

第一节　旅游之变　190
第二节　自然教育之变　196
第三节　碳汇之变　203
第四节　森林城市之变　208

第六章　生态安全　214

第一节　生物灾害之变　214
第二节　防火之变　221
第三节　剥离地之变　229

第四篇 /保障	第一章	调查监测之变	238
	第二章	规划之变	244
	第三章	工程项目之变	252
	第四章	国际合作之变	260
	第五章	科技之变	270
	第六章	资金之变	278
	第七章	法治之变	289
	第八章	林长制之变	299

附录 /	附录Ⅰ	全球林政：组织与公约	306
	附录Ⅱ	各国林政概览	318

参考文献 /			327
后　记 /			340

第一篇
总论

　　光阴似箭，转瞬即逝。不经意间，在时代的关节之处，岁月烙下了深刻而鲜明的印记。七十余载，沧海桑田，旧貌换新颜。在吸收草原、湿地、荒漠，又孕化自然保护体系后，中国林政由"小"变"大"，由"弱"变"强"，铺满了陆地生态空间。21世纪中国林政，在生态空间弹奏音乐、绘制画卷、谱写华章，独具特色，独领风骚。21世纪中国林政，既见树木，又见森林，复见草原、湿地、自然保护地，由木而林，由林而森，含绿量、含金量，如芝麻开花，节节攀高。21世纪中国林政，在职能、空间、面向、数据、理念、目标上，顺应大势、与时俱进、别开洞天。林政之变总论，大视野、观全貌、察变局、引潮流，既掰开揉碎，又拼接整合，开拓创新，奋发而为，遵奉兴林草兴生态使命，实现生态产品与生态服务可持续发展。

第一章　职能之变

"林业"一词非常古老，一般用于指代林业经济活动。后来，"林业"也用于行政机构名称，指代政府管理林业事务的部门。比如林业部、林业厅、林业局、林业站。2018年，新一轮国家机构改革后，国家层面设立了林业和草原局，地方上或新设立林业和草原局，或沿袭旧名新设立"林业"局。不过，现时的"林业"，在职能上已非过去的"林业"，而是经略森林、草原、湿地、荒漠和自然保护地五大阵地。上述五大阵地是陆地生态空间主体。在这一意义上，生态空间即"林业空间"，现时的"林业"是负责生态空间治理的"林业"。林草兴则生态兴。生态兴则文明兴。"林业"部门职能扩张，即国家予以扩权赋能。回顾过去数十年，林业部门职能起承转合，持续发生"量"的扩张、"质"的跃迁和全面升级，推进生态空间治理体系和治理能力现代化，为建设美丽中国"装台"。

首次授权赋能：森林+防沙治沙+自然保护地

1949年，中央人民政府林垦部成立，负责全国林政，以森林为主要管理对象。林垦部内设林政司、造林司、森林经营司、森林利用司和办公厅。同年，林垦部从治理西北、东北西部、内蒙古、河北、河南风沙灾害需要出发，在石家庄组建冀西沙荒造林局，并提出"植树造林，防风治沙，变沙荒为良田和果园"的目标。1950年，在陕西榆林成立陕北防沙林场。1951年，中央人民政府林垦部更名为中央人民政府林业部，其所管辖的垦务工作移交给中央人民政府农业部负责。林业部负责全国林业建设和国营木材生产、木材管理工作。1954年《宪法》规定："矿藏、水流，由法律规定为国有的森林、荒野和其他资源，都属于全民所有。"林业部门代为管理国有森林、荒野。同年11月，中央人民政府林业部改称为中华人民共和国林业部。12月，第四届世界林业大会在印度举行，中国政府首次派代表团参加世界林业大会。

1956年5月，与林业部并立，成立中华人民共和国森林工业部，主管全国森林工业。同年10月，林业部职能扩展至"自然保护区"，牵头制定《关于天然森林禁伐区（自然保护区）划定草案》，明确指出："有必要根据森林、草原分布的地带性，在各地天然林和草原内划定禁伐区（自然保护区），以保存各地带自然动植物的原生状态。"禁伐区或自然植被保护区涵盖"天然林、风景名胜林、草原荒漠和高山寒漠、野生动植物栖息地"等分布的林区或林分。其中"大兴安岭林区的原始林及草原、秦岭北坡太白山"等44处均被划定为禁伐区并报中央备案。1956年，我国建立第一个自然保护区——广东鼎湖山自然保护区，对辖区森林资源、野生动物植物资源实施管理保护，自然保护地雏形初建。1958年2月，森林工业部与林业部合并，组建新的林业部，主管全国林业工作。8月21日，毛泽东在政治局扩大会议上的讲话中提出："要使我们祖国的河山全都绿起来，要达到园林化，到处都很美丽，自然面貌要改变过来。"并在11月6日指出："要发展林业，林业是个很了不起的事业。"1963年，国务院颁发的《森林保护条例》规定："国家划定的自然保护区的森林，禁止进行任何性质的采伐。"这是新中国成立后制定的首部有关森林保护的最全面法规。1970年5月，林业部、农业部和水产部合并，组建农林部。1973年8月，农林部召开"全国环境保护工作会议"，通过《自然保护区管理暂行条例（草案）》。1974年，农林部保护司设立自然保护处，专司其职。

1978年，国家将"国家保护环境和自然资源，防止污染和其他公害"写入《宪法》总纲，为环境法律法规制定和环境保护工作提供了宪法基础。同年4月，成立国家林业总局。11月，启动"三北防护林体系"

建设工程，开创中国大规模生态建设的先河。

二次赋能升级：+野生动植物保护+生物多样性保护+湿地保护+荒漠化防治

1979年2月，撤销农林部，组建农业部、林业部。同年，颁布施行《森林法（试行）》，将森林划分为防护林、用材林、经济林、薪炭林、特种用途林五类，规定国务院设立林业部，主管全国林业建设，行使森林管理职能。1982年《宪法》第九条规定："国家保障自然资源的合理利用，保护珍贵的动物和植物。禁止任何组织或者个人用任何手段侵占或者破坏自然资源。"为野生动植物保护提供《宪法》依据。1985年，林业部《森林和野生动物类型自然保护区管理办法》明确，自然保护区是保护自然环境和自然资源，拯救濒于灭绝的生物物种，进行科学研究的重要基地。1986年，林业部《中华人民共和国森林法实施细则》规定，"森林资源，包括林地以及林区内野生的植物和动物"。1988年，国务院机构改革，保留中华人民共和国林业部，批准林业部机关机构改革"三定"方案。1989年1月，林业部、农业部发布《国家重点保护野生动物名录》。同年3月，正式施行的《野生动物保护法》规定"国务院林业草原主管部门主管全国陆生野生动物保护工作"之后，国务院颁布《中华人民共和国野生植物保护条例》，明确林业部门管理野生植物的职能。

20世纪90年代，中国政府将荒漠化治理纳入《中国21世纪议程》和国家经济发展计划，制定中国林业行动计划和国家生态建设规划。1991年，由林业部牵头组建全国防治荒漠化协调小组，成立了荒漠化监测中心、防治荒漠化发展中心、防治荒漠化培训中心，办公机构设在林业部，编制《中国履行〈联合国防治荒漠化公约〉的行动方案》，推动我国履行《联合国防治荒漠化公约》，和国际接轨，并负责监督管理全国荒漠化防治并承担防治荒漠化公约履约工作。1992年，我国加入《湿地公约》，国务院授权林业部代表中国政府履行《湿地公约》，开启湿地资源保护的行政管理职能。同年，我国成为联合国《生物多样性公约》

的缔约国，国务院指定国家环保总局自然生态保护司为中国履行公约办公室，国家林业局作为生物多样性保护的主体部门，参加履约协调组，并在国家林业局内设野生动物保护与自然保护区管理司，具体承担生物多样性保护职能。

1993年，第八届全国人民代表大会第一次会议批准了国务院机构改革方案，保留林业部。1994年1月，林业部发布的《森林公园管理办法》规定"林业部主管全国森林公园工作"并"对依法确定其管理的森林、林木、林地、野生动植物、水域、景点景物、各类设施等，享有经营管理权，其合法权益受法律保护，任何单位和个人不得侵犯。"按照《林业部职能配置、内设机构和人员编制方案》的规定，林业部是国务院主管林业行政的职能部门，负责林业生态环境建设、事业管理和林业产业行业管理，行使林业行政执法职权。内设13个职能司(室)。其中野生动物和森林植物保护司，负责管理森林和野生动物类型自然保护区，主管全国陆生野生动物、植物资源的保护和合理开发利用等工作。同年，正式施行《中华人民共和国自然保护区条例》，规定国务院环境保护行政主管部门负责全国自然保护区的综合管理，国务院林业等有关行政主管部门在各自的职责范围内，主管有关的自然保护区。全国自然保护区管理体制开启了综合管理与部门管理相结合的新模式。

三次赋能升级：+六大国家生态工程

1998年1月，中央机构编制委员会办公室批准，林业部成立防治荒漠化管理中心，为林业部直属事业单位，负责全国荒漠化防治、防沙治沙等工作。同年3月，第九届全国人大一次会议审议通过《关于国务院机构改革方案的决定》，撤销林业部，组建国家林业局，为国务院直属机构，并将"原由水利部承担的在宜林地区以植树、种草等生物措施防治水土流失的政府职能，交给国家林业局承担"。"六大生态建设重点工程"先后实施，林业部门职能涵盖"森林、草原、湿地、荒漠和自然保护地以及野生动植物保护"等方面，主要解决天然林的休养生息和恢复发展、重点地区的水土流失、风沙危害、防沙治沙、物种保护、湿地保护、木材供应等问题，标志着林业职能定位从以产业为主转向以公益事业为主。

事依法行，法随时变。1998年，新修正的《森林法》正式施行，加大了对森林资源的保护力度，加快了国土绿化和生态建设步伐，保障和促进了林业发展需求，赋予林业部门新使命。1999年，我国加入《国际植物新品种保护公约》，国家林业局开始受理林业植物新品种权申请。2000年，《森林法实施条例》规定："森林资源，包括森林、林木林地以及依托森林、林木、林地生存的野生动物、植物和微生物。"同年，国家林业局发布《国家保护的有益的或者有重要经济、科学研究价值的陆生野生动物名录》。2002年，《防沙治沙法》规定："在国务院领导下，国务院林业行政主管部门负责组织、协调、指导全国防沙治沙工作。"2004年3月，政府工作报告提出"实施生态建设为主的林业发展战略"。

四次赋能升级：+草原+自然保护地体系+国家公园

2017年，"绿水青山就是金山银山"写入党章。2018年3月11日，第十三届全国人大第三次全体会议表决通过了《中华人民共和国宪法修正案》，生态文明被历史性地写入宪法，全国生态环境保护大会召开，正式确立习近平生态文明思想。2018年，新一轮国家机构改革，新组建国家林业和草原局，加挂国家公园管理局牌子。草原与森林、湿地、荒漠"体制合龙"，陆地四大自然生态系统统一于"林业"部门，主要职责是，监督管理森林、草原、湿地、荒漠和陆生野生动植物资源开发利用和保护，组织生态保护和修复，开展造林绿化工作，管理国家公园等各类自然保护地。现实的"林业"按照《国家林业和草原局职能配置、内设机构和人员编制规定》增加"职能转变"职责，内设森林资源管理司、草原管理司、湿地管理司、荒漠化防治司、自然保护地管理司等15个副司局级职能部门，并跨地区设置15个森林资源监督专员办事处，主要承担中央政府直接行使所有权的国家公园等自然保护地的自然资源资产管理和国土空间用途管制职责，监督所辖区域森林、草原、湿地、荒漠资源和野生动植物进出口管理等相关工作。

2019年，党中央、国务院《关于建立以国家公园为主体的自然保护地体系指导意见》提出，建立以国家公园为主体、自然保护区为基础、各类自然公园为补充的中国特色自然保护地体系，确保重要自然生态系统、自然遗迹、自然景观和生物多样性得到系统性保护，提升生态产品供给能力，维护国家生态安全，为建设美丽中国、实现中华民族永续发展提供生态支撑。2020年7月，新修正的《森林法》规定，"地方人民政府可以根据本行政区域森林资源保护发展的需要，建立林长制"并"建立以国家公园为主体的自然保护地体系"加强保护管理。2021年3月，国务院办公厅印发《关于加强草原保护修复的若干意见》，完善草原自然保护地体系，统筹林草生态治理，"农业"草原向"林业"草原转轨迈出重大步伐，草原治理也从资源保护向生态空间治理转变。2022年6月，国家林业和草原局印发的《国家公园管理暂行办法》规定："国家林业和草原局(国家公园管理局)负责全国国家公园的监督管理工作。"同月，施行的《中华人民共和国湿地保护法》规定，"国务院林业草原主管部门负责湿地资源的监督管理，负责湿地保护规划和相关国家标准拟定、湿地开发利用的监督管理、湿地生态保护修复工作"。全面推行林长制，建立五级林长体系，林长制办公室设在林业部门，确保实现"林长治"。

经历"四次赋能"，新时代中国林业部门已经"农转非"，与资源、环境并口，组成"资源与环境口"。新林业部门不再是一"业"，而是崭新的国土空间——生态空间。至此，中国林政发生了历史性变化，具体表现为"五大转变"：

——从生态应急型向生态恢复型转变。生态脆弱时，先后上马"三北"防护林工程、水源涵养林工程，构建"屏障式""应急式"工程。之后，相继上马天然林保护工程、退耕还林还草工程，这是进入生态恢复与重建时期的重要标志。

——从生活支撑型向健康促进型转变。计划经济时，过度生产木材以支撑国计民生，过度砍伐柴山以支撑"生米做成熟饭"，过度开垦以支撑温饱生活。实施天保工程，停止采伐天然林，提供生态产品、环境产品，以及健康食品。

——从初级原料型向全产业链型转变。曾经，林业处在产业链的底端，以出口初级林产品为荣。如今，我们向产业链高端前进，将林产品加工、深加工，初步形成健全的产业链条和完整的产业体系。

——从国土增绿型向家园美丽型转变。过去，"植树造林，绿化祖国"，只是简单扩展绿色面积。现今，植绿造美，建设美丽中国，在追求大地"绿起来"的同时，也要让大地"美起来"。

——从乡村单一型向城乡复合型转变。过去，森林在山野，林业在乡村。如今，森林进村，森林入城，实现了全覆盖。"四次赋能"推动中国林政走出"材山柴山"，走上"金山银山"，走进新林业时代。

党的十九大报告指出："我们要建设的现代化是人与自然和谐共生的现代化，既要创造更多的物质财富和精神财富以满足人民日益增长的美好生活需要，也要提供更多生态产品以满足人民日益增长的优美生态需要。"绿水青山就是金山银山。人的命脉在田，田的命脉在水，水的命脉在山，山的命脉在土，土的命脉在林草。林草兴则生态兴，生态兴则文明兴。善治国者必治水，善治水者必治山，善治山者必兴林。兴林治山，盛世之举，强国之道。根使命，最神圣。

第二章　空间之变

森林大幅度回归。1999年以来，针对长期过度垦殖、过度放牧、过度采伐导致的生态环境问题，国家先后实施两轮退耕还林还草，两期天然林保护工程，加上三北防护林体系建设、长江黄河中上游水源涵养林建设，大规模推进国土绿化，封山育林，封山禁牧，"森林回归""绿色回归"成为21世纪最显明的时代特征。国土"三调"与国土"一调"相比，全省林地面积增加0.5亿亩。相比中华人民共和国成立时，"森林回归"面积超过1亿亩。

"五位一体"的生态空间。2018年，实施新一轮国家机构改革，新的林业部门在治理空间上有较大幅度扩展，增加了草原、国家公园、自然保护区、地质公园、地质遗迹、风景名胜区等监管职责，加上原有的森林、湿地、荒漠化治理，形成连接林地、草地、湿地、荒漠化土地、自然保护地"五位一体"的生态空间。国土"三调"数据显示，2020年陕西省林地1.87亿亩，草地0.33亿亩，以林草为主体的生态空间2.2亿亩，占全省国土空间的72%。各类自然保护地是核心生态空间，全省自然保护地面积0.33亿亩。根据国家统一部署，把各类自然保护地整合为国家公园、自然保护区、自然公园三部分，形成以国家公园为主体的自然保护地体系。从体制机制上改变条块化、碎片化状态，实现生态空间整体连通、一体化保护、一体化修复、一体化治理、一体化发展。

从"农用地"到"生态用地"。我国《土地管理法》第四条规定，国家实行土地用途管制制度。国家编制土地利用总体规划，规定土地用途，将土地分为农用地、建设用地和未利用地。严格限制农用地转为建设用地，控制建设用地总量，对耕地实行特殊保护。农用地是指直接用于农业生产的土地，包括耕地、林地、草地、农田水利用地、养殖水面等。可见，林地、草地，无论分布于何处，生态功能如何，一概与耕地一样，属于《土地管理法》中的农用地。2019年，中共中央、国务院《关于建立国土空间规划体系并监督实施的若干意见》明确要求，实行"多规合一"，把主体功能区规划、土地利用规划、城乡规划等空间规划融合为统一的国土空间规划，形成"三区三线"的国土空间规划整体格局。"三区"即城镇空间、农业空间、生态空间，"三线"即城镇开发边界、永久基本农田、生态保护红线。生态空间是以提供生态产品和生态服务为主体功能的国土空间，涵盖需要保护和合理利用的森林、草原、湿地、荒野、荒漠、河流、湖泊、滩涂、岸线、海洋……总体趋势为，"五位一体"生态空间土地由"农用地"向"生态用地"过渡，新林业部门主要阵地不在农业空间而在生态空间。绿水青山就在生态空间，生态空间是林业部门的施政施治空间，就是"林政空间""林业空间"。由此，林业部门与农业部门分空间而治之。

生态空间是根空间，源源不断地向城镇空间、农业空间输送营养。实现三大空间物质、能量和信息交换，需要连通城镇空间、农业空间、生态空间，修筑输水管线、输气管线，以及公路、铁路运输线，信息网络。城镇空间、农业空间向生态空间提供保护修复支撑体系，生态空间向城镇空间、农业空间提供生态产品和生态服务。城镇空间、农业空间具有经济发展潜力，提供了更多的就业岗位，支持生态空间人口向城镇空间、农业空间转移。乱世上山、盛世下山。当今盛世，人口下山进城，或是向公路、铁路出入口集中，大势所趋。具有较强就业竞争力的人口，优先选择是向中心城市转移，次优选择是向小城镇转移，再次选择是向乡村社区转移。在生态空间上生产、生活的人口减少，有利于生态空间休养生息，加快自然生态修复，恢复宁静、和谐、美丽。人工辅助自然修复，可谓顺应时势，四两拨千斤。人口空间格局的变化，引发国土空间利用格局变化。城镇体系发展壮大，一方面，挤占农业空间，另一方面，需要更多农产品供给，增加耕地占补，平衡压力。部分耕地需要压力在农业空间内部，通过土地整治、集约利用得以缓解。腾退过度绿化、经济林过剩产能占用的耕地，也是缓解耕地压力的有效途径。还有部分耕地需要压力传导至生态空间，垦殖生态空间。生态空间管控压力增加。无论是绿化，还是垦殖，都不能违背自然规律、违反法律规定，都要讲实际、讲科学、讲法治。

以"亩地论英雄"，生态空间健康高效。三大国土空间并不是固定的、僵化的、一成不变的，而是与时俱进的。随着科技进步、经济社会发展、人口格局演变、交通体系成熟，国土空间规划会随之调整，国土空间利用结构也将随之发生整合优化。三大空间变化的主题是结构优化与区位置换，使自身结构更合理、功能更强大，而不是简单的总量与规模扩张。三大国土空间在总体上维持空间存量规模，不断优化空间结构。由于国土空间的有限性，要实现经济社会永续发展，三大国土空间都要实行"亩产论英雄"，实现自我革命、自我价值提升。在单位城镇空间上要创造更多经济价值（GDP），在单位农业空间上要创造更多农产品，在生态空间上要创造更多生态产品和生态服务（GEP）。绿色是金。林业部门的主体任务，就是顺应国土空间之变，推进生态空间治理，提升生态空间产能，促进生态空间健康高效发展，实现生态空间山清水秀。

第三章　面相之变

1985年时，有一个概念叫"农口"，即"农林水"。还有一个概念是"大农口""大农业"，即是"农林水牧气象多""农林牧副渔"。毫无疑问，那个时候，"林"有着明显的"业态"特征，"林业"二字，名副其实。在人们心目中，"林业"长着一副标准的"农口相"。伐木取材是最重要的"业态"，一直向深山老林进军，伐木伐到大熊猫栖息的家园。以木材为中心，形成采伐、加工、制造、运输、销售的产业链。在采伐地上，再植树，再培育森林。在伐木取材、植树造林之外，在林地上发展山货特产、林特经济，核桃、板栗、花椒、大枣……林业创造的经济价值，有的计入农业总产值，有的计入工商业总产值，国民经济核算体系改革后计入了GDP。大约20多年前，因林业部改为国家林业局，"林业"开始被戏称为"临时业"。因为"林业"长着一副"农口相",当时盛传"林业"将并入"农业",归农业部管理。

1998年长江暴发大洪水,人们追根溯源,深刻意识到由于过度采伐、过度开垦,导致具有调节气候、净化空气、涵养水源、保持水土、蓄滞洪水、维护生物多样性等功能的森林生态系统遭受严重创伤,以至于"降水顷刻涨江河"。森林生态系统严重衰退,成为世纪之交中国环境问题的核心。于是,退耕还林还草工程,天然林保护工程,黄河、长江中上游水源涵养林工程,野生动植物保护和自然保护地工程先后上马落地。采伐悄然退出,森林重归宁静。"林"的"业态"特征,渐渐失去光泽。其实,早在20世纪70年代末期,北方沙漠南侵,风沙危害直逼京津冀,国家开启为期70年的三北防护林体系建设工程。2001年,颁布实施防沙治沙法,明确"林业"的防沙治沙职责。2004年,第一批森林城市启航,让森林走进城市。这标志着中国"林业"以全新姿态进入了21世纪。2010年以来,国际应对气候变化的浪潮一浪高过一浪,森林生态系统所具有的碳汇价值一升再升。至此,"林业"的面相事实上已经发生了一次重大而深刻的变化,俨然长出了一副生态面相、环境面相。森林被官方文件一再确认为陆地生态系统的主体,"林业"则被官方文件定义为生态建设的主体。毫无疑问,草灌锁荒丘,风沙遁灌丛,荒坡变绿原,江河水变清,空气干变湿,生物多样化,皆让人们感知了"林业"的生态环境价值。这一时期,"林业"的经济价值"一落千丈",创造的GDP"小不点""不起眼",而生态价值、环境价值"一飞冲天",提供的GEP(生态产品总值)越来越吃香,越来越耐算计。一时间,人们竟纷纷猜测,"林业"将会离开"大农口",与"环境口"并轨发展。2018年新一轮机构改革,自然保护地体系管理职责全部划归"林业",草原并入"林业",刚刚颁布的湿地保护法将湿地保护修复职责归入"林业",似乎都是在增强"林业"的生态环境面相。

进入新时代,中国以"林业"或是"林业草原"之名,实施着森林法、草原法、湿地保护法、防沙治沙法、野生动物保护法,以及正在制定的自然保护地法。无论是森林、林地、林木，还是草原、湿地、荒漠化土地、自然保护地、野生动植物，既有生态环境的面相，又有自然资源的面相。"林业"对森林、林地、林木，以及草原、湿地、沙化土地、自然保护地实行用途管制，本身就有自然资源管理与生态环境管理的双重属性。"林业"管理的林地、草地、湿地、沙化土地、自然保护地，构成陆地自然生态空间的主体，而自然生态空间是国土空间的主体。陕西林业部门"四大生态系统""五大阵地""六条战线"2.2亿亩生态空间，占全省国土空间3亿亩的72%。在1.87亿亩林地中，公益林地1.37亿亩、商品林地0.5亿亩。推进林地、草地"三权分置"，深化林权制度改革，分类管理国家公益林、地方公益林和商品林，实行公益林生态效益补偿、天然商品林停伐管护补助和人工营林造林补助、建设储备林贷款贴息，就是自然资源资产产权管理的重要组成部分。

综上所述，新时代中国"林业"长着三副面相，第一副面相是已经不再光鲜却是与生俱来的初始面相，即以产业经济为中心的"林业"，也即"林业产业""林业经济""林草经济"；第二副面相是与时俱进具有时代亮度的生态环境面相，推动生态系统修复，促进生态系统健康高效，生产更多的生态产品，提供更优质的环境服务；第三副面相是底层面相——自然资源面相，加强生态空间管制，推进生态空间治理，增加生态空间产能，以亩产论英雄。正是因为"林业"的"一体三相"，林业草原与农业农村、生态环境、自然资源有着密切关联，在乡村振兴、生态环境保护、国土空间治理三个方面都具有极为重要的作用。科学解构"林业""一体三相"是破解新时代"林政之困"的一把金钥匙。新时代"林业"是新林业、新林政。如果把第一副面相的林业，称为1.0版本的小林业，那么拥有第二副面相的林业，即是2.0版本的大林业，而兼具三个面相的林业，即是3.0版本的新林业。进入3.0版本时代的新林政，要解放思想，开拓创新，在"三个面相"上有所作为，奋力谱写高质量发展新篇章。

第四章　数据之变

过去，根据各项林政工作需要，林政部门先后进行过森林调查、草原调查、湿地调查、荒漠化调查等多项调查。这些为林政专项而定制的调查，各自为战，各有各的路数，各有各的时空序列，各有各的话语体系，各有各的分类标准，各有各的调查方法。尽管各类专项调查都有其合理性，但无法解决时间不一、分类不一、数据不一，以及空间交叉重叠问题。加之，专项调查每五年或是十年进行一次，往往是时过境迁，缺少生命力。最近几年，我们推进森林资源管理"一张图"年度更新，但因基础数据质量不高，又不能兼顾草原、湿地、荒漠化，与实际应用有较大差距。由于缺少高质量年度数据，无法进行年度量化分析。这一点，已经成为林政工作中的"数据之困"。

当下，破解林政"数据之困"迎来重要机遇。国家提出明确要求，各项数据要以国土"三调"为底板，进行全面对接融合。以2019年12月31日为标准时点，2020年全面完成第三次全国国土调查工作。实地调查了土地的地类、面积和权属，全面掌握耕地、园地、林地、草地、湿地、商业服务业、工矿、住宅、公共管理与公共服务、交通运输、水域及水利设施用地等地类分布及利用状况；全面掌握了耕地数量、质量、分布和构成；开展低效闲置土地调查，全面摸清了城镇及开发区范围内的土地利用状况；同步推进相关自然资源专业调查，整合相关自然资源专业信息；建立互联共享的覆盖国家、省、地、县四级的集影像、地类、范围、面积、权属和相关自然资源信息为一体的国土调查数据库，完善各级互联共享的网络化管理系统；健全国土及森林、草原、水、湿地等自然资源变化信息的调查、统计和全天候、全覆盖遥感监测与快速更新机制。国土"三调"实现成果信息化管理与共享，满足生态文明建设、国土空间规划编制、国土空间用途管制、国土空间生态修复、国土空间治理能力现代化和国土空间规划体系建设等各项工作的需要。

国土"三调"成果已经正式公布，数据对接融合工作正在抓紧展开。需要特别指出的是，与国土"三调"数据对接融合，不是简单的数字算术，而是一场深刻的数据革命，对我们各项工作将带来革命性影响。对接融合是数字基建，基础不牢，地动山摇。我们要敏锐地觉察到，"三调"是国土资源调查，覆盖全部国土空间。全部国土空间是一个整体，这一整体是100%，所有分项数据都是对这一整体的完美分割。或者说，分项数据拼接在一起的时候，必须等于100，不能多也不能少。这必然要求非黑即白，一清二楚，不沾亲带故，不拖泥带水。然而，自然界是有机统一的连续分布，自然而然，你中有我，我中有你，各类生态系统在国土空间上耦合连通，相互依存，和谐共生，不会像国土资源调查数据归类一样是孤立机械简单的存在。同一国土空间，可能具有多重自然属性和社会属性。比如一块水田，既具有耕地属性，又具有湿地属性。比如，森林、草原中的湿地，既具有湿地属性，也具有森林、草原属性。荒漠化土地范围内的耕地、森林、草原，同时也具有荒漠化土地属性。也就是说，与"三调"数据对接融合，必须清楚国土资源调查数据与有关专项调查数据的逻辑关系。精确对接出生态空间数据，科学分析出生态系统数据。

我们要以"三调"数据为底板，实行多维度、全方位对接融合。首先，是数字对接。要把专项数据放在国土空间数据"一张图"中，把国土空间数据放在专项数据"一张图"中看属性、找关系。其次，是空间对接。要以系统思维，逐一确认国土资源调查数据指向空间所属的生态系统，以及森林生态系统、草原生态系统、湿地生态系统、荒漠化生态系统、农田生态系统、城镇生态系统的空间关系。"三调"数据中缺少"宜林地"，而各级政府确认过的"宜林地"在哪里？再次，是政策对接。

自然保护地管理、天然林保护修复、公益林生态补偿、科学造林绿化、退耕还林还草、林地草地湿地用途管制、荒漠化土地治理、封山禁牧、商业林地经营等政策落地都具有空间指向。要把政策措施落实到空间，落实到权属所有者。最后，是观念对接。正像林地不等于森林一样，草地也不等于草原。要通过对接融合，确定森林面积、草原面积，科学计算出森林覆盖率、林草覆盖率。林地、草地、湿地、荒漠化土地、自然保护地是国土空间中的生态空间。人不负青山，青山定不负人。我们的所有工作，最终都要落实在生态空间上，所有工作成效最终都表现在生态空间上。我们要在生态空间上精准施治，就要熟悉每一寸生态空间。要把国土资源观念与生态系统观念融合起来、统一起来，系统治理生态空间，保护修复生态系统，促进生态系统健康高效。

数据革命是林政革命的根基。坚持以数据革命推进林政革命，我们设立了网络安全与信息化管理委员会，与国家林业和草原局生态感知平台对接，我们建设生态云平台和生态空间数据中心。与"三调"数据的对接融合是林政数据革命，高质量对接融合就是高质量的林政数据革命。要统筹推进数字、空间、政策与观念"四维对接"，不要"死对"要"活对"。通过高质量数据对接融合，完成高质量林政数据革命。要与国土空间数据协同挂钩，建立起年度同步更新机制，为生态空间高效能、生态系统高质量打下坚实的数据基础。这也是我们加快林政革命步伐，大踏步赶上生态文明新时代，进入新发展阶段，践行新发展理念，融入新发展格局的关键所在。

第五章　理念之变

习近平总书记指出："理念是行动的先导，一定的发展实践都是由一定的发展理念来引领的。发展理念搞对了，目标任务就好定了，政策举措也就跟着好定了。"历经百年奋斗，我国进入了新时代，走上了人与自然和谐共生之路，创造了人类文明新形态。生态文明建设纳入"五位一体"总体布局，融入经济、政治、文化和社会建设的全过程。顺应时代之变，林业部门职能职责由"林业产业"到"林业空间"，从林业建设到生态建设，到生态保护修复，再到生态系统管理、生态空间治理，施治施政理念发生了历史性变迁。

从"林学"向"生态学""环境学"变迁。传统林业贯通"经济优先"理念，以获取木材和其他林产品为重要职能，体现出"农业经济"特征。传统林业以传统林学为根基，以森林为对象，回答培育森林、经营森林、保护森林和合理利用森林等问题，强调森林蓄积量，把出材量、出材率作为发展重要指标，衍生出用材林、薪炭林、经济林、果树林等专业领域。习近平生态文明思想是当代中国科学生态观，"人与自然是生命共同体""绿水青山就是金山银山""人不负青山，青山定不负人"，就是新时代林政根本逻辑遵循。适应生态空间治理需要，新时代林政之学由"林学"向"生态学""环境学"变迁，既深化森林研究，又强化草原、湿地、荒漠研究，以及自然保护地研究。既综合研究自然保护地体系，又分析研究四大生态系统，提高自然保护地管理水平，促进生态系统健康高效、丰富生态空间生物多样性。生态空间既具有林学面相，又具有生态学面相和环境学面相，适应多学科协同创新驱动发展。

从"破碎化"向"一体化""体系化"变迁。过去一个时期，森林、草原、湿地、荒漠四大生态系统曾被学科和部门机械分割为各自独立的生态空间，归属不同部门管理。林不理"草"，"草"不管"林"，不顾生态系统完整性、生物链、食物链。各类自然保护地分属环保、林业、农业、国土、水利部门分别管理，不同的生态要素、不同的部门、不同的保护地，不同的管理措施。习近平总书记从生态完整性系统性提出"山水林田湖草沙是生命共同体"，要求统筹山水林田湖草沙系统治理，"多规合一"，把主体功能区规划、土地利用规划、城乡规划等空间规划融合为统一的国土空间规划，形成"三区三线"的国土空间规划整体格局，把三大国土空间融合统一。新一轮机构改革，使森林、草原、湿地、荒漠和自然保护地管理职责归集林业部门，从体制、机制上融合为一体。"双重规划"整合国土绿化、湿地与河湖保护修复、防沙治沙、水土保持、生物多样性保护等生态工程于一体。"山水工程"着力于将治山、治水、护田融于一体，基于自然整体的解决方案。林长制着力构建五级林长体系，将党政领导保护发展生态资源责任一体化，推动人与自然生命共同体系统性、原真性、完整性保护和统筹治理。

从GDP向GEP、NPP变迁。过去，为GDP开路，毁林开荒、围湖造田、破坏草原。2010年，我国GDP跃升世界第二，但资源约束、环境污染、生态退化，成为国家"强起来"的障碍。习近平总书记深刻指出，发展经济是民生，保护生态环境也是民生。环境就是生产力，良好的生态环境就是GDP。在创造GDP、共享GDP的同时，也深刻认识到良好生态环境是最普惠的民生福祉，既要GDP更要GEP。既要初级生态经济，又要生态保育经济、自然教育经济、森林康养经济、美丽景观经济。更加注重提供优质生态产品和生态服务，把GEP作为生态空间重要衡量指标。从以GDP论英雄到既要GDP又要GEP、NNP，生态保护修复也是绿色政绩，"使生态产品价值更多更公平惠及全体人民"。

从"多套数"向"一套数""一张图"变迁。过去，国土部门"一套数"，农业部门"一套数"，林业部门"一套数"，各有"一套数"，各自为政，自圆其"数"。林业部门"跋山涉水搞调查、目测脚量干监测"，形成多个条线，一类调查(森林资源连续清查)、二类调查(森林资源规划设计调查)、年度变更调查(森林资源管理"一张图"更新)，还有荒漠化监测、湿地调查、野生动植物专项调查。多个条线目的不同、方法不同、时点不一，虽自成体系却互相矛盾、数据打架。新一轮机构改革后，"调查"职能调整到自然资源部门。党的十九届四中全会明确"加快建立自然资源统一调查、评价、监测制度"。林业部门统筹森林、草原、湿地、荒漠，图斑和样地监测相结合，天空地一体化，由数量监测变为数量、质量、动态综合监测，并分析评价资源状况，生态系统格局、质量、生物量和碳储量等生态状况，以及生态服务功能效益。至此，生态空间数据从"多套数"向"一套数"变迁，融合统一成一个体系，正在逐步实现"一张图""一套数"。

从"索取掠夺"向"和谐共生""投资自然"变迁。工业文明以来，全球化浪潮一浪接着一浪，人类欲望空前膨胀，不计后果地过度开发自然。全球性环境问题日益突出，各国开展联合行动，协同约束发展行为，"减少伤害、减少影响、不留痕迹地生活在这个世界"。联合国粮农组织的2020年全球森林资源评估报告指出，自1990年以来，全球森林减少26.7亿亩，30%的森林用于木材和非木材林产品生产。过去30年，森林碳密度小幅上升。由于森林下降，森林碳汇量减少。森林与经济发展、气候变化和国际环境保护运动的联系越来越紧密，促使人类重新审视森林，迫使人们彻底抛弃向自然索取、盲目占有的理念。人类只有一个地球，必须走出人与自然和谐共生之路。习近平总书记强调，人类不能再忽视大自然一次又一次的警告，沿着只讲索取不讲投入、只讲发展不讲保护、只讲利用不讲修复的老路走下去。"人与自然和谐共生""人类命运共同体"已经成为新时代中国共识，并引领世界潮流。

贯彻落实新发展理念，引起了广泛而深刻的变革。基于上述"五个变迁"，可以沉淀出需要长期坚持的"四项原则"：

坚持"生态优先、阔步向绿"。生态优先体现在生态规律优先、生态空间优先、生态产品优先、生态效益优先和生态政绩优先方面。要通过科学开展国土绿化，恢复重建森林草原、保护恢复湿地和治理荒漠，让生态空间"阔步向深绿"。全面保护天然林、公益林、草原、湿地、野生动植物，提升自然生态系统的稳定性和质量效益，让生态空间从"绿起来"向"美起来""强起来"发展。

坚持"五位一体、系统治理"。生态空间"根空间"，源源不断向城镇空间、农业空间输送物质、能量和信息。三大空间规模量级已大体定型，转型升级的主题是区位置换、优化结构，使国土利用结构更加合理。坚持"五位一体、系统治理"，不断优化生态空间格局，分空间指导、因空间制宜，一体化保护修复发展。不断增强生态系统管理，综合统筹自然保护地体系和森林、草原、湿地、荒漠生态系统保护修复，合理布局绿化空间，增强生态保护修复系统性，提升生态空间产能，促进生态系统健康高效。

坚持"智慧林政""数字治理"。数据驱动林政重塑。要把"智慧林政"作为生态空间治理重点项目。加强自然保护地体系和森林、草原、湿地、沙地、荒漠生态系统管理，加快构建系统高效的生态空间治理体系。以"三调"数据为底板，做好"数字对接、空间对接、政策对接、观念对接"，多维度全方位融合，构建生态资源数据库，实现生态空间数据"一张图""一套数"。抓好监测评价，融入"无人机+激光雷达"监测、北斗短波传输、AI（人工智能）分析等技术，精确对接、科学分析生态系统数据，落实科学绿化空间，服务林长制体系，支撑国土空间用途管制、国土空间生态修复、空间治理能力现代化和国土空间规划体系建设。建好生态云平台，按照"1+N"的建设框架，构建信息互通、数据共享、安全高效的管理服务体系，推动生态空间治理体系和治理能力现代化。

坚持人与自然和谐共生。生态空间治理就是要增加生态产品总值（GEP），提供更多优质生态产品以满足人民日益增长的优美生态环境需要。要解放和发展生态生产力，实现生态空间高颜值、生态系统高效率，生态系统稳定健康高效，不断增加优质生态产品供给能力。鼓励向自然投资，发展林下经济、森林旅游、生态康养、休闲民宿，推动产业生态化和生态产业化。完善生态公益林、草原、湿地等生态补偿制度，建立碳盈余与碳赤字之间的横向补偿机制，探索建立碳汇交易市场和平台，创新"碳票""碳债券""碳基金"等金融产品，把优质生态产品转化成优质生态资产，把生态系统优势转化为生态生产力优势。积极推动"联合国生态系统恢复十年"行动计划和生物多样性公约、防治荒漠化公约、湿地公约等国际公约，开展荒漠化沙化土地防治和生物多样性保护领域合作交流，增强林政国际话语权、维护国家生态利益。

知之愈明，则行之愈笃。行之愈笃，则知之益明。要解放思想、开拓创新，再接再厉，踔厉奋发、笃行不怠，搞好生态保护修复，加强生态系统管理，加快生态空间绿色革命，为美丽中国贡献林政力量！

第六章　目标之变

与一个人需要理想信念一样，一个组织需要目标愿景。理想信念是坚定而执着地追求想象中的美好未来，维系人生奋斗的精神图腾。目标愿景是希望未来的情景、愿望实现时的情景，是引导组织前进、事业发展的精神路标。新中国林业部首任部长梁希院士，曾为中国林政描绘了一幅瑰丽的目标远景：无山不绿、有水皆清、四时花香、万壑鸟鸣，将河山装成锦绣，把国土绘成丹青。这 30 个字，成为一代又一代林业人不懈努力、苦苦追求的职业理想。

林政治理是永恒的事业，具有与时俱进的特质。林政治理目标，具有显著的人民性、时代性、阶段性。新中国林政已经走过四个阶段：

（一）以"采育并重"为主要目标的阶段

新中国成立伊始，恢复生产、发展经济、保障供给是首要任务。从木材供需矛盾突出和森林破坏严重的实际出发，制定切实可行的林业政策。1950年2月，林垦部召开第一次全国林业会议，确定以"普遍护林，重点造林，合理采伐和合理利用"为林业建设总方针，采取各种措施，保护和发展森林资源。木材生产加速恢复发展，木材采运机械化水平迅速提高，木材产量迅猛增长。1956年5月至1958年2月，分设林业部、森林工业部。之后合并，实行"采育并重"。至1981年国家林业政策调整前，一直以采育并重为目标，一手抓森林采伐，一手抓森林培育。1956年毛泽东指示：绿化祖国。1958年毛泽东讲话：要使我们祖国的河山全都绿起来，要达到园林化，到处都很美丽，自然面貌要改变过来。截至1978年，全国累计生产木材超过9亿立方米，用材林建设迅速发展。

（二）以"造林绿化"为主要目标的阶段

1978年，国家决定启动实施三北防护林体系建设工程，历史性地拉开生态建设重大工程大幕，掀起了植树造林、绿化祖国的历史大潮，森林资源进入持续恢复期。

1979年，国务院《森林法（试行）》明确，森林是国家重要资源，不断增加森林覆盖面积和林木蓄积量是林业建设基本任务。1980年，中共中央、国务院发出《关于大力开展植树造林的指示》，动员全党、全军和全国各族人民，发扬愚公移山、艰苦创业的精神，大搞植树造林运动，持久地坚持下去，扎扎实实地奋斗几十年，从根本上改变我国的自然面貌和经济面貌。1984年，中共中央、国务院《关于深入扎实地开展绿化祖国运动的指示》提出，到20世纪末，力争把森林覆盖率由12%提高到20%，种草达到5亿亩，城市可以绿化的地方都要绿化起来。"植树造林、绿化祖国"成为重大国策，全民义务植树成为公民法定义务，开始在全国实施。1982年，国务院成立中央绿化委员会，全面加强对全民义务植树运动的组织领导。1990年，国务院批复《关于1989—2000年全国造林绿化规划纲要》，全面推动造林灭荒，明确到2000年森林覆盖率增加到17.1%。

1992年林业部宣布，我国已实现全国森林资源总生长量和总消耗量持平，消灭了森林资源"赤字"，扭转了森林蓄积量持续下降的局面，实现了森林面积和蓄积量"双增长"。1999年第六次森林资源清查时，全国森林覆盖率达到18.21%，其中陕西省森林覆盖率突破30%。

（三）以"生态建设"为主要目标的阶段

1998年，中国发生洪水灾害，中共中央、国务院《关于灾后重建、整治江河、兴修水利的若干意见》中，把"封山植树，退耕还林"放到首要位置，林政目标体系逐步向生态建设转型。1998年，国务院制定《全国生态环境建设规划》，提出用50年左右时间，动员和组织全国人民，依靠科学技术，加强对现有天然林及野生动植物资源的保护，大力开展植树种草，治理水土流失，防治沙漠化，建设生态环境，改善生产和生活条件，完成一批对改善全国生态环境有重要影响的工程，扭转生态环境恶化的势头。力争到21世纪中叶，使全国大部分地区生态环境明显改善，基本实现中华大地山川秀美。2003年，中共中央、国务院《关于加快林业发展的决定》指出，林业是一项重要的公益事业和基础产业，在可持续发展战略中处于重要地位，在生态建设中处于首要地位，在西部大开发中处于基础地位。2004年《政府工作报告》明确提出，实施以生态建设为主的林业发展战略。

围绕生态建设目标，2000年国家林业局发布《公益林与商品林分类技术指标》，按照森林主导功能的差异，将森林分为生态公益林与商品林。2004年国家林业局、财政部印发《重点公益林区划界定办法》，启动重点公益林划定，实行森林生态效益补偿。2011年全国绿化委员会、国家林业局《全国造林绿化规划纲要（2011—2020年）》提出，要以保护和自然修复为基础，依托重点工程，扩大森林面积，增加森林蓄积，提高森林质量，提升森林效能。

绿水青山就是金山银山。21世纪以来，中国国土绿化引领全球绿色发展，中国植被增量占全球植被总增量25%以上。陕西坚持以绿治黄，以陕北为中心的黄土高原是全国增绿幅度最大地区，全省绿色版图向北推进400公里，初步建成"绿色陕西"。

（四）以"保护修复"为主要目标的阶段

进入新发展阶段，高质量发展成为硬道理，建设美丽中国被写入宪法，生态产品和生态环境服务需求日益增长。林业发展基础和发展环境发生深刻变化。新一轮国家机构改革后，新组建的林业草原部门从"大农口"入"资源口"，林地、草地、湿地、荒野沙地和自然保护地"五位一体"为主的生态空间成为林政主阵地。林政目标全面转向生态空间治理、生态保护修复。中国生态文明建设进入以碳达峰、碳中和为战略方向的新阶段，引发林政深度变革。生态空间是绿碳空间、绿色碳库，巩固提升生态空间碳汇能力，为地球增绿降碳已成为新时代林政新路标。

人不负青山，青山定不负人。锁定生态保护修复目标，国家接续出台《天然林保护修复制度方案》《关于加强草原保护修复的若干意见》《湿地保护修复制度方案》《关于建立以国家公园为主体的自然保护地体系的指导意见》《湿地保护法》《重要生态系统保护和修复重大工程规划》，陕西省率先颁布天然林保护修复条例。党中央、国务院做出全面推行林长制的重大决策部署，压紧压实党和政府生态保护修复责任，为生态保护提供了有力制度保障。

面向未来，愿景在上。国家林草局《"十四五"林业草原保护发展规划纲要》明确，要牢固树立绿水青山就是金山银山理念，坚持尊重自然、顺应自然、保护自然，坚持节约优先、保护优先、自然恢复为主，以全面推行林长制为抓手，以林业草原国家公园"三位一体"融合发展为主线，统筹山水林田湖草沙系统治理，加强科学绿化，构建以国家公园为主体的自然保护地体系，深化科技创新和改革开放，提高生态系统碳汇增量，推动林草高质量发展。到2035年，全国森林、草原、湿地、荒漠生态系统质量和稳定性全面提升，生态系统碳汇增量明显增加，林草对碳达峰、碳中和贡献显著增强，建成以国家公园为主体的自然保护地体系，对野生动植物及生物多样性的保护显著增强，优质生态产品供给能力极大提升，国家生态安全屏障坚实牢固，生态环境根本好转，美丽中国建设目标基本实现。

陕西林政，路标清晰。以2.2亿亩生态空间为生态保护修复主战场，以生态系统健康高效为主攻方向，以生态空间山清水秀为奋斗目标，形成"三步走"战略愿景。

第一步，到2025年，初步建成"深绿陕西"。锁定"挺进深绿"目标，加快生态空间由"浅绿色"向"深绿色"转变。着力增加森林覆盖率，提高森林质量。草原保护修复，稳定提高综合植被盖度。湿地保护修复，主攻提升湿地保护率。巩固提升防沙治沙成果，扩大沙化土地治理面积。加快建设国家公园，优化自然保护地体系。打响创建森林城市攻坚战，实现国家森林城市全覆盖。秦岭、黄河、长江生态空间治理体系和生态保护修复体系初步形成。

第二步，到2035年，初步实现生态空间山清水秀。稳定森林面积，提升森林质量，促进森林健康。全面建成以国家公园为主体、自然保护区为基础、各类自然公园为补充的分类科学、布局合理、保护有力、管理有效的自然保护地体系。努力建成比较成熟的陕西秦岭、黄河、长江生态系统保护修复和生态空间治理体系。森林、草原、湿地、荒漠四大生态系统稳定性切实增强、质量全面提升，有效满足人民群众对生态产品和生态环境服务的需求。

第三步，到2050年，建成高质量的山清水秀陕西。自然保护地体系日臻完善，生态系统稳定健康高效，生态空间高颜值高产能。秦岭、黄河、长江生态保护修复和生态空间治理体系更加成熟。森林、草原、湿地、荒漠、自然景观"五位一体"治理体系和治理能力全面现代化。

生态产品更加多样，生态服务更加丰富，高质量满足人民群众对优质生态产品、优美生态环境的需要。

不去为之奋斗的理想，就不是理想，而是空想、幻想。不去为之奋斗的目标，就不是愿景目标，而是天上馅饼、纸上谈兵。目标展露的是我们走向未来的雄心，愿景记录的是我们踔厉奋发的足印。生态绿军是奋斗者组成的队伍。以身践言，谓之善行。用具体行动把目标愿景变成生活实景，奋力谱写美丽中国建设的陕西新篇章！

第七章　问题之变

问题，就是矛盾。毛泽东早就指出："问题就是事物的矛盾。哪里有没有解决的矛盾，哪里就有问题。"坚持问题导向，就是及时发现问题、科学分析问题、准确表达问题、着力解决问题的过程，也是推动事业发展的过程。

林政，原本是狭义的林业行政，现在是广义的林业行政。前者称"小林业"或是"小林政"，后者则称"大林业"或是"大林政"。由"小林政"到"大林政"，乃林政之变。新时代林政是"大林政"，涵盖林地、草地、湿地、荒漠、自然保护地"五位一体"的生态空间，包括森林、草原、湿地、荒漠四大生态系统和一个自然保护地体系。

林政问题，原本是"小林政"问题，如今已经转变为"大林政"问题。新时代林政问题，是践行绿水青山就是金山银山理念过程中的问题，是实现生态空间山清水秀过程中的问题，是四大生态系统和一个自然保护地体系健康高效的问题，是"五位一体"生态空间高效能治理问题。时代是出卷人，我们是答卷人。我们一定答好时代问卷，不负时代使命。

（一）"三不三要"是主战线

从"不绿"到要"绿起来"。因为各种各样的原因，新中国成立时，满目疮痍、荒山遍野、土地侵蚀，生态空间"空心化"，森林、草原、湿地生态系统衰退，沙化、荒漠化、石漠化严重，国土"不绿""缺绿"是国家建设与发展面临的最大问题之一。全民族都在渴望国家尽快"绿起来"，毛泽东主席发出"绿化祖国"的号召。数十年来，扩大绿色版图，解决"不绿""缺绿"的问题，一直是林政发展的主基调。2020年，全国森林版图面积比新中国成立初期翻了一番多，森林覆盖率达到23.04%。但从整体上看，全国林草资源依然总量不足、质量不高、承载力不强，生态系统不稳定。以陕西而言，曾以黄土高坡著称，坚持"以绿治黄"成效显著，森林覆盖率接近50%，秦岭成为全国最绿的地方，陕北成为全国集中连片增绿最多的地方。但现在的"绿"是"浅绿"不是"深绿"。习近平总书记指出，我国总体上仍然是一个缺林少绿、生态脆弱的国家，植树造林，改善生态，任重而道远。

从"不美"到要"美起来"。早在20世纪50年代，毛泽东即指出："要使我们祖国的河山全都绿起来，要达到园林化，到处都很美丽，自然面貌要改变过来。"党的十八大以来，"建设美丽中国"成为治国方略。党的十九大之后，"建设美丽中国"被写入宪法。全民族都盼望着国家"美起来"，盼望着优质的生态产品、优美的生态环境，盼望着天蓝、地绿、水清，人与自然和谐共生。围绕解决"不美"问题，真正让国家"美起来"，新时代林政践行绿水青山就是金山银山理念，着力推进国土绿化、着力提升森林质量、着力推进森林城市、森林乡村建设、着力建设以国家公园为主的自然保护地体系。截至2020年，全国已设立国家公园5个，国家森林城市194个，国家森林乡村7586个。其中，陕西设立国家公园1个、创建国家公园1个、国家森林城市7个、国家森林乡村300个。现在，"美得不够"依然是主要问题，自然景观、园林景观、田园景观数量短缺、质量不高。特别是以美丽生态空间为载体的

"美丽经济",尚在爬坡攻坚的起步阶段。新时代林政将会更加关注全民共享大自然之美,让美丽中国走向世界。

从"不健康"到要"强起来"。我国先后启动实施三北防护林体系建设、天然林资源保护、退耕还林还草等一系列生态建设工程,为全球增绿降碳做出重要贡献。2020年,全国森林面积33亿亩,其中人工林达11.9亿亩。中幼林、纯林占比例较大,森林蓄积量不大、资源质量不高。纯林占乔木林面积的58.1%,乔木林质量指数0.62,整体仍处于中等水平。草原生态系统整体仍较脆弱,中度和重度退化面积仍占三分之一以上。联合国粮农组织统计数据显示,中国森林单位蓄积量不足全球平均的三分之二。森林、草原、湿地、荒漠四大生态系统皆面临"不健康"的问题,生态保护修复是超长周期、跨代的工程。陕西"五位一体"生态空间占国土空间的七成以上,中幼龄林占乔木林的70%以上,针阔混交林仅8%,退化防护林超过1000万亩。森林涵养水源、调节气候、维护生物多样性等生态功能不够强,生态系统保护修复需要接续奋斗。实施生态保护修复工程,推进生态系统健康高效、生态空间山清水秀,实现从"不健康"到"强起来"的飞跃,是新时代林政面临的时代之问,也是面向未来的历史使命。

(二)"三偷"转换是新挑战

生态空间也是自然资源空间,生态宝库也是自然资源宝库。自然资源是生态系统运转并提供生态环境服务的物质、能量和信息基础,也是人类生存与发展需要的物质、能源和信息材料。于是,人类在发展过程中,长期索取掠夺生态空间中的自然资源。因过度索取掠夺自然资源,生态空间自然资源被掏空,同时倾倒排泄废弃污染物,失去自然资源依托和遭受外来废弃物干扰后,生态系统失效、失灵、衰退、衰败,直至瘫痪、崩溃。环境破坏是生物多样性减损的首要因素。生态系统出现的问题,直接减损生态产品生产和生态环境服务供给,直至断链、断供,危及人类文明可持续发展。这就是人们已经普遍意识到的生态危机,说到底是人类文明危机。

从"不绿"到"绿起来",从"不美"到"美起来",从"不健康"到"强起来",需要以自然资源载荷为依托。保护生态环境,就要保护生态系统;保护生态系统,就要保护自然资源。反过来,亦成立。保护自然资源,就是保护生态系统;保护生态系统,就是保护生态环境。生态空间是自然资源、生态系统、生态环境同居一室的生态容器、生态宝库。保护生态空间资源,就是保护生态系统、保护生态环境。我国已经建立起相对完整的生态空间资源保护法律体系,防范生态空间资源遭受损失所带来的生态系统和生态环境风险,以保障国家生态系统安全、生态环境安全。

1950年政务院《关于全国林业工作的指示》明确,严格禁止一切破坏森林的行为。第一次全国林业会议提出,禁止滥伐、滥垦森林,实行护林者奖,毁林者罚。1979年国务院《关于保护森林制止乱砍滥伐的布告》确定,设立林区公安派出所,整顿林区社会治安和破坏森林歪风。1984年颁布的《森林法》规定,国家保护林地,严格控制林地转为非林地,禁止毁林开垦、采石、采砂、采土以及其他毁坏林木和林地的行为;禁止向林地排放重金属或者其他有毒有害物质含量超标的污水、污泥,以及可能造成林地污染的清淤底泥、尾矿、矿渣等;禁止在幼林地砍柴、毁苗、放牧。盗伐、滥伐森林或者其他林木情节严重的,要追究刑事责任。1985年颁布的《草原法》规定,禁止开垦草原,禁止在荒漠、半荒漠和严重退化、沙化、盐碱化、石漠化、水土流失的草原以及生态脆弱区的草原上采挖植物和从事破坏草原植被的其他活动。对严重退化、沙化、盐碱化、石漠化的草原和生态脆弱区的草原,实行禁牧、休牧制度。1994年颁布实施《自然保护区条例》,2001年颁布实施《防沙治沙法》,2021年颁布实施《湿地保护法》。至此,四大生态系统一大自然保护地体系,"五位一体"生态空间资源保护法律体系形成。

野生动植物资源保护是生物多样性保护的主体。人民公社体制解体后,千家万户奔市场,猎捕贩卖野生动物行为抬头。1983年国务院发布《关于严格保护珍贵稀有野生动物的通令》，1988年颁布《野生动物保护法》，发布国家重点野生动物保护名录。1997年颁布《野生植物保护条例》。2000年发布《国家保护的有益的或者有重要经济、科学研究价值的陆生野生动物名录》，保护范围扩大到"三有"动物。2020年全国人大常委会做出《关于全面禁止非法野生动物交易、革除滥食野生动物陋习、切实保障人民群众生命健康安全的决定》，乱捕滥猎野生动物行为得到根本改变。如何与野生动物和谐相处，已经成为当今中国新的时代问题。

进入新时代，生态空间资源保护面临的主要问题，已经由过去的"老三偷"转换为现在的"新三偷"。"老三偷"即偷盗林木、偷猎野生动物、偷采盗挖中药材，如今转变为"新三偷"，即违反封山禁牧规定，偷牧牛羊；违反保护林地、草地、湿地、沙地、自然保护地用途管制规定，偷占生态用地，转移生态空间；违反生态环境保护规定，向生态空间偷倒、偷排废水、废弃物。无论是"老三偷"，还是"新三偷"，不仅是经济问题，也不简单是生态问题，而是法律问题、林政治理问题。新时代林政要在巩固"老三偷"治理成果的基础上，着力推进"新三偷"问题治理。

（三）防治有害生物是围剿战

共建人类命运共同体是我们的时代主题。由此，人类经济社会发展的联通性与日俱增，自然生态系统、生态空间互联互通也将随之增强，必然驱动地球生物圈协同演化，这是不可逆转的生态大趋势。顺应生态大趋势，我们在尊重、保护、厚待本土物种的基础上，期待着引入与本土空间和谐共生的物种。同时，我们也看到，外来生物入侵速度加快，带来了无法预料的生态风险。外来生物入侵是导致生物多样性减损的又一关键因素。可防可治不可堵。预防外来物种入侵，防治有害生物危害，越来越成为开展生态空间治理、维护生态系统健康的重要任务。

林政见不得"有害生物"。保护生态系统免受有害生物侵袭是林政面临的关键问题之一。全国普查资料显示，可造成危害的林业有害生物6179种，其中发生面积超过100万亩的58种。已发现560余种外来入侵种，且呈现增加态势。1982年，我国江苏省南京市中山陵首次发现松材线虫病，截至2021年已扩散至全国20个省728个县，累计致死松树6亿株，毁灭松林1000多万亩。同时，鼠兔害、有害植物，以及美国白蛾等外来有害生物持续扩散，2021年全国林业生物灾害发生面积达1.88亿亩。

1952年林业部提出"治早、治小、治了"和"及时治、连续治、彻底治"策略，大力推行农药化学防治，因植物抗药性增强，防治成效趋弱。1963年《森林保护条例》提出利用天敌防治害虫策略。1981年全国林业会议明确"预防为主，综合防治"策略。1983年颁布实施《植物检疫条例》，明确植物检疫对象、疫区、保护区划定，形成植物检疫检验制度体系。1989年《森林病虫害防治条例》确定"预防为主，综合治理"方针，以及"谁经营、谁防治"制度。2012年国家林业局《关于进一步加强林业有害生物防治工作的意见》，确立"预防为主，科学治理，依法监管，强化责任"防治工作方针。2021年国家林业和草原局"生物灾害防控中心"正式揭牌，生物安全和生物灾害防控事业进入新的发展阶段。

松材线虫病疫情2009年扩散至陕西，来势汹汹，气焰嚣张，成为秦岭巴山松林安全、森林健康的最大威胁。20世纪80年代美国白蛾曾在陕西关中为害肆虐，如今仍有隐忧。见不得、剿不灭，呈胶着之态，此乃"林政一困"。我们已经专门制定实施《陕西省林业有害生物防治检疫条例》，全面安排部署松材线虫病疫情围剿战，实行严围重剿政策措施。我们有决心有信心，一定战而全胜，彻底剿灭松材线虫病疫情，确保秦岭青松葱翠、森林安澜。

（四）森林防火是阵地战

森林、草原与火，始终是难以分开的。绿色植物通过光合作用把太阳能转化为化学能，森林草原就是生物储能库。遇到适宜的环境，森林草原就会燃烧起来，释放蕴藏的巨大能量。一点星星火，可毁百年林。森林草原火灾是突发性强、破坏性大、处置扑救极为困难的灾害。在各类自然灾害中森林火灾危害最重。森林草原防火，就是要控制火源风险，保护森林草原生态系统安全，本质是有效调和森林草原与火的矛盾，让森林草原与火不相见。

森林草原防火，关键在防。《中国林业年鉴》统计，1949—1986年，我国年森林火灾1.5万起，受害率8.6‰，森林草原火灾受害率居高不下，远高于世界同期平均水平。1987年大兴安岭森林大火震惊全球，造成难以估价的重大损失。中央成立森林防火总指挥部，森林警察部队列入武装警察部队序列，成为森林防火、灭火的专业武装力量。1988年颁布实施《森林防火条例》，确定"预防为主，积极消灭"方针和各级政府森林防火责任，建立健全防火组织体系，加强防火基础设施建设，提高全民防火意识，森林防火形势发生根本性变化。1990年颁布实施《草原防火条例》。2009年1月1日，同步实施修订后的《森林防火条例》《草原防火条例》。2018年机构改革，森林公安由林业部门转到公安部门，森林草原防灭火指挥部在应急部门设立。至此，森林草原防火与灭火职责分离。1987年以后，森林草原防火工作持续加力，火灾次数、过火面积和火灾受害率大幅度下降，森林火灾数量、灾害损失维持在较低水平。2000年以来，陕西森林火灾次数、受害面积逐年下降。特别是2021年，陕西森林草原防火取得历史最好成绩，火灾次数降至有记录以来最低。

森林草原防火，核心是防人。我国森林防火整体水平不高，新科技应用尚处于起步阶段。进入新时代，森林草原防火体制机制调整，林政防火转型重构，面临诸多新问题新挑战。全国森林草原火灾统计数据显示，2010—2019年已查明火因中人为原因占97%以上，其中祭祀用火、农事用火、野外吸烟、炼山造林分列前4位。生产生活必用火，但用火不能失火，失火必酿大患。森林防火，核心是防失火，要防患于未"燃"。

森林草原防火是年复一年的阵地战。随着工业化、城市化扩张，农村人口向城市转移，林区边缘居民生产生活用火趋减，威胁森林生态系统的火源风险降低。然而，随着森林面积扩大、质量提升，生物能库更大，储能更多，火源失控危害风险趋增。小火大灾之势既成。森林防火只可加强、不可松懈。林长制、网格员，横向到底、纵向到边，村落林缘阵地一个也不失防、不失守。

问题是时代的声音。发现问题、瞄准问题、破解问题是林政治理之要。问题莫畏惧，林政有规律。要坚持按规律办事，解放思想，转变观念，重塑知识，提升技能，踔厉奋发，笃行不怠，谱写林政治理新篇章。

第二篇

阵地

　　大地上出现了森林、草原、湿地、荒漠的清晰模样之后，自从人类出现，便生于斯长于斯，用于斯乐于斯，终致残于斯。绿色残败、土地赤裸、灾害四起，须将养于斯。管理自然保护地体系，保护修复森林、草原、湿地、荒漠四大生态系统，塑形出21世纪中国林政"五大阵地"。当国土空间中的生态空间明确后，清晰勾画出林政空间特征。绿水青山就在生态空间中，也是一体化治理的林政空间。公益林、商品林，天然林、人工林，分林而治。森林城市、国土增绿，统合绿色空间。生态空间是以提供生态产品和生态服务为主体功能的绿色空间，提供了水土保持、水源涵养、防风固沙和碳氧平衡、生物多样性、调节气候等生态系统原生服务，并在其上加载了生态旅游、生态康养、生态科学、自然教育等次生服务。推进生态空间绿色革命，修补"生态窟窿""碳窟窿"，恢复生态系统健康状况，让生态空间"含绿量""含金量"攀登新高度，已经成为21世纪中国林政核心使命。

第一章 林地

第一节 天然林之变

天然林，又称自然林，包括自然形成与人工促进天然更新或是萌生所成之森林。天然林分原始林和次生林。原始林是未经开发利用，持续自然状态的森林，也称原始森林、原始天然林；次生林是人为采伐或破坏后，主要依靠自然力量恢复起来的森林，也称次生天然林。

森林是陆地生态系统的主体。森林曾全部是原始天然林，覆盖陆地表面65%以上。如今，天然林依然是森林生态系统的主体。全国天然林地29.66亿亩、占64%，天然林蓄积122.96亿立方米，占总蓄积的83%以上。按照所有制划分，天然林分为国有天然林和集体天然林。主要是四类：一是生态林场体系中的天然林，即分布于以国有林业局为主体、国有林场为基础、新型公益林场为补充的生态林场体系中的天然林；二是自然保护地体系中的天然林，即分布于以国家公园为主体、自然保护区为基础、自然公园为补充的自然保护地体系内的天然林；三是集中连片分布于长江上游、黄河上中游、大秦岭的集体天然林；四是零星分布于全国各地的集体天然林。

天然林是四季变换的地球华服，也是人类生存与发展的自然资源、经济财富。凡是天然林葱郁的地方，必是一派经济文化繁荣的和谐盛景。从蛮荒到文明，人类开发利用森林一刻也未停。采伐、开垦、战乱，导致天然林资源锐减。周代，黄河流域森林覆盖率达50%以上。南北朝时，森林覆盖率降至40%左右。明清时，森林覆盖率降至30%左右。新中国成立时，我国森林覆盖率不足8%。人类力量浩浩荡荡，从河流两岸，向低地平原、浅山丘陵进军，天然林地辟为沃野农地，曾经完整的天然林生态系统经包围蚕食、分割肢解、破碎化、碎片化、岛屿化。大山之中，天然林幸存，人称"深山老林"。残存的天然林地是人类难以利用的土地，是"大自然的自留地"。天然林在碳氧平衡、水汽循环、水土存蓄、江河安澜、维护生物多样性，以及保护自然景观等方面发挥着重要作用。

"根生土长""落叶归根"，蕴藏着生生不息的奥秘。"道法自然""天人合一"，人们很早就认识到人与森林的关系。然而，天然林理论与实践的历史并不长。1830年以来，美国率先开启国家公园体系，以保护天然林、重要自然资源和自然景观。1883年，南非颁布《森林法》，终止天然林采伐。20世纪30年代，德国林学家、陕西省林务局副局长芬次尔将天然林概念引入中国，先后撰写《广东省残余天然林之保护及始兴南部之天然林》《秦岭天然林之育护及沿黄沿渭滩地林之培植》，开创中国现代天然林保护规划之先河。

兴林治山，国之大者。1949年，中国人民政治协商会议通过《中国人民政治协商会议共同纲领》，确定"保护森林，有计划发展林业"。新中国成立初期，森工企业采伐的木材，98%来自天然林。过量地采伐天然林，导致生态环境日益恶化。思危疾变，促成中国现代天然林政策、理论与治理实践迅速发展，并形成中国特色天然林制度体系。回顾中国天然林政策理论与治理实践发展历程，大体经历了四个历史阶段：

（一）规模开发、零星保护阶段

20世纪50年代，划定禁伐区，建立保护地，保护天然林。1950年宁夏回族自治区人民政府颁布《贺兰山、罗山天然林保育暂行办法》，划定封山育林区。1956年全国人民代表大会提出建立自然保护区，林业部制定实施《天然森林禁伐区（自然保护区）划定草案》，划定44个天然森林禁伐区。20世纪60—70年代，纠正大面积砍伐和过分依赖天然更新失误，改用采育兼顾、营林为主的基本方针，有限保护天然林。1963年，国务院《森林保护条例》规定，"自然保护区的森林，禁止任何性质的采伐"。20世纪80年代以来，建立自然保护区，将天然林中的用材林改划为防护林，将更多天然林纳入保护范围。1982年，辽宁省设立肖家沟天然林自然保护区。2004年，陕西省设立黄龙山次生林省级自然保护区。这一阶段，森林尚未摆脱"木材"属性，"以粮为纲""以材为纲""大炼钢铁"导致过度采伐天然林，天然林依然呈减少趋势。

（二）转型发展、边采边保阶段

改革开放以来，生态环境需要空前高涨，林业发展重点从商品生产转向资源管理、生态环境保护。1979年，颁布《森林法（试行）》，开启依法治林新里程。1981年，《保护森林发展林业若干问题的决定》纠正以原木生产为中心、重采轻造的做法，推进造林育林，推动过度采伐的老林区休养生息。1984年，正式颁布《森林法》，划分五大林种，实行"分类经营"，实施采伐限制。1985年，林业部制定《年森林采伐限额暂行规定》，控制森林资源消耗。1989年，林业部颁发《东北、内蒙古国有林区森工企业试行采伐限额计划管理的决定》，天然林消耗一定程度上得到控制。1990年，开始培育速生丰产林，以遏制天然森林资源过度消耗。1994年，海南省率先实施天然林保护工程。1995年，《中国21世纪议程：林业行动计划》将天然林保护纳入行动计划。同年，《林业经济体制总体纲要》明确，将天然林的保护、国有林区发展纳入生态体系建设，准备实施国有天然林资源的保护工程。1996年，时任国务院副总理朱镕基要求，"保护长江、黄河流域等生态地位重要且脆弱地区的生态安全，要少砍树，多栽树，把林老虎请下山"。1997年，林业部以"森工局"为基本单元，编制《国有林区天然林资源保护工程规划要点》。同年，《全国生态环境建设规划》提出，有计划停止天然林采伐，实施天然林资源保护工程，加快天然林区森工企业转产。1998年，国家林业局重编《重点国有林区天然林资源保护工程实施方案》，停止生态环境地位重要的天然林商业性采伐。同年，党中央、国务院做出决定，停止长江上游、黄河上中游地区天然林采伐，有计划地对东北地区的天然林实行禁伐和限伐，采取飞播造林、封山育林和退耕还林等手段，尽快恢复林草植被，云南、陕西等12个省（区、市）开始为期两年的试点。四川省宣布全省范围一律停止天然林采伐。这一阶段，经历从利用存量，再到保护存量的重大转换。1994—1998年第五次森林资源清查显示，全国森林23.85亿亩，其中天然林16.8亿亩，占70.6%。

（三）工程推进、全面保护阶段

1998年，《中共中央、国务院关于灾后重建、整治江湖、兴修水利的若干意见》提出，全面禁止对长江、黄河流域上中游天然林的采伐，森工企业转向营林管护。国家林业局制定《重点地区天然林资源保护工程实施方案》，国家林业局天然林保护工程管理中心成立。1999年，国务院宣布实施天然林资源保护工程（2000—2010年）。2000年，国务院批准《长江上游、黄河上中游地区天然林资源保护工程实施方案》和《东北、内蒙古等重点国有林区天然林资源保护工程实施方案》，实施范围涉及长江上游、黄河上中游、重点国有林区17个省734个县和167个森工局。2010年，国务院决定，从2011—2020年实施天然林资源保护二期工程，在天保一期工程范围基础上增加丹江口库区11个县（市、区）。按照习近平总书记"争取把所有天然林都保护起来"的重要指示，2014年起龙江森工集团和大兴安岭林业集团全面停止木材商业性采伐，2015年4月1日起内蒙古、吉林、长白山森工集团全面停止木材商业性采伐，标志着我国重点国有林区从开发利用转入全面保护的发展新阶段。同年5月，中共中央、国务院《关于加快推进生态文明建设的意见》提出，加强森林保护，将天然林资源保护范围扩大到全国。10月，《中共中央关于制定国民经济和社会发展第十三个五年规划的建议》提出："完善天然林保护制度，全面停止天然林商业性采伐，增加森林面积和蓄积量。"这是我国在五年规划中,首次提出全面停止天然林商业性采伐。2016年,国务院批准"十三五"期间全面取消天然林商业性采伐指标,全国天然商品林采伐全面停止,标志着将所有天然林都保护起来的目标基本实现。2017年,中央1号文件明确"完善全面停止天然林商业性采伐补助政策",天保工程之外的天然林全部纳入停止商业性采伐补助范围,启动湖南、江西等8个省区集体和个人天然商品林停伐奖励补助试点。2019年,党中央、国务院《建立国土空间规划体系并监督实施的意见》明确,森林、草原、湿地、荒漠一并进入生态空间。同年,实施《天然林保护修复制度方案》,用最严格制度、最严密法治保护修复天然林。2020年,新修订的《森林法》施行,实行天然林全面保护制度。1998—2020年,"天保工程"国家投资5083亿元,使全国29.66亿亩天然林得到有效管护,其中19.44亿亩天然乔木林提质增效。

(四)系统治理、规范保护阶段

党的十八大以来,天然林保护成为践行"绿水青山就是金山银山""山水林田湖草沙是生命共同体"理念的重要战略行动。按照习近平总书记完善天然林保护制度的要求。2019年,中央制定出台了天然林保护修复事业的纲领性文件——《天然林保护修复制度方案》,着力解决天然林数量少、质量差、生态系统脆弱,保护制度不健全、管护水平低等问题。天然林与生俱来的生态功能决定了其自身的公益属性,全国天然林与公益林面积交叉重叠70%以上,实行天然林与公益林管理并轨,一体经营、一体管护、一体治理,是大势所趋。2020年,《全国重要生态系统保护和修复重大工程总体规划》(简称"双重规划"),将天然林保护修复全面纳入"三区四带"规划布局。2021年,中办、国办出台《关于建立健全生态产品价值实现机制的意见》指出,要加强天然林区居民和社区共同参与天然林管护机制建设,开辟生态保护与生态富民共生之路。同年,《关于全面推行林长制的意见》指出,要高位推进天然林保护修复事业。到2050年,要全面建成以天然林为主体的健康稳定、布局合理、功能完备的森林生态系统，有效满足人民群众对优质生态产品、优美生态环境的需求，为社会主义现代化强国打下坚实生态基础。

天然林是自然瑰宝、生态精华。绿水青山就是金山银山，天然林是绿水青山的核心。人与自然和谐共生，就是人与森林和谐共生、与天然林和谐共生。盛世兴林，天然林再度繁盛、永续繁荣，是中华民族伟大复兴、永续发展的重要标志。

阅读链接：陕西天然林

根据"三调"数据融合资料，2020年陕西天然林地1.19亿亩，占全省林地的63.6%。其中，天然森林1.04亿亩，占全省森林的68.4%。秦岭天然林地0.62亿亩，占秦岭林地的80.5%，占全省天然林地的52.1%；秦岭公益林地0.55亿亩、占秦岭林地的71.4%，占全省公益林地的39.6%。1998年，陕西率先行动，颁布《实施天然林保护工程 立即停止省属森林采育企业采伐天然林的命令》，全面停止秦岭范围采伐。2000年以来，全面实行天然林保护工程，常年管护森林资源2.15亿亩，全省天然乔木林面积从6800万亩恢复到9300万亩。2021年，率先颁布施行《陕西省天然林保护修复条例》，开启天然林保护修复法治化新里程，必将促进天然林生态系统提质增效，厚植陕西追赶超越、高质量发展的生态根脉。

第二节 人工林之变

在人类文明之先，地球陆地表面森林覆盖广泛。那时的森林，是自然而然的原始林、天然林。在天然林之先，地球表面充满了裸地。那时的裸地，即是自然而然的原始裸地、天然裸地。天然裸地被森林覆盖后，即是天然林。天然林曾覆盖地球陆地表面的65%。

森林是人类文明的摇篮。大约在 310 多万年前，人类诞生于地球自然生态系统中。在长达 300 多万年时间里，人类只是地球陆地自然生态系统中的普通一员，与自然生态系统中的其他成员形成力量均势，人与自然和谐共生。大约 1 万年前，诞生了人类文明，先是发明创造了采集、猎捕工具，在自然生态系统中高高在上，挥霍利用自然生态系统的生产成果。不满于自然生态系统的低效率，人类发明创造了耕作、养殖技术，逐步改造自然生态系统，发展种植业、畜牧业。在此过程中，清除天然森林，形成大量无林裸地，以建构农田、牧场、屋舍。

人类清除天然森林而形成的无林裸地，即是次生裸地。在次生裸地上，风儿、鸟儿，携带着种子，落地而生，再度形成自然而然的森林景观，即是次生天然林，与原始天然林并称天然林。在次生裸地上，人类栽培草本作物，也栽培木本植物，后者即是最初的人工林。人们栽培经营人工林，以期稳定而有效地获得食物、药物、木材、薪柴，以及满足审美需要。现在，人们习惯上把获得食物、药物的人工林称为经济林或是果木园，把获得木材的人工林称为用材林，把获得薪柴的人工林称为能源林，把获得观赏价值的人工林称为园林。当天然林远离后，人们不断发现森林所具有的多种价值。于是，在次生裸地上，与时俱进，不断栽培护院林、护田林、护路林、护渠林、护岸林、护堤林，以及防风固沙林、水土保持林、水源涵养林、碳中和林、木材储备林……人工林种类繁多，迭代更替，洋洋大观。

中华是文明古国，原始森林，涌动生机，养育中华文明数千年。华夏大地，曾是美丽繁茂的天然森林王国，如今则是首屈一指的人工林大国。国家林业和草原局公布的全国人工林面积为 11.93 亿亩，再加上 3.03 亿亩园地，人工林面积达 14.96 亿亩，人均超过 1 亩。全国人工林面积占森林面积的 32.9%。也就是说，中国森林，三分天下，人工林居其一。

人工林已经与城市、乡村发展紧密联结成为休戚与共的命运共同体，在我国经济社会发展中具有十分重要的地位。新中国成立前，我国天然森林资源几近耗尽，森林覆盖率仅存 8.6%。盛世兴林。新中国，党和政府高度重视森林资源培育，开展全民义务植树，实施退耕还林、防沙治沙、防护林体系工程建设，推进平原绿化、通道绿化、村镇绿化和森林城市创建，促进人工林快速发展。回顾人工林发展历程，其主要经历了以木材生产为主，以木材生产与生态环境建设并重，以生态环境建设为主和以提质增效为主的历史之变。

（一）以用材林生产为主的阶段

20 世纪 50—70 年代，森林是重要经济资源，林业发展的首要任务是生产木材。这一阶段，发展人工林主要是在天然林采伐后迹地人工更新和营建人工针叶纯林，以生产木材为首要经营目标。全国森林面积从 20 世纪 50 年代的 12.75 亿亩，增加至 80 年代的 17.25 亿亩，其中人工林增加 3.33 亿亩，为森林增长贡献了 74.0%。这是人工林增长对森林面积增长贡献最大的一个历史时期。

（二）木材生产与生态环境建设并重的阶段

20 世纪 80 年代开始，国家制定了一系列发展林业的方针政策，人工林发展逐渐走向木材生产与生态建设并重阶段。1978 年开始实施三北防护林体系建设工程。1979 年第五届全国人大常委会第六次会议通过《中华人民共和国森林法(试行)》，1984 年 9 月第六届全国人大常委会第七次会议正式通过《中华人民共和国森林法》，其中规定："国家根据用材林的消耗量低于生长量的原则，严格控制森林年采伐量……" 1981 年全国人大五届四次会议通过《关于开展全民义务植树运动决议》，规定植树造林是公民应尽的义务。1988 年三北防护林体系建设工程 10 周年之际，邓小平题词"绿色长城"。1990 年开始人工速生丰产林培育，以遏制天然森林资源过度消耗。1994 年开始建构以建设生态公益林为主、经济与社会效益兼顾、可持续发展的理念。世纪交替之际，全国森林面积 23.84 亿亩，较 20 世纪 80 年代初期增加 6.59 亿亩，其中人工林 7.00 亿亩，增加 3.67 亿亩，为森林增长贡献了 55.7%。

（三）以生态环境建设为主的阶段

1998 年长江、松花江及嫩江流域发生特大水灾，其中一个重要原因是森林植被遭到毁灭性破坏，森林生态系统功能严重缺失。此后，人工林建设向以生态环境建设为主转变，强调人工林在植被恢复、退化土地与景观重建、生物多样性保护、水土流失防治和涵养水源等方面的作用。1998 年天然林资源保护工程开始试点，2000 年正式启动；1999 年退耕还林还草工程在陕西、四川、甘肃 3 省试点，2002 年全面推开；2000 年国务院出台《2001—2010 年环北京地区防沙治沙工程规划》；2001 年原国家计委批复三北防护林工程四期规划；2003 年全面启动重点地区速生丰产用材林基地建设工程，人工林持续增长。2009 年全国森林面积增长至 31.16 亿亩，较十年前增加 7.32 亿亩，其中人工林 10.92 亿亩，增加 3.92 亿亩，为森林面积增长的贡献率为 53.5%。

（四）以提质增效为主的阶段

党的十八大以来，应对气候变化、改善生态环境、建设生态文明、建设美丽中国，推动人工林从规模速度型向质量效益型发展转型。党的十九大明确提出，实施重要生态系统保护和修复重大工程，优化生态安全屏障体系，构建生态廊道和生物多样性保护网络，提升生态系统质量和稳定性。人工林规模继续增长，森林质量有所提高。2019 年全国森林面积超过 33 亿亩，人工林面积 11.93 亿亩，增长贡献约 50%。人工乔木林生长速率、单位面积株数和平均郁闭度均增加，人工林质量提升明显。

2020 年国家发改委、自然资源部在《全国重要生态系统保护和修复重大工程总体规划》（"双重"规划）中提出，到 2035 年生态系统质量明显改善，优质生态产品供给能力基本满足人民群众需求，人与自然和谐共生的美丽画卷基本绘就。2021 年国务院办公厅《关于科学绿化的指导意见》强调，要尊重自然规律和经济规律，坚持保护优先、自然恢复为主，人工修复与自然恢复相结合，遵循生态系统内在规律开展绿化和生态修复，统筹山水林田湖草沙一体化保护修复，使生态系统发挥更大的生态功能和生产潜力。由此，人工林发展全面进入提质增效新阶段，创造更多经济价值，供给更优质生态产品，提供更多生态服务。

全国人工林发展呈现四大特点：一是个体所有占优。全国个体所有的人工林林木8.50亿亩，占71.2%。二是用材林比重大。从第八次森林资源清查资料分析，人工林共分五部分、三大块。第一大块是用材林，占42%；第二大块是经济林，占28%；第三大块是防护林，占27%；三大块合计占97%。特种用途林、能源林分别只占2%和1%。三是中幼龄林占比高。全国人工林中幼龄林、中龄林、近熟林、成熟林和过熟林面积占比分别为40.7%、29.8%、14.1%、11.6%和3.8%。中幼龄林合计占比70.5%。四是纯林多。在人工乔木林中，阔叶林4.05亿亩，占47.2%；针叶林3.94亿亩，占46.0%；针阔混交林0.58亿亩，占6.8%。优势树种(组)前10位为杉木林、杨树林、桉树林、落叶松林、马尾松林、刺槐林、油松林、柏木林、橡胶林和湿地松林，合计5.45亿亩，占63.6%。

全国人工林发展面临三大问题：第一，生态功能不足。人工纯林占81%，混交林占19.0%。同龄纯林生物多样性水平低，生态系统脆弱，稳定性差、抗灾害能力弱。人工针叶纯林引起土壤酸化，限制灌草生长，不利于乔灌草全面发展。因地表覆盖物少，土壤透气、透水性差，人工林被戏称为"森林沙漠"。第二，增长空间不大。我国是全球人工林最多的国家。经过数十年植树造林，人工林进一步增长的空间有限。潜在空间造林难度大。全国67%的潜在造林空间在西北五省区和内蒙古自治区的干旱、半干旱地区，18%的潜在造林空间在25°以上陡、急、险坡地，造林成林越来越难。第三，生产能力不高。防护林体系更新能力不足，用材林单位蓄积量不大，经济林亩产量不高，普遍只有发达国家单位面积生产能力的三分之一，需要持续加大科技投入、资金投入。

从四大特点、三大问题出发，全国人工林发展应从"增加面积"全面转向"提高质量"，主要遵循四大路径：一是优化林分结构。对生态公益林推行近自然化改造，将现存大面积单层同龄人工针叶纯林转化为以乡土阔叶树种为主的复层异龄多树种混交林，以复层、异龄、混交为结构特征，以择伐和天然更新为主要技术特征，使其达到接近自然的状态，提高生产能力和抵抗能力。二是强化经营管理。推进森林经营规划和森林经营方案制度建设，根据不同林地条件和林分状况，从林班或小班的层面上进行更新造林、抚育间伐和低产林改造等精细化的人工林森林资源经营管理。在重点国有林区培育长周期、多目标的复层异龄混交兼用林。在国有林场培育珍贵树种、大径级优质良材。集体林场将抚育经营措施落实到山头地块。实施科技支撑项目，为精准提升人工林质量提供科技支撑。三是发展高产优质高效经济林。经济林规模扩张阶段已经过去，坚定走出集约高效发展之路，对立地条件好且有发展前景的，采取综合措施挖潜改造，建成高产高效经济林。四是深化投入政策。人工造林重点在西部，立地条件差、造林难度较大、成本较高。要把握历史经验，遵循宜乔则乔、宜灌则灌、适地适树原则，加大科技投入、克难攻坚，筛选培育良种。要建立健全生态资源产权制度、自然生态系统保护制度、生态监测评价制度、森林经营制度、生态资源市场配置和调控制度，以及生态补偿制度等。

阅读链接：陕西人工林

与国土"三调"资料对接融合，陕西森林面积1.52亿亩，其中天然林1.04亿亩，占68.4%；人工林0.48亿亩，占31.6%。陕西省第九次森林资源清查结果显示，人工林呈现四个特点：（1）经济林比重大。全省经济林506.32万亩，占42.1%，比全国高14.1个百分点；防护林347.13万亩，占28.9%，比全国高1.9个百分点。（2）幼中龄林占比大。全省人工乔木林0.235亿亩，其中幼龄林0.092亿亩，占39.1%；

中龄林 0.111 亿亩，占 47.2%；近熟林 0.012 亿亩，占 5.1%；成熟林 0.008 亿亩，占 3.4%；过熟林 0.012 亿亩，占 5.2%。中幼龄林合计占比高达 86.3%，比全国高 15.8 个百分点。(3) 阔叶纯林面积多。人工乔木林按优势树种(组)归类，阔叶林 0.146 亿亩，占 62.1%；针叶林 0.067 亿亩，占 28.5%；针阔混交林 0.022 亿亩，占 9.4%。比全国阔叶林占比高 14.9 个百分点。(4) 质量效益不高。平均郁闭度 0.51，低于 0.53 的全国平均值。每公顷蓄积 43.3 立方米，低于 59.3 立方米的全国平均值。

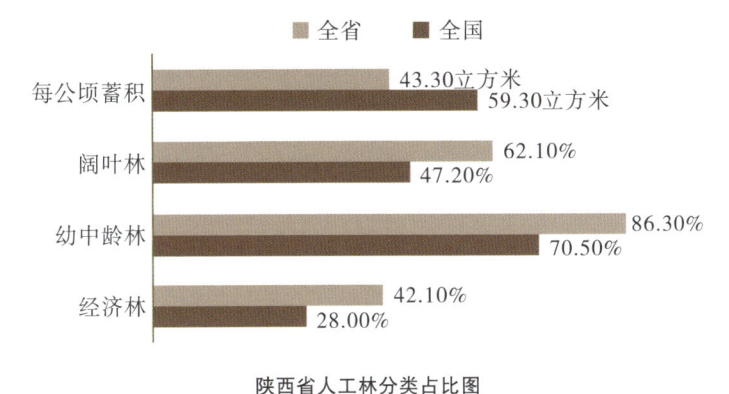

陕西省人工林分类占比图

第三节 公益林之变

中国林 = 中国公益林 + 中国商品林。中国商品林是以面向市场经营为主体功能的经济林、用材林、能源林；中国公益林是以提供公共生态产品和公共生态环境服务为主体功能的防护林、特种用途林。所以，商品林可称市场经济林，公益林也称生态公益林，包括森林、林木、林地。

根据第九次森林资源清查数据，全国国家级公益林 18.5 亿亩，占林地面积的43.4%。全国公益林主要分布在东北三省、内蒙古、西南林区，以及西北生态区位重要、生态环境脆弱区域。中国公益林表现出"五为主"的结构特征：一是国有林为主，国有林9.7亿亩，占52.62%；集体林8.8亿亩，占47.38%（其中家庭承包5亿亩，占27.05%）。二是防护林为主，防护林15.1亿亩，占81.55%；特种用途林3.4亿亩，占18.45%。三是天然林为主，天然林14.5亿亩，占78.57%；人工林4亿亩，占21.43%。四是乔木林为主，乔木林15.9亿亩，占85.52%；特灌林2.3亿亩，占12.86%；竹林0.3亿亩，占1.62%。五是阔叶林为主，阔叶林11.1亿亩，占59.77%；针叶林6.1亿亩，占33.19%；针阔混交林1.3亿亩，占7.04%。

森林是陆地生态系统的主体，公益林是森林生态系统的主体，公益林生态保护修复、公益林生态系统管理，已经成为生态文明新时代中国林政体系的核心内容。中国公益林发展转型，大体经历了四个重要阶段。

（一）防护林带为主体的阶段

新中国成立初期，百废待兴，恢复生产、发展经济是首要任务。为满足木材需要，森林被当作经济资源，森林工业成为基础产业。以促进生产为目的，制定营林造林政策。在农田、牧场营造林网林带，营造防风固沙、水土保持、沿海防护、农田防护等类型多样的防护林，以利用森林生态防护功能，可视作生态公益林的前身。

1949年，《中华人民政治协商会议共同纲领》做出"保护森林、并有计划的发展林业"的决定。1950年，第一次全国林务会议确定"普遍护林，重点造林，合理采伐和合理利用"方针。1951年，全国林务会议进一步明确，实行普遍护林护山，选择重点封山育林，营造水源林和防沙林。1952年，全国林业会议决定，继续营造东北西部防护林及冀西、豫东、永定河下游防沙林外，筹划营造从沽源到陕坝的察绥防护林带及由府谷到定边的陕北防护林带，配合治黄、治淮工程，在泾河及无定河、淮河上游、永定河上游营造防洪林，苏北、山东、河北按计划营造海岸防护林。

1956年，秉志、钱崇澍等五位科学家向第一届全国人民代表大会第三次会议提出"在全国各省（区）划定天然林禁伐区，保护自然植被以供科学研究的需要"的92号提案。同年，林业部制定自然保护区划定对象、办法和地区的草案，保护原始森林资源植被和野生动植物资源，在广东、浙江、西双版纳建立我国第一批自然保护区。1958年，林业部第二个五年林业和森林工业计划明确，林业和森林工业的基本任务有加强森林经营管理，提高森林生长率，更好地发挥森林的防护作用和经济作用。同年，中共中央、国务院《关于在全国大规模造林的指示》要求，坚持依靠合作社造林为主，积极发展国营林场的方针，做好更新和护林工作。同年，林业部《国有林经理规程》提出，国有林应该按照林种经营的思路经营管理。1962年，国务院《关于开荒、挖矿、修筑水利和交通工程应注意水土保持的通知》明确，水土流失严重地区的水土保持林、农田防护林、固沙林、大水库周围和大江河及其主要支流两岸规定范围以内的森林，山区和水土流失地区铁路两侧的森林，一般规定为禁垦区，并应造林护岸和防沙。1962年，周恩来总理指示："林业的经营要合理采伐，采育结合，越采越多，越采越好，青山常在，永续利用。"这是对森林可持续经营提出的要求。

（二）防护林体系为主体的阶段

改革开放之初，"以粮为纲""以材为纲"的后遗症逐渐突显，森林植被遭到严重破坏，生态环境问题越发突出。人们开始重视森林生态功能，并由此确立新的工作方针。1979年，开启"三北"防护林工程建设，国务院批准成立三北防护林建设领导小组。1981年，中共中央、国务院《关于保护森林发展林业若干问题的决定》明确，保护森林，发展林业，调整林业发展战略。1985年，《森林法》明确划分五大林种：防护林、用材林、经济林、薪炭林和特种用途林。1988—1991年，先后实施沿海防护林体系建设工程、长江中上游防护林体系建设工程、全国治沙工程。

1992年后，出现了政策大转向。国务院《关于1992年经济体制改革要点的通知》提出"建立森林生态效益补偿费制度"。1995年，国家体制改革委、林业部《林业经济体制改革总体纲要》明确，森林资源培育要按照森林的用途和生产经营目的划定公益林和商品林，实施分类经营、分类管理。将用材林、经济林、薪炭林纳入商品林类，将防护林和特种用途林纳入公益林类。1996年，林业部推进分类经营改革，发出《关于开展林业分类经营改革试点工作的通知》，召开林业分类经营改革座谈会。1998年，朱镕基强调，要把林业生态建设放在首位，全面停止长江、黄河流域天然林采伐，实施天然林资源保护。1999年，国家林业局《关于开展全国森林分类区划界定工作的通知》明确，开展森林分类区划界定。

这一时期，已经启动森林分类经营，但并没有全面落地，只是出现了公益林和商品林"二元化""双轨制"雏形，为日后的公益林、商品林分类经营和建立森林生态效益补偿制度奠定了基础。

（三）公益林体系全面确立阶段

进入新世纪，对优质生态产品和优美生态环境的需要日益增长，森林的生态环境价值日益上升，森林可持续发展成为国家可持续发展战略的一个重要方面。这一状况必然要求森林提供更多的公共生态产品和更优质的公共生态环境服务，必然要求增加森林的公益性，建设公益林，必然要求形成与森林公益性相适应的政策体系。

中国公益林=防护林+特种用途林。2000年，国务院《森林法实施条例》规定："防护林和特种用途林的经营者，有获得森林生态效益补偿的权利。"同年，全国林业分类经营会议部署森林区划界定操作规范、重点生态公益林申报、生态公益林补偿、两类森林资源管理制度等工作，发布《公益林与商品林分类技术指标》。2001年，财政部《森林生态效益补助资金管理办法(暂行)》明确,设立森林生态效益补助资金,主要用于提供生态效益的防护林和特种用途林的保护与管理,森林生态效益补偿资金纳入财政预算。同时,要求地方政府应根据当地实际情况,建立地方森林生态效益补助资金。

中国公益林＝国家级公益林＋地方公益林。2001年,国家林业局《国家公益林认定办法(暂行)》规定了国家公益林划定范围、申报和批准程序。同年,国家质量技术监督总局形成《生态公益林建设》系列标准,包括《生态公益林建设导则》《生态公益林建设规划设计通则》《生态公益林建设技术规程》等五个部分,有力促进生态公益林发展。2001年,启动全国森林生态效益补助资金试点,范围包括黑龙江、山东、浙江、福建等11个省685个县和24个国家级自然保护区,涉及重点防护林和特种用途林2亿亩,每亩补助5元。开启了政府购买森林生态环境服务的新纪元。2002年,深圳市颁布《生态公益林条例》,率先开展公益林地方立法。2003年,中共中央、国务院《关于加快林业发展的决定》提出,在充分发挥森林多方面功能的前提下,按照主要用途的不同将全国林业区分为公益林业和商品林业两大类,分别采取不同的管理体制。2004年,财政部、国家林业局《重点生态公益林区划界定办法》《中央森林生态效益补偿基金管理办法》,确立国家森林生态效益补偿基金制度。2006年,江苏省颁布《生态公益林条例》。2007年,财政部、国家林业局修订《中央财政森林生态效益补偿基金管理办法》,加大中央财政补助范围,强化管护补助力度。2009年,国家林业局、财政部印发《国家级公益林区划界定办法》。2010年,财政部、国家林业局《森林抚育补贴试点资金管理暂行办法》规定,对承担森林抚育任务的国有林场、村集体、林业职工和农民发放森林抚育补贴。

(四)改革创新,精准与融合发展阶段

党的十八大以来,践行"绿水青山就是金山银山""人与自然是生命共同体"理念,充分发挥森林多功能性,满足日益增长的多元化需求。

国家级公益林＝一级国家公益林+二级国家公益林。2012年，财政部、国家林业局《中央财政林业补贴资金管理办法》明确，中央财政预算安排造林补贴资金、森林抚育补贴资金和林木良种补贴资金。其中非天保工程区森林抚育对象为国有林、集体或承包到户的公益林。2013年，国家林业局、财政部《国家级公益林管理办法》，明确了国家公益林保护管理、经营管理规则。2015年，国家林业局、财政部通过电视电话会议明确，全面停止重点国有林区天然林商业性采伐。2016年，国务院关于全民所有自然资源资产有偿使用制度改革的指导意见指出，建立国有森林资源有偿使用制度，国有天然林、公益林等国有林地和林木资源的资产不得出让。2017年，国家林业局、财政部《国家级公益林区划界定办法》《国家级公益林管理办法》明确，将国家级公益林划分为二级，林地保护等级一级范围内的国家级公益林即为一级国家级公益林，其他为二级国家级公益林。国家级公益林数量、质量、功能和效益评价，是《生态文明建设考核目标体系》《绿色发展指标体系》森林覆盖率和森林蓄积量指标的重要组成部分。2019年，《天然林保护修复制度方案》明确，实行天然林保护与公益林管理并轨。同年，国家发展改革委《生态综合补偿试点方案》明确，完善森林生态效益补偿资金使用方式，优先将有劳动能力的贫困人口转成生态保护人员。同年，国家林业草原局开展国家级公益林与森林资源管理"一张图"整合、国家级公益林监测评价工作，编制《国家级公益林监测评价报告（2019年）》。2020年，新修订的《森林法》在"总则"中明确，对公益林和商品林实行分类经营管理，确立差别化的经营、管护制度。2021年，财政部、国家林业草原局修订《林业改革发展资金管理办法》，明确森林资源管护支出用于天然林保护管理和森林生态效益补偿。2021年，《关于深化生态保护补偿制度改革的意见》明确，健全公益林补偿标准动态调整机制，鼓励地方结合实际探索对公益林实施差异化补偿。

中国公益林事业发展历程表明，公益林就是要按公益事业管理，建立健全公益林法律体系、公益林补偿补助体系、公益林保护体系、公益林监管体系。面对新形势、新变局，要加快推进天然林管理向公益林管理并轨，创建完整统一的公益林信息管理系统，开展公益林动态监测，与生态林场体系、新型投融资体制、森林生态效益补偿制度、国有森林资源有偿使用制度融合发展，推进公益林生态系统提质增效，提供数量更多、质量更优的生态产品和生态环境服务，为建设美丽中国、为中华民族永续发展厚植生态根脉。

阅读链接：陕西公益林

陕西是绿色国芯，祖脉秦岭是中央水塔、重要江河源头，由此确立了陕西公益林大省地位。森林资源"一张图"数据，2020年全省林地1.88亿亩，其中公益林1.39亿亩，占全省国土的45.1%，占林地的74.1%。其中，国家级公益林9194.8万亩、占全省公益林的66.0%，占林地的48.9%；地方公益林4740.4万亩，占全省公益林的34.0%，占林地的25.22%。国家级公益林中，一级保护公益林1184.9万亩，占12.9%，二级保护公益林8009.9万亩，占87.1%。国家级公益林中，国有林4164.7万亩、占45.3%，集体林5030.1万亩，占54.7%；地方公益林中，国有林791.6万亩，占16.7%，集体林3948.8万亩、占83.3%。国家级公益林中，天然林6841.1万亩，占74.4%，人工林2353.7万亩，占25.6%；地方公益林中，天然林2483.9万亩，占52.4%，人工林2256.5万亩，占47.6%。

陕西商洛全境在秦岭，经过多年探索实践，商洛率先推行了天然林与公益林管理并轨，探索形成"一套体系、两大支柱"的"商洛护林模式"。一是体系化护林，核心是"村社护林"：县级护林中心(野生动物和天然林保护管理中心)统筹，镇级林业站(农综服务中心林业分站)负责管理，村级护林站、护林哨所+天保护林员+生态护林员协同工作。二是合作化护林，核心是"场社护林"：新型生态林场(国有+集体+家庭)合作造林，按照一定比例合股，分设护林站，林场职工任站长，聘请天保护林员、生态护林员。两种模式相辅相成，使公益林管护全覆盖。

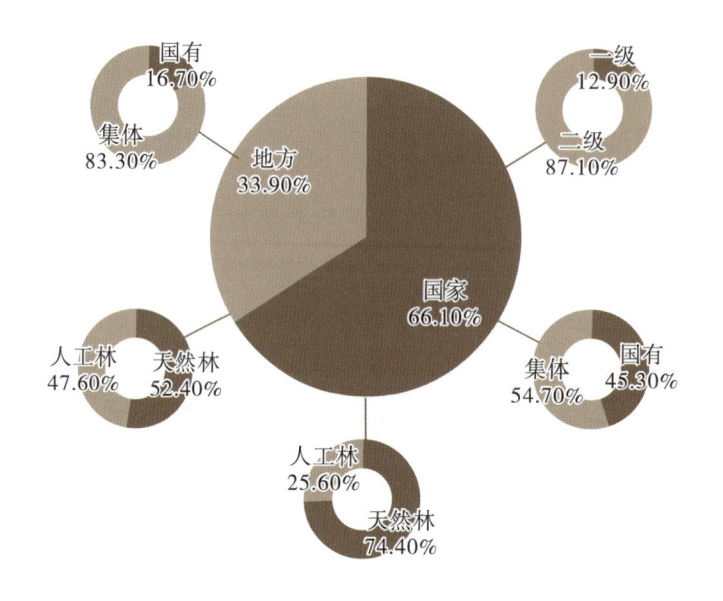

国有 16.70%
集体 83.30%
地方 33.90%
二级 12.90%
二级 87.10%
国家 66.10%
人工林 47.60%
天然林 52.40%
集体 54.70%
国有 45.30%
人工林 25.60%
天然林 74.40%

陕西省公益林分类占比图

第四节　商品林之变

商品林与公益林并立，合起来是中国森林。商品林是自然资源，是生态系统，也是生态空间。商品林是以生产木材、竹材、薪材、干鲜果品和其他工业原料等为主要经营目的的有林地、疏林地、灌木林地和其他林地，包括五大林种中的用材林、经济林和能源林(薪炭林)。顾名思义，商品林突出了商品属性，以经济利益为目标，以市场需求为导向，追求生产数量更多、种类更全、质量更高的产品，包括木材、花、果、叶、油……商品林具有自然属性，也能够提供生态环境服务，但不是其经营方向。商品林体现了私有权属性，林木所有权依法归经营者所有。商品林是经济资源，也是自然资源，在生产经营过程中，存在经济利益与生态效益、社会效益的内在冲突，需要明确的政策和行政干预调整经营行为。

商品林与公益林是典型的"二元化""双轨制"。同是一片林，确定为公益林就以发挥生态效益为主要目的，确定为商品林就以经济效益为主要目的。所有者、经营者、管理者对商品林与公益林需要采取不同的政策与策略。商品林与公益林同室而居、分轨运营。生态空间以提供生态产品和生态服务为主体功能，同时也提供经济、文化、社会多种产品和多样化服务。公益林是生态空间的主体空间，森林生态系统功能的主要空间载体，生态产品和生态服务的主要空间载体。商品林也具有提高生态产品和生态服务功能，但主要是生态空间产业化载体。在某种意义上，商品林即是生态空间上的"树产品"生产空间，生态空间中的农业空间，生态空间与农业空间的交叉重叠空间。公益林是生态空间的核心空间，商品林是生态空间的边缘空间。

第九次全国森林资源清查数据显示，全国公益林面积18.5亿亩，商品林面积14.2亿亩。进一步分析可见，全国商品林具有"六为主"特征：一是"家庭为主"，家庭林木所有权占66.9%，集体占14.4%，国有占18.7%。二是"南方为主"，南方省份商品林近10亿亩，占全国的70%。三是"人工为主"，人工商品林占56.1%，天然商品林占43.9%。四是"用材为主"，用材林占76.6%，经济林占22.1%，薪炭林占1.3%。五是"初产为主"，用材林幼龄、中龄林占69.3%，近熟、成熟林占17.2%，过熟林占3.4%；经济林产前期占林14.6%，初产、盛产期林占76.9%，衰产期林占8.5%。六是"少数为主"，全国120多个主要树种中，杉木、马尾松、杨树、落叶松、栎类、桦木、云南松、柏木、湿地松等10个树种占用材林的53.6%；油茶、茶叶、柑橘、核桃、苹果、板栗、橡胶、桃、梨、枣等10个树种占经济林的66.8%。

商品林是林农生计所依，也是林产品基地。科学经营、永续利用商品林，促进林农增收、助力乡村振兴，实现经济效益"最大可能"与生态效益"最小损害"均衡双赢，构成新时代林政体系的重要内容。

（一）从以材为纲到分类经营、差别管理

新中国成立初期，向自然界开战，似乎全部森林都是商品林，原始林也不例外，全是用来开发的经济资源，以木材为纲，索取利用多、保护培育少。那时，人工更新森林，主要目的就是确保木材"用之不竭"。周恩来敏锐而深刻地指出"从林政、林业观点来看，保林、育林、伐林要统一计划、统一管理，不能只从地方经营和收入着眼"。20 世纪 80 年代，确立以营林为基础，普遍护林，大力造林，采育结合，永续利用的方针。"拿出少量的林地搞木材培育，把其余的大部分森林从沉重木材生产负担中解脱出来，发挥其生态效益"。1985 年，颁布《森林法》，按功能划分五大林种：防护林、用材林、经济林、薪炭林和特种用途林。1995 年，原国家体制改革委员会、林业部在《林业经济体制改革总体纲要》中提出"森林资源培育要按照森林的用途和生产经营目的划定公益林和商品林，实施分类经营，分类管理"。防护林、特种用途林归类为公益林，用材林、经济林、薪炭林归类为商品林。这是中国社会主义市场经济体制下的林业战略架构，开启了公益林与商品林"双轨制"新阶段，为中国林政带来重大而深远的影响。1996 年，全国 14 个省份进行森林分类经营区划试点。2001 年，国家林业局《公益林与商品林分类技术指标》明确，商品林是满足经济需求为主体功能的森林、林地、林木，提供能进入市场流通的经济产品，包括用材林以及果品、油料等经济林。2003 年，中共中央、国务院《关于加快林业发展的决定》确认林业分类经营管理体制，将林业分为公益林业、商品林业两大类，实行差别化管理体制、经营机制和政策措施。2010 年，《全国林地保护利用规划纲要（2010—2020 年）》进一步把商品林划分为重点商品林和一般商品林。国家和地方建设的重点用材林、重点经济林基地划入重点商品林。统筹规划公益林地与商品林地，合理调整商品林地结构，完善用途管制、定额转用、分级保护、差别管理。党的十八大以来，全面停止天然林商业性采伐，天然林中的商品林进入停伐之列。2019年，中办、国办《天然林保护修复制度方案》要求，用最严格制度、最严密法治保护修复天然商品林。同年，新修订的《森林法》将公益林、商品林"分类经营管理"写入法律，并明确未划定为公益林的林地和林地上的森林属于商品林。鼓励发展商品林，经营者在不破坏生态的前提下，依法享有自主经营的权利，可以采取集约化的经营措施提高经济效益。

（二）从统一经营到三权分置、自主经营

私权利不同于公权力。私权因利而存续，谋权以获利，用权以得利。当林权无利可图之时，或是无实际利益之时，商品林中的"商品"二字，也就等于空谈。计划经济时期，商品林实行国营或是集体经营，木材生产经营活动服从国家经济计划，统一收购、统一分配。改革开放后，商品林经营也由计划经济转向市场经济。1981年，中共中央、国务院《关于保护森林发展林业若干问题的决定》推广农业"分田到户"经验于集体林区，形成"均山到户"、林业"三定"，即稳定林权，划定自留山，确定林业生产责任制。1985年，中共中央《关于进一步活跃农村经济的十项政策》明确，"集体林区需要取消木材统购，同时开放木材市场，允许林农和集体的木材自由上市"。"均山到户"政策没有取得预期成效，反而引发森林资源乱砍滥伐。全国第三次森林资源清查结果显示，1984—1988年全国集体林区森林蓄积量减少15942万立方米。1995年，《林业经济体制改革总体纲要》要求，不断发展木材、林产品，建立规则健全、布局合理、管理有序的林业市场体制。1999年，开展森林分类区划界定工作，商品林落到地块，经政府批准，以签订合同等形式确定各方权、责、利。2008年，中共中央、国务院《关于全面推进集体林权制度改革的意见》部署"三权"分置工作，所有权归集体，承包权归农户，经营权归经营者。2016年，国务院办公厅《关于完善集体林权制度的意见》要求，继续做好集体林地承包确权登记颁证工作，稳定集体林地承包关系,加强林权权益保护,进一步放活生产经营自主权,依法推进集体林权有序流转,分类管理公益林与商品林,实行公益林生态效益补偿、天然商品林停伐管护补助和人工营林造林补助、建设储备林贷款贴息制度,并成为自然资源资产产权管理的重要组成部分。集体林权制度改革进一步明确了商品林的"商品"属性,林农自主经营的弹性和灵活度也得到提升。2019年,新修订的《森林法》进一步明确,由农民集体使用的林地依法实行承包经营,承包方享有林地承包经营权和承包林地上的林木所有权,可以自主决定依法采取出租(转包)、入股、抵押、转让等方式流转林地经营权、林木所有权和使用权。至此,商品林经营者获得了更大经营权利,可制订实施符合其利益的经营方案,生产具有市场竞争力的林产品。

(三)从粗放经营到集约经营、高质量发展

林业生产是自然再生产与经济再生产交织在一起的经济活动,经济周期长、见效慢,投资回报率低,一般选择粗放经营,以更多地发挥自然再生产的作用。2003年,中共中央、国务院《关于加快林业发展的决定》提出"发展集约林业",加快建设各种用材林和其他商品林基地,增加木材等林产品的有效供给。鼓励以集约经营方式发展原料林、用材林基地。2016年,国家林业局《关于加快特色经济林产业发展的意见》推广以经济林栽培为主的多元发展模式,拓宽经济林产业发展领域。2017年,国家林业局等11个部委《林业产业发展"十三五"规划》指出,"改造提升"是木材产业发展的关键。2019年,国家林草局《关于促进林草产业高质量发展的指导意见》指出,突出可持续经营和定向集约培育,加大人工用材林培育力度。以国家储备林为重点,加快大径级、珍贵树种用材林培育步伐。坚持规模适度、突出品质、注重特色,建设木本油料、特色果品、木本粮食、木本调料、木本饲料、森林药材等经济林基地和花卉基地,培育特色优势产业集群。2020年,中国竹材、人造板、地板、木门、家具、松香产量世界第一,核桃、油茶、板栗、枣、苹果、

柑橘等经济林面积和产量均居世界首位，商品林迈上高质量发展之路。

（四）从单一产品到多元经济

新中国成立初期，国民经济恢复发展时期，木材需求量迅速增长，林业以材为纲。2016年，习近平总书记在黑龙江省伊春市考察时指出，传统林业转型方向主要集中在与农产品有关的产业上，但要打开思路，不要单打一，应注重多元化。随后，国家林业局发布的《全国森林经营规划（2016—2050年）》提出，以多功能森林经营思想为指导，既包括森林面积、蓄积、生长量等指标，也包括森林树种构成、森林植被碳储量、森林生态服务价值等指标，要求严格保护公益林、多功能经营兼用林、集约经营商品林。至此，多功能森林经营提上重要日程。这是要在公益林与商品林之间，找到一个交叉覆盖的区域。2017年，国家林业局等四部门《关于进一步利用开发性和政策性金融推进林业生态建设的通知》，将储备林、经济林、森林旅游等带有经营色彩的项目，一并纳入政策性支持范围，促进商品林多元化发展。《国家储备林建设规划》提出，重点在东南沿海、长江中下游等七大区域，打造和培育20个国家储备林建设基地，成为集木材生产、生态修复、生态经济多元功能为一体的制度安排。2019年，国家林草局《关于促进林草产业高质量发展的指导意见》要求，加快培育以家庭林场、农民专业合作社、龙头企业、专业大户等为重点的新型林业经营主体。2021年，国务院办公厅《关于鼓励和支持社会资本参与生态保护修复的意见》，鼓励以森林资源入股方式参与新建水电站和旅游区的开发，以林地入股森林公园，开展人工商品林自主采伐试点，完善商品林多元投资制度体系。

商品林高质量发展是遵循自然规律、实现生态系统良性循环与自然资产保值增值的内在要求，牵系美丽中国建设、农民增收、乡村振兴。要坚持"市场运营"，实行与公益林差别化政策，正确处理资源保护、培育与利用的关系，营造良好市场环境，积极培育市场主体，形成生态产业化、产业生态化经济体系。要坚持"多功能经营"，以市场主导，强化引导，探索储林储碳的"双储"林场建设新模式，不断丰富生态产品的价值实现机制和路径，实现生态美、百姓富的有机统一。要坚持"高质量发展"，加快商品林产品创新、组织创新和科技创新，推动规模扩张向质量提升、要素驱动向创新驱动、分散布局向集聚发展转变，用更少的空间创造更大的价值。

阅读链接：陕西商品林

2021年国土"三调"数据与林地"一张图"融合结果显示，全省商品林地4861.2万亩，占全省林地的四分之一。按权属分，集体商品林地4488.7万亩，占92.3%，国有商品林地372.5万亩，占7.7%。按起源分，人工商品林地4764.7万亩，占98.0%，天然商品林地96.5万亩，占2.0%。按类别分，一般商品林地3854.7万亩，占79.3%，重点商品林地1006.5万亩，占20.7%。按林种分，用材林地4010.5万亩，占82.5%，经济林地445.4万亩，占9.2%，能源林地405.3万亩，占8.3%。按地域分，陕南商品林地占全省的63.46%，关中占22.11%、陕北占14.43%。按树种分，栎类、油松、刺槐、马尾松、杨树等树种占84.6%，核桃、板栗、花椒等树种占15.4%。

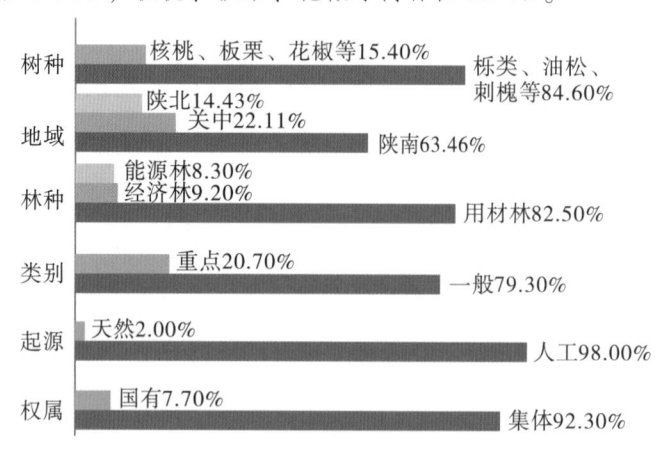

分类	占比
树种	核桃、板栗、花椒等15.40%；栎类、油松、刺槐等84.60%
地域	陕北14.43%；关中22.11%；陕南63.46%
林种	能源林8.30%；经济林9.20%；用材林82.50%
类别	重点20.70%；一般79.30%
起源	天然2.00%；人工98.00%
权属	国有7.70%；集体92.30%

陕西省商品林分类占比图

第五节　防护林之变

人与森林是生命共同体。森林具有生态环境防护功能，人类会自觉保护森林，以维持生态环境防护功能。当森林消失后，生态环境防护功能随之消失。通过人工营造林，可以恢复与重建森林生态环境防护功能，即防护林。可见，防护林主要提供森林生态环境服务。

万物各得其和以生，各得其养以成。中国人利用森林防护功能由来已久。人文始祖有巢氏教民巢居，既可挡风遮雨，又能躲避猛兽。周代开始"列树以表道"，在官道之旁植树是国家制度，开护路林之先河。战国《管子·度地篇》记载，"树以荆棘，以固其地，杂以柏树和杨树，以备决水"，开堤岸防护林之先河。秦汉之际，为防范游牧民族，西北边境栽植榆树作为围栅，开边防林之先河。宋太祖诏令专植榆柳，中通一径，仅容一骑，开防御林之先河。明清时期，黄河、长江水患频发，形成"植树六法，以护堤岸"的堤防林理论。

近代以来，由于过度开垦、不当利用土地，生态环境问题日益严峻，现代防护林走向体系化。1843年，沙皇俄国为应对农业生产干旱风、土壤侵蚀等生态环境问题，营建草原农田防护试验林，创建了世界上第一个防护林试验站。由此，实施重大防护林体系工程成为各国应对自然灾害和生态环境问题的重要策略。1935年，美国实施"大平原各州防护林工程"，也称"罗斯福防护林工程"，是全球第一个大规模生态工程。1948年，苏联启动"斯大林改造大自然计划"。1954年，日本启动治山治水防护林工程。1970年，北非五国为防御撒哈拉沙漠北移扩展，共同启动实施"绿色坝工程"，成为全球第一个大型跨国防护林工程。实施防护林工程为各国改善生态环境，实现经济社会可持续发展，带来了极为深远的影响。

新中国成立后，荒山满目，大地失去植被庇护，促成以生态环境服务为主要目的的现代防护林迅速发展，并形成了中国特色防护林政策体系。中国防护林发展，大体经历了三个历史阶段：

（一）探索起步，区块发展

新中国成立初期至改革开放前，是防护林建设的探索发展期。由北向南，全国各地相继营造防风固沙林、水土保持林、沿海防护林、农田防护林等类型多样的防护林。1949年年初，华北人民政府成立冀西沙荒造林局，坚持"植树造林，防风治沙，变沙荒为良田和果园"的奋斗目标，成为新中国成立初期北方防护林营造示范单位。1950年，林垦部发布春季造林指示，要求在山荒、沙荒犯风地区、沿河沿海、沿公路铁路，有计划地营造防护林以防止风沙水患，巩固路基，保障农业生产。东北西部防护林带、内蒙古东部防护林带，以及黄河南岸的豫东防沙林带建设相继启动。1952年，全国林业会议决定，除继续营造东北西部防护林及冀西、豫东、永定河下游防沙林外，筹划营造从沽源到陕坝的察绥防护林带及由府谷到定边的陕北防护林带。同时配合治黄、治淮工程，在泾河及无定河、淮河上游、永定河上游营造防洪林，苏北、山东、河北按计划营造海岸防护林。20世纪60年代，防护林建设扩展到华北、中原和江南农业区，以改善农田小气候、防御自然灾害为目的。防护林成为农田基本建设内容之一，以窄林带、小网格为主要结构模式的农田林网快速发展，逐渐遍布全国农区。整体上看，这一阶段的防护林理论和实践受苏联防护林建设理念影响，以促进农业生产为主要目的，建设概念局限于农田、牧场结合形成的林网、林带。第一次全国森林资源清查结果显示，1976年，全国防护林面积1.17亿亩，占森林面积的7.1%。由于缺乏统一规划，林分、树种单一、目标单一，防护林建设未形成整体防护效果，北方沙化土地依旧呈扩展趋势、沙尘暴频发，对生产生活带来严重影响。

（二）工程引领，体系发展

20世纪80年代和90年代，以"三北"防护林工程为代表的林业生态建设工程相继启动，防护林进入体系化发展阶段。防护林营造由单一树种、林种，向多树种、多林种、乔灌草综合配置、效益互补、功能协调转变。1978年，邓小平、李先念、陈云等中央领导同志分别在《关于在我国北方地区建设大型防护林带的建议》上做出重要批示。国家林业总局迅速组织调查研究，编制了"三北"防护林体系建设规划。同年，国务院批转国家林业总局《关于在"三北"风沙危害和水土流失重点地区建设大型防护林的规划》，由此拉开了一个重整河山、规模空前的伟大工程的序幕。"三北"工程涉及东北、华北、西北13省551个县，总面积406.9万平方千米，占全国国土面积的42.4%。规划期从1978到2050年，分三个阶段、八期工程进行建设，历时73年。"三北"工程是人类最具有雄心的生态工程，邓小平题词"绿色长城"。"三北"工程带动了一系列防护林工程，构筑起中国大陆防护林基本骨架。1989年，国务院批复《1989—2000年全国造林绿化规划纲要》，要求新造林中防护林比重不低于30%，明确建设五大防护林体系——三北地区、长江中上游、沿海防护林体系工程、太行山地区绿化工程和平原地区农田防护林工程，这是中国发展防护林的黄金时代。长江中上游防护林体系建设工程，以营造水源涵养林和水土保持林为主，涉及9省144县。沿海防护林体系建设工程，以营造沿海基干林带为主，规划覆盖11省1.8万千米大陆海岸线。太行山绿化工程，以"改善生态、富山保川"为目的，涉及4省110县。平原绿化工程，以营造农田防护林为主，涉及26省918县。1995年11月，国家计委批复同意辽河流域、淮河太湖流域、珠江流域和黄河中游4个防护林工程总体规划，重点流域防护林建设全面提速发展。这一阶段，防护林内涵逐渐扩展，理论创新发展，实践不断丰富。1984年《森林法》明确，防护林、用材林、经济林、薪炭林、特种用途林是五大林种。防护林是指以防护为主要目的的森林、林木和灌木丛，涵盖农业用地上的农田和牧场防护林、道路建设用地上的护路林、水利工程用地上的护岸林。1995年，国家体改委、林业部《林业经济体制改革总体纲要》将森林划分为两大类：公益林和商品林，实施分类经营、分类管理。防护林和特种用途林被纳入公益林类，用材林、经济林、薪炭林被纳入商品林类。1998年修订《森林法》，国家设立森林生态效益补偿基金，用于提供生态效益的防护林和特种用途林的森林资源、林木的营造、抚育、保护和管理。中国防护林建设逐步由大型防护林体系建设转向生态经济型防护林体系建设，加快建设农林牧、土水林、带片网、多林种、多树种、林工商、乔灌草相结合的防护林。第六次全国森林资源清查结果显示，到21世纪之初，防护林面积14.45亿亩，占全国森林面积55.07%，1.8万千米海岸基干林带基本合龙，风沙危害和水土流失严重局面得到初步遏制，探索形成了一条中国特色防护林发展之路。

（三）整合升级，统筹发展

进入新世纪，国家林业战略布局调整，17个林业工程整合为六大重点工程。"三北"和长江中下游地区等重点防护林体系建设工程是六大工程之一，囊括了"三北"地区、沿海、珠江、淮河、太行山、平原地区和洞庭湖、鄱阳湖、长江中下游地区的防护林建设，成为涵盖面最大、内容最丰富的防护林工程。党的十八大以来，统筹推进山水林田湖草沙系统治理成为国家战略，防护林体系建设布局优化，管理制度化、规范化、科学化。《全国造林绿化规划纲要（2011—2020年）》明确，继续推进"三北"及长江流域等防护林建设，积极营造公益林。2004年《重点公益林区划界定办法》明确，重点公益林区划对象是林地中的重点防护林和特种用途林，包括水源涵养林、水土保持林、防风固沙林和护岸林，自然保护区的森林和国防林等。同年，实施公益林森林生态效益补偿制度，给公益林营造、抚育、保护和管理以专项补助。2014年《防护林术语》明确，防护林是为了保持水土、防风固沙、涵养水源、调节气候，起到改善生态环境和人类生产、生活条件作用的有林地、疏林地和灌木林地。在林政治理实践中，防护林逐步转向林地类型。2019年新修订的《森林法》明确，国家以培育稳定、健康、优质、高效的森林生态系统为目标，对公益林和商品林实行分类经营管理，突出主导功能，发挥多种功能，实现森林资源永续利用。沿用多年的"防护林、特种用途林、用材林、经济林和能源林"的五大分类从《森林法》正文挪至附则"用语含义"部分，并删除了概念表述。在森林经营管理中，防护林概念淡化，日益为公益林所替代。2020年，《全国重要生态系统保护和修复重大工程总体规划》印发实施，治山、治水、护田、护岸的防护林工程全面融入"三区四带"工程布局，进入接续、拓展和统筹发展新阶段。这一时期，以生态建设为主线，统筹生态建设和民生改善是防护林建设指导思想。"三北"工程五期明确"以防护林为主体，适当配置特用林、用材林、经济林、薪炭林，形成多树种、多功能的综合防护体系"建设思路。防护林体系建设，不再是单纯地营造防护林。第九次全国森林资源清查数据表明，防护林面积15.12亿亩，占全国森林面积的46.2%。但随着持续推进大规模国土绿化，防护林面积增长趋缓，在森林面积中的占比呈下降趋势。随着时间推移，早期建设的防护林出现衰退态势，实施防护林保护和退化林修复，已成为后续防护林体系建设的重要任务。

人不负青山，青山定不负人。回顾不同发展阶段，我国的防护林建设始终坚持问题导向，及时调整政策策略，在推动我国生态环境持续向好中发挥了重要作用。在治理理念上，由"森林、林木和灌木丛"到"有林地、疏林地和灌木林地"，实现了由资源到地类转变，逐步与公益林趋同。在治理模式上，由区域性林带林网建设到体系化推进生态建设，再到统筹推进山水林田湖草沙系统治理，始终致力于改善生产生活环境。在治理效果上，防护林工程实施区森林草原资源显著增加，防灾减灾能力和生态防护功能显著增强，生态效益、经济效益和社会效益持续显现。到如今，已经蔚为壮观的中国防护林，并入了更加宏大辽阔的中国公益林，为美丽中国建设、为创造人类文明新形态永续提供生态环境服务！

阅读链接：陕西防护林

陕西是防护林建设重点省、防护林大省。根据第九次全国森林资源清查数据，陕西防护林9109万亩，居全国第7位；防护林占全省森林资源的68.48%，居全国第5位。根据国土"三调"对接融合数据，全省防护林1.22亿亩，占林地的65.24%。陕西重点防护林体系建设主要涉及"三北"防护林工程和长江中上游防护林工程。其中，"三北"工程涉及9市68个县区，涵盖全省60%的国土面积、70%的水土流失面积和100%的沙化荒漠化土地。1978年以来，累计营造林5400多万亩，工程区森林覆盖率由12.9%提高到36.8%，年均入黄泥沙量由8.3亿吨减少到1.3亿吨，在黄河变清、陕西变绿中发挥了重要作用。长江防护林工程涉及全省4市30县区，自1989年以来，累计营造林1319万亩，工程区森林覆盖率由36%提高到69.65%，在恢复秦岭、巴山森林中发挥了重要作用。陕西是防沙治沙前沿阵地，自1950年启动营造陕北防沙林带以来，全省先后实施防沙治沙工程、京津风沙源治理工程，营造了大量防风固沙林，860万亩流动沙地得到有效治理，成为全国唯一一个"拴牢"流沙的省份。涌现出石光银、牛玉琴、张应龙以及女子民兵治沙连等享誉全国的治沙英雄和先进集体。

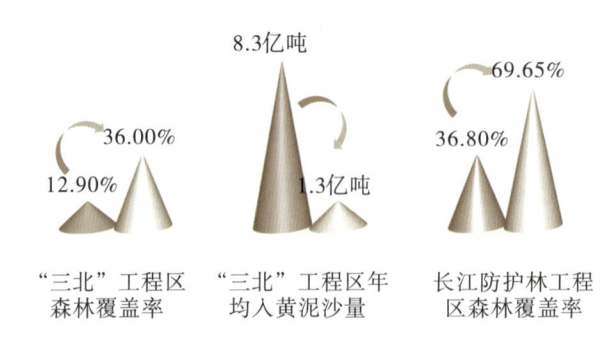

"三北"工程区森林覆盖率	"三北"工程区年均入黄泥沙量	长江防护林工程区森林覆盖率
12.90% → 36.00%	8.3亿吨 → 1.3亿吨	36.80% → 69.65%

陕西省防护林分类占比图

第六节　经济林之变

经济林与用材林、能源林并称为三大商品林。目前，全国经济林5.5亿亩，其中园地经济林3亿亩，林地经济林2.5亿亩。经济林以食物、药物，以及工业原料为主要生产经营目的，包括干果、水果、木本粮油、糖料、饮料、香料、漆料、胶料、药材……经济林是自然生产与经济生产交织在一起的再生产，遵循自然生态与产业经济双重规律，具有生态空间和农业空间的双重属性，是最接近农业空间的生态空间，也是最接近生态空间的农业空间。生态空间即是林政空间，是乡村振兴和永续发展的"根空间"。公益林为乡村社区提供了生态环境保障，经济林、用材林、能源林为乡村社区提供了生计支撑。

人类利用经济林由来已久。《诗经》"树之榛栗""八月剥枣"。汉时，张骞两度出使西域，将石榴、葡萄、核桃引入长安。诸葛亮上书后主"成都有桑八百株，薄田十五顷，子弟衣食，自有余饶"。隋唐时，倡导植树，尤重经济林，规定"永业田"种植桑、枣及用材林。南宋时，在陕西凤州设茶马司，以陕川茶与"番国"易马。近代，经济林培育技术起步，清代杨屾编写《豳风广义》《知本提纲》普及农桑。民国时，设立农林专科学校，设有经济林相关学科。

与中国一样，世界各国向来重视经济林产业。古希腊即种植油橄榄，从尼罗河流域引种，辗转传入意大利、法国、土耳其，形成以地中海为中心的栽培区。沙特阿拉伯、伊拉克等国种植椰枣有5000年之久，印度芒果也有4000年栽培史。橡胶原分布于南美亚马孙河流域，经100多年引种推广，现40多个国家种植超亿亩。20世纪上半叶，巴拉圭、阿根廷引入中国油桐，现已是桐油产品重要输出国。

新中国成立以来，经济林产业翻开了新篇章，由小到大，由单一到多元，由粗放到精深，发生了历史性变化。

(一)零星布局、探路发展

1949年,林垦部确定"普遍护林,重点造林,合理采伐与利用"的方针。1956年,国务院《关于新辟和移植桑园、茶园、果园和其他经济林木减免农业税的规定》,以减免税政策鼓励农民种植桑、茶、果和其他经济林。1958年,毛主席批示"陕西商洛专区每户种一升核桃。这个经验值得各地研究……"同年,林业部、轻工业部、商业部发布《关于大力组织栲胶生产的联合通知》,号召发展栲胶产业。1961年,国务院批转林业部、商业部《关于发展紫胶生产问题的报告》。1963年,财政部、林业部、人民银行总行决定,垦复和抚育竹子、油茶、油桐所必需的生产资金,可以从农业贷款中适当解决,并给予无息贷款支持。1964年,林业部发出《关于安排引种油橄榄的通知》,周恩来总理在昆明市海口林场栽植从阿尔巴尼亚引种的油橄榄树。1976年,农林部召开南方14省用材林和油料林基地造林现场会。1978年,国家计委、农林部等五部委召开全国油桐会议。这一时期,全国经济林约1.3亿亩。

(二)各路并进、快速发展

改革开放之后,经济林种类渐丰,种植区域渐大。1979年,胡耀邦写信给河北易县县委,指出"要造用材林,造核桃、柿子、栗子、枣子等干果林。社造、队造、户造一齐上"。1981年,中共中央、国务院《关于保护森林发展林业若干问题的决定》要求,稳定山权、林权,因地制宜大力发展经济林。1987年,林业部、国家计委等部委《关于加强松香管理的联合通知》明确,将松香的产供销统一交由林业部门管理。1994年,在北京农业展览馆举行"全国林业名特优新产品博览会"。同年,全国林业会议要求,建立比较完备的林业生态体系和比较发达的林业产业体系。1995年,国家体改委、林业部《林业经济体制改革总体纲要》提出,发展与利用相配套的工业原料林基地,发展深加工、精加工、高附加值的龙头企业,带动干鲜林果、木本油料、木本药材、木本香料、工业原料、茶桑等经济林发展。1999年，全国林业会议要求，按照建立比较完备的林业生态体系和比较发达的林业产业体系的目标，推进林业分类经营。这一时期，经济林的种类、数量和规模增加，林业企业发展壮大。全国经济林达到3.5亿亩。

（三）统筹规划、持续发展

步入21世纪，国家制定实施产业规划和行业标准，不断调整优化经济林布局，规范行业发展，持续扩大产业规模。2000年，国家林业局发布《公益林与商品林分类技术指标》，建立森林类别分类系统和技术指标体系。2003年，中共中央、国务院《关于加快林业发展的决定》要求，优化林业结构，促进产业发展，突出发展名特优新经济林、生态旅游等新兴产业。2004年，国家林业局《全国林业产业发展规划纲要（2004—2010）》要求，发展一批工业原料林、名特优新经济林产业带和林产品加工基地群。2006年，国家林业局《关于贯彻〈中共中央国务院关于推进社会主义新农村建设的若干意见〉的实施意见》提出，实施经济林发展品牌战略，开发一批名牌经济林产品。同年，国家林业局印发《关于发展油茶产业的意见》。2007年，国家林业局、国家发改委等七部委印发《林业产业政策要点》，支持名特优新经济林基地建设和经济林果品储运、精深加工产业发展。2009年，全国林业会议要求，加快各类工业原料林基地建设。同年，国家发改委、财政部、国家林业局发布《全国油茶产业发展规划（2009—2020年）》。2011年，林业发展"十二五"规划提出，加速培育木本粮油、特色经济林等十大产业。全国经济林发展到约5亿亩。

（四）提质增效、融合发展

在"绿水青山就是金山银山"理念引领下，经济林提质增效、三产融合发展。2013年，国家林业局《推进生态文明建设规划纲要》提出，加快发展木本粮油，维护国家粮油安全，大力发展特色经济林和林下经济。2014年，国家林业局、国家发改委、财政部《全国优势特色经济林发展布局规划（2013—2020年）》提出，重点选择木本油料、木本粮食、特色鲜果、木本药材、木本调料五大类30个优势特色经济林树种，科学布局，重点发展。同年，国家林业局《关于加快特色经济林产业发展的意见》提出，按照"生态建设产业化，产业发展生态化"的总体思路，做大做强特色经济林产业。同年，国务院办公厅《关于加快木本油料产业发展的指导意见》要求，建立健全木本油料种植、加工、流通、消费产业体系。2015年，中共中央、国务院《关于加快推进生态文明建设的意见》要求，大力发展特色经济林、林下经济、森林旅游等林产业。2016年，财政部、国家林业局《林业改革发展资金管理办法》明确，支持油茶、核桃、油用牡丹、文冠果等木本油料产业发展。2019年，国家林草局《关于促进林草产业高质量发展的指导意见》强调，推动经济林产业提质增效，建设木本油料、特色果品、森林药材等经济林基地。2020年，国家发改委等十部委《关于科学利用林地资源，促进木本粮油和林下经济高质量发展的意见》提出，优化资源管理制度，科学布局木本粮油产业，通过扩大产业规模、促进上下游产业融合、强化良种良艺良机支撑、塑造特色品牌、强化产销对接、提高标准化水平、完善财税政策，构筑高效产业体系。国土"三调"数据显示，全国经济林达到5.5亿亩。

回顾经济林发展历程，我们深刻认识到，经济林产业体系已经发生了深刻的变化。

——业态之变。新中国成立初期，木材经济是林业经济重要支柱，经济林占比很小，种植少量果树、茶桑和木本油料经济林。改革开放之后，经济林需求日益增加，经济林产业快速发展，木本油料、木本药材、调料饮料、果干果脯、其他森林食品等层出不穷。40年间，经济林产量增长20多倍，产品种类增长30倍。进入新时代，生态旅游兴起，各地竞相举办苹果节、荔枝节、樱花节、桃花节等旅游观光活动，促进经济林发展。与经济林配套的物流、电商、供应链及综合服务不断完善，形成了三产融合新局面。

——业链之变。经济林产业链由短到长、由缺到全。新中国成立初期，产业主要集中于第一产业种植业，产业链短，缺少产前、产中、产后行业标准和配套服务。目前，经济林产业初步形成一、二、三产融合，产前、产中、产后技术和服务齐备的完整产业链，从产前的良种选育、土壤检测、水肥保障，到产中的栽培管理、病虫防治、采收储藏、产品加工，再到产后的品牌打造、宣传推介、线上线下销售，形成了完整的闭环产业链和配套服务体系。随着产业链延伸，全国形成有特色、上规模的经济林产业集群，建成技术集成、要素集聚、企业集中的林产园70余个。

——加工之变。直到改革开放前，经济林产品基本是初级原材料，缺少精深加工。之后，实施《关于加快特色经济林产业发展的意见》《关于加快木本油料产业发展的指导意见》《关于促进林草产业高质量发展的指导意见》等政策措施，经济林加工逐步实现初级到精深、单一到多元、传统到现代的转变，经济林的果实、种子、花、叶、枝、茎、皮、根、树脂、树液等不同组织成分，得到加工利用，综合效益提升。目前，全国规模经济林加工企业上万家，加工能力1000多万吨，生产油脂、淀粉、糖料、饮料、香料、食品、漆料、蜡料、胶料、鞣料、纤维、药品等产品2000余种，年产值6148亿元。

——体系之变。由自给自足的小农经济到商品化、市场化、产业化发展。改革开放前，发展经济林以自食自用为主，商品交易少。"文革"期间，经济林曾被视为"资本主义尾巴"，遭受严重影响。1981年，林业三定：稳定山权和林权，划定自留山，确定林业生产承包责任制，经济林商品化、市场化步伐加快。《关于加快林业发展的决定》《关于加快特色经济林产业发展的意见》《全国优势特色经济林发展布局规划》等政策实施，各类经济林博览会、展销会举办，以及京东、天猫、建行善融等线上电商平台助推，形成以油茶、核桃、油橄榄、板栗、大枣、苹果、柑橘等为主的15类经济林主导产业，培育发展经济林企业2万余家，174个经济林主产区入选中国特色农产品优势区，初步建立了以市场牵龙头、龙头带基地、基地连农户的产业组织体系。

——市场之变。新中国成立初期，经济林规模小而单一，生产经营沿袭传统经营模式，散户经营，粗放经营，靠天吃饭，产品产量和质量很低。改革开放前，全国经济林亩产不足70千克。2000年以来，经济林基地规模化、建园标准化、育苗温室化、栽培机械化、灌溉自动化、防虫专业化、加工智能化快速推进，经济林产量和质量大幅度提升。40年来，经济林亩产增长近4倍，茶油、坚果等优质林产品品牌应运而生，核桃、油茶、板栗、枣、苹果、柑橘等经济林规模居世界前列，产品销往欧美、日韩、中东、俄罗斯市场。

——标准之变。经济林标准体系和相关基地、行业机构从无到有、从单一到系统，不断丰富发展。全国建成经济林类国家重点林木良种基地86个、种质资源库50个，保存经济林种质资源量5万余份，选育审定经济林良种6620个，组建经济林国家创新联盟75个、工程技术研究中心34个、质量检验检测机构17个，制定《油茶籽油》《核桃坚果质量等级》等200余项国家、行业技术标准和2000余项地方规范，颁发集基础通用、管理服务、干果坚果林、鲜果林、油料林、香调料林、工业原料林、林源药材及产品等60个主干标准于一体的《经济林产品领域标准体系》，初步实现经济林发展有标可依，实现了标准化育种育苗、标准化建园、标准化种植、标准化施肥、标准化灌溉、标准化整形修剪、标准化等级分类、标准化分拣包装、标准化仓储运输，经济林产品质量和产业水平大幅度提升，经济林亩产增加到330千克。

发展新理念，阔步向未来。要坚持稳中求进工作总基调，以林业供给侧结构性改革为主线，以实现生态美、产业兴、百姓富为目标，坚持生态优先、绿色惠民、优化布局、提质增效，做精一产、做强二产、做大三产，促进林文旅深度融合，丰富完善现代经济林产业体系，加快推动经济林产业高质量发展。

阅读链接：陕西经济林

陕西是经济林大省。国土"三调"数据显示，全省经济林面积2314.6万亩，其中林地经济林493.6万亩、园地经济林1821万亩。林业部门负责管理干果、木本粮油、调料、工业原料、药材等经济林，农业部门负责管理水果类、饮料类、蚕桑类经济林。在林地经济林中，果树林216.2万亩，食用原料林52.6万亩，药用林28.4万亩，化工原料林28.8万亩，其他经济林167.6万亩。园地经济林中，果园1375.5万亩，茶园40万亩，其他405.5万亩。陕西苹果、冬枣、猕猴桃全国第一，核桃、花椒全国第二。

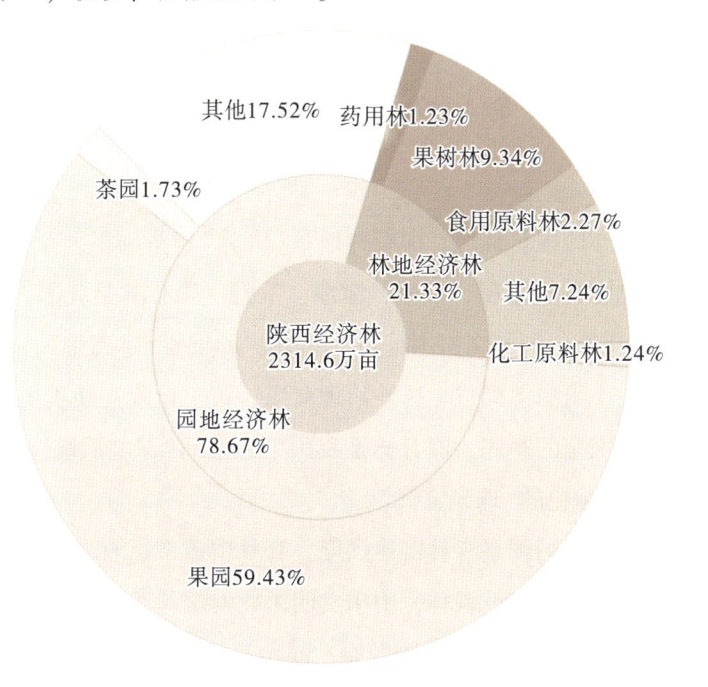

陕西省经济林分类占比图

国家九部委认定陕西商洛、大荔、韩城、佳县等九个经济林重点产区为"中国特色农产品优势区"。韩城市、洛南县成功创建国家花椒、核桃产业示范园区。洛川苹果、大荔冬枣、眉县猕猴桃第一批进入中国农业品牌目录2019农产品区域公用品牌价值榜和影响力指数榜单。洛川苹果品牌价值687.27亿元，居全国农产品第二、水果类第一。"大荔冬枣"连续六年跻身"中国果品区域公用品牌20强"，品牌价值48.68亿元。商洛是"中国核桃之都"。中国绿色农业联盟评选"商洛核桃"为"2020全国绿色农业十大最具影响力地标品牌"。

目前，经济林面临亩产不高、销售不畅、规模化瓶颈等问题。主攻方向是推广普及良种，实施低产低质园改造，提升集约化经营比重；培育龙头企业，促进精深加工，丰富产品类型；加强产销对接、宣传推介，拓宽线上、线下销售渠道。

第七节　国有林之变

国有林，亦即国有林地。国有林地是以"林"领头的重要生态空间，国有林地中也有自然景观、草地、湿地、荒野。国有林是我国森林"白菜心"，星罗棋布，镶嵌在祖国重要"生态位"和重要"生态带"，分布于大小江河源头、水源地周边、风沙治理前线、黄土丘陵、硬质山域，已成为国家生态安全的基底。国有林是我国生态空间"深宅后院""镇宅之宝"，散发着深绿色的"珠光宝气"。

远古时期，我国曾是森林富集国度，森林覆盖率达60%。那时，黄河流域、黄土高原，广披森林，中华文明由此发端起源。数千年农业文明，主要形成于河流两岸、低地平原、浅山丘陵，将森林开辟为农地。在大山之中有森林幸存，人称"山林""深山老林"。残存的"深山老林"，是人类难以开发利用的土地，是"大自然的自留地"。农耕文明早期，皇家圈占森林，经营林苑，即皇家林苑。西周灵台苑囿、秦汉上林苑，就是最早的皇家林苑、皇家游园。历朝历代，都有皇家林苑，以及荒山野岭、深山老林等"无主林地"。这是近代"官林"的前身，也是国有林的重要来源，主要分布于东北、西北、西南偏僻边陲之地。

中国共产党领导人民改天换地，林地革命是中国土地革命的重要内容之一。在解放区，除合作社所有和私人林地外，较大面积的森林、原政府管理的森林、未确定林权的天然林和有重大保安作用的森林被划为国有林，并由此构建起新中国国有林体系的雏形。经过长期艰苦探索与持续发展，国有林由少到多，由采伐到保护，由天然到人工，由星星点点到燎原之势，筑牢"生态位"，连通"生态带"，发挥"生态势能"，自成体系的国有林场成为共和国生态文明建设的"长子"。以国有林业局为主体、国有林场为基础、集体林场为补充的生态林场体系正在形成。

回顾国有林发展历程，主要经历了踏步前进、创制体系，徘徊动荡、艰难困顿，走出低谷、稳定向好，发展转型、双轨向前，体系升级、举旗生态五个重要时期。

（一）踏步前进、创制体系

20世纪50年代，林垦部接管了旧中国各类林场50多处，统一整合为国营林场。1957年，中共中央批转林业部党组《关于农林业生产合作社当前林业生产中几项具体政策问题的请示报告》《国营林场经营管理办法》，1958年，发布《关于在全国大规模造林的指示》，坚持依靠合作社造林的同时，积极发展国营林场。国家推行国营林场体制，全国各地掀起了大建国营林场的高潮。全国的大森林、荒野、荒山均收归国有，在东北、西南、西北原始林建立了一批全民所有制大林场、森工企业，在无林、少林地区试办了一批以造林为主的国营林场，大批下放干部开辟建立新的国营林场，在天然次生林区建立了一批护林站、抚育站、森林经营所，大部分森林经营所和伐木场逐步改建为国营林场。1963年，林业部成立国营林场管理总局，各地林业部门相继成立国营林场管理机构，国有林场管理体制发生重要变化，一批大型、重点国有林场收归省（区、市）直接领导。全国37家国营林场改为实验林场，包括陕西省楼观台实验林场、河北省塞罕坝机械林场、甘肃小陇山林业实验局。到1965年年底，全国建立国营林场3564处，经营面积10亿亩，森林面积4.4亿亩，森林蓄积量18.6亿立方米。经过这一时期，基本确立国有、国营和集体所有、集体经营的林业经营管理制度，初步形成中国特色国有林和集体林体系。无论是国有林还是集体林，都是林地、森林、林木的复合概念，根基是林地所有权。国有林实行全民所有制，集体林实行农民集体所有制。万变不离其宗。两种所有权制是中国林权制度之锚，也是绿色数量的红色之锚。红色之锚永不变，承包权、经营权、使用权，顺应时势，与时俱进。

（二）徘徊动荡、艰难困顿

"文化大革命"期间，国家对国有林场重视程度弱化，管理机构不稳，管理层级下调。林业部、农业部、水产部合并成立农林部，原林业部国营林场总局撤销，各地国营林场管理机构失稳，83%的国营林场下放到县、公社或大队。"以粮为纲""向自然界开战"，不少地方出现大范围毁林现象，全国有林地面积减少近1亿亩，用材林蓄积量减少8.5亿立方米。到1976年，国营林场经营面积降至6.9亿亩，森林面积降至3.5亿亩，森林蓄积量降至10.5亿立方米。这十年，国家林业发展徘徊难行，加上管理动荡，秩序混乱，随意侵占国有林地、偷砍滥伐国有林木之风盛行，致使国营林场经营面积缩小，有林地面积和森林蓄积量锐减，山林权属纠纷剧增。

（三）走出低谷、稳定向好

随着我国改革开放政策的实施，国有林场逐步恢复，进入了稳定发展的新时期。1981年，中共中央、国务院发布《关于保护森林发展林业若干问题的决定》，稳定山权林权，划定自留山，实行林业生产责任制，即"林业三定"。国家所有、集体所有的森林、林木和林地，个人所有的林木和使用的林地，凡是权属清楚的，均应稳定不变，由县或县以上人民政府颁发林权证书予以确认；凡有条件的地方，都要划给农民一定数量的自留山（或荒沙、荒滩）植树种草，长期使用；全民所有制林场和农材集体经济组织，都要根据林业生产的特点，认真落实林业生产责任制。1985年实行《森林法》，明确建立省、地、县三级国营林场管理的体系，以及划分国有林为防护林、用材林、经济林、薪炭林和特种用途五种林。1986—1997年，林业部三次召开全国国有林场工作会议，提出了不同阶段国有林场工作的指导思想、奋斗目标、重点任务、主要措施和具体要求，对国有林场的发展起到了重要的推动作用。国家陆续出台《关于搞活和改善国营林场经营问题的通知》《关于进一步活跃农村经济的十项政策》，实行承包经营制，减免税费政策，为国有林场发展创造了比较宽松的外部环境，国有林场规模和经济实力都得到了恢复发展。20世纪90年代推行可持续发展战略，突出强调植树造林、生物多样性保护、森林资源保护。1993年，党的十四届三中全会后，国营林场陆续更名为国有林场，实行事业单位企业化管理、自收自支的管理体制。1996年印发《关于国有林场深化改革加快发展若干问题的决定》，优化国有林场经营结构和资源利用，推进森林资源发展和生态保护，国有林场呈稳定向好的发展态势。

（四）发展转型、双轨向前

1998年，长江暴发特大洪灾后，国家出台天然林资源保护政策，实施以生态建设为主的林业发展战略。我国林业政策发生重大调整，对生态脆弱地区森林资源实行禁伐限伐政策，国有林场由重经济向重生态转变。2003年，《关于加快林业发展的决定》将国有林场划分为生态公益型和商品经营型林场，对其内部结构和运营机制做出相应调整，两种类型林场进入不同轨道，实行"双轨运行"。2005年，启动扶持贫困林场项目，改善林区基础设施条件。2009年，国家系统研究新形势下林业改革发展问题，突出强调林业在实施可持续发展战略、生态环境建设和应对气候变化中的重要作用。2010年，国务院部署国有林场改革，国家林业局会同国家发改委、财政部等启动国有林场改革试点，指导各地结合实际开展国有林场改革。2014年，全国国有林场4855个，经营面积11.5亿亩，其中林地8.7亿亩，森林6.7亿亩，蓄积量23.4亿立方米。与此同时，凭借独特的自然生态环境势能，带动整个生态空间释放生态潜能。由国有林场体系孵化出了自然保护地体系，呈现"双体系"并驾齐驱态势。国有林场支撑着一半以上的自然保护区，90%的风景名胜区、森林公园、地质公园，50%的湿地公园，40%的生态定位站和60%的林木繁育基地。半数自然保护地另起炉灶，已与国有林场分灶吃饭；半数自然保护地与国有林场仍在一个大家庭。

（五）体系升级、举旗生态

党的十八大提出，要建设生态文明和美丽中国，对国有林场改革发展提出了新的更高要求。2013年以来，实施《关于加快推进生态文明建设的意见》，国有林场生态公益功能得到了广泛认同，独特的生态势能得到释放。2015年2月，中共中央、国务院印发《国有林场改革方案》，国有林场以生态建设为主，推动政事分开，事企分开，实现管护方式创新和监管体制创新，向生态保护修复升级，向生态系统维护升级，向生态环境服务升级，向生态空间治理升级，建立有利于保护和发展森林资源，有利于改善生态和民生，有利于增强林业发展活力的国有林场新体制。国有林场是生态空间核心阵地，生态文明建设主力军。全国国有林地16.95亿亩，森林8.4亿亩，蓄积量38.1亿立方米，国有林场体系每年提供生态环境服务价值1.57万亿元。经过改革调整，4855个国有林场整合为4297个，其中95.5%确定为公益类事业单位，4.5%确定为公益性企业。国有林场是公益生态林场，国有林场体系是公益生态林场体系。国有林场体系占据着重要"生态带"和重要"生态位"，在固碳释氧、净化空气、调节气候、涵养水源、保持水土、蓄滞洪水、防风固沙、维护生物多样性方面，具有极为重要的价值和潜在生态势能。

国有林场体系、自然保护地体系和国家植物园体系是生态空间治理体系中的三大核心体系。国有林的重要"生态位"和重要"生态带",决定了国有林场体系是国家生态空间体系的"脊梁"、国家生态安全体系的"基石"。

建设生态文明新时代的国有林场体系,是国有林场的未来愿景。要坚持"人与自然是生命共同体""绿水青山就是金山银山""人不负青山,青山定不负人"的理念,持续深化国有林场改革,加强生态林场、科技林场、文化林场、智慧林场建设,努力把以国有林业局为主体、国有林场为基础、集体林场为补充的生态林场体系建成自然科研体系、自然教育体系、森林康养体系、生态旅游体系。确保国有森林资源丰富多样,储林、储碳、储能能力持续攀升,生态空间山清水秀。

国有林场体系是社会主义制度的特色,也是制度的优势。在国有林场体系中,每一个林场都自带"生态势能"。建设生态文明新时代国有林场体系,就是要把国有林场看作有机联系的生态体系,充分发挥每一个林场潜在的"生态势能",带动整个生态空间释放生态潜能。建设生态文明新时代国有林场体系,就是要让国有林场体系与时俱进,在生态文明建设中肩负起更加重大的使命,适应经济社会发展的新形势,逐渐成为生态多样保护、生态旅游休憩、生态康养体验、生态产品服务、试验研究示范、自然科普教育、储林储碳储能的"深绿角色"。

阅读链接:陕西国有林

陕西省已建成国有林业局13个(0.18亿亩)、国有林场195个(0.35亿亩)和新型集体林场1.34亿亩,覆盖全省1.87亿亩生态空间。建设以国有林业局为主体、国有林场为基础、新型林场为补充的分类科学、布局合理、生态丰富、功能互补的生态型林场体系,就是要将国有林业局"梁柱"功能、国有林场"根本"潜能和新型集体林场"服务"势能三者形成合力,实现林场体系的生态、经济、社会效益的全面发展。

国有林业局经营管理规范,示范性强,以"国有林业局"

为主体，就是要发挥林场"梁柱"功能。我省国有林业局由13个管理单位组成，包括7个省属管理单位（太白林业局、宁西林业局、宁东林业局、汉西林业局、长青林业局、龙草坪林业局、楼观台国有生态试验林场）和6个市属管理单位（延安市的桥北国有林管理局、黄龙山国有林管理局、劳山国有林管理局、桥山国有林管理局，以及宝鸡市的马头滩林业局、辛家山林业局），管理0.18亿亩林地，占林场体系总面积的9.6%。通过科学规划经营，探索结构改善、质量稳健、功能丰富的生态林场体系模式，示范引领林场体系生态事业可持续发展，完成"兴林草、兴生态"的历史使命。

国有林场资源丰富多样，功能性广，以"国有林场"为基础，就是要发挥林场"根本"潜能。国有林场195个管理单位中，包括2个省属、3个市属、189个县（区）属单位，1个由西北农林科技大学管理，共计0.35亿亩，占体系面积的18.7%。通过优化林场林业生产关系，筑牢"生态带"和"生态位"，确保固碳释氧、净化空气、调节气候、涵养水源、保持水土、蓄滞洪水、防风固沙、维护生物多样性基础生态功能；提升自然资源质量，融合森林文旅，发挥自然科研、自然教育、康养休憩、旅游观光等生态潜能，支撑生态林场体系高质量全面建设。

新型林场的面积分布广泛，灵活性高，以"新型林场"为补充，就是要发挥林场的"服务"势能。新型林场主要由1.34亿亩集体林构成，占体系面积的71.7%。集体林是"双储林场"的主力军，是挺进深绿色的主战场，是实现生态空间山清水秀的前沿地带。通过新型集体林扩容绿色生态库，为林场体系注入新动力，补给"深绿角色"服务力量，助力乡村振兴，带动乡村和区域生态产品和生态服务，完善丰富林场体系服务功能，加快生态空间挺进深绿色的步伐。

第八节 集体林之变

在中国土地制度体系中，林地有两种所有制形式，一是全民所有制形式的国有林；二是农村集体所有制形式的集体林。全国集体林面积27亿亩，占林地总面积的64%。集体林是中国森林主体，关系美丽中国建设，关系生态空间山清水秀，关系农民增收、乡村振兴。以陕西为例，与国土"三调"数据对接融合后，全省林地1.87亿亩，其中集体林地1.34亿亩，占71.7%。全省森林1.52亿亩，其中集体森林1.05亿亩，占69.1%。全省集体林地中，以生态效益为主体功能的公益林8978万亩，占67%；以经济效益为主体功能的商品林4488万亩，占33%。随着造林空间拓展，集体林面积还会增加，占比还会上升。

集体林与国有林是中国林的一对孪生兄弟。20世纪50年代以来，先后经历了山林入社、集体林奠基，三级所有、队为基础，集体所有、搞活经营，统分结合、双层经营，二元管理、双轨运行，生态优先、集体向美的重要发展变化过程。

（一）山林入社、集体林奠基

1950年6月，实施《中华人民共和国土地改革法》，废除旧的土地所有制，没收地主的土地分给无地、少地的农民，规定大森林、大水利工程、大荒野、大荒山等土地所有权为国家所有。1951年4月，政务院发布《关于适当地处理林权，明确管理保护责任的指示》，在确定林权归属的基础上，由县级人民政府发给林权证书，确认农民家庭获得山林的权利。1951年12月，中共中央印发《关于农业生产互助合作的决议（草案）》，刚刚获得山林的农民开始走上合作化道路。1956年3月，全国人民代表大会常务委员会通过的《农业生产合作社示范章程》规定，农业生产合作社是农民在共产党和人民政府的领导和帮助下，按照自愿和互利的原则组织起来的劳动农民集体经济组织,统一使用社员的土地、耕畜、农具等主要生产资料,逐步地用生产资料的劳动群众集体所有制代替生产资料的私人所有制。同年6月,全国人民代表大会第三次会议通过《高级农业生产合作社示范章程》,规定社员私有林木,除少量的零星的树木仍属社员私有以外,其余包括经济林、成片的用材林等作价转为合作社集体所有或暂属社员私有、由合作社统一经营。从互助组到初级社再到高级社,逐步把成片的经济林、用材林由农民家庭所有转为农村集体共同所有,在农业社相继成立林业生产专业队,后改为社队林场、乡村林场。

(二)三级所有、队为基础

1958年3月,中共中央发布《关于把小型的农业合作社适当地合并为大社的意见》。同年8月,中共中央发出《关于在农村建立人民公社问题的决议》,迅速掀起人民公社化热潮。至10月底,全国农村基本实现了人民公社化,原合作社的生产资料归人民公社所有,由社队林场统一经营。1960年11月,中共中央《关于农村人民公社当前政策问题的紧急指示信》规定,劳力、土地、耕畜、农具必须坚决实行"四固定",给生产小队使用;明确人民公社实行三级所有、队为基础的制度,并允许社员经营少量的自留地和小规模的家庭副业。1961年6月,中共中央发布《关于确定林权保护山林和发展林业的若干政策规定(试行草案)》(即《林业十条》),这是新中国第一个有关林权、山林保护与林业发展的专门性文件。一是明确高级合作社时期归合作社、生产队集体所有的山林,归生产大队、生产队集体所有;二是明确人民公社化以来和今后新造的各种林木,必须坚持"谁种谁有"原则,国造国有、社造社有、队造队有,社员个人种植的零星树木归社员个人所有;三是明确原来划归国有的山林当中,有些分散小片不便专设机构经营的,归公社、生产大队、生产队经营,对于山林的保护和发展更为有利的,可以划归附近的社、队所有,或者包给它们经营。至此,"三级所有、队为基础"成为中国集体林基本经营制度。

（三）集体所有、搞活经营

1978年，国务院批准国家林业总局《关于在西北、华北、东北风沙危害和水土流失重点地区建设大型防护林的规划》提出，建设"三北"防护林要以集体造林为主，积极进行国营造林。1980年，中共中央、国务院《关于大力开展植树造林的指示》指出，依靠社队造林为主，积极发展国营造林；集体荒山荒野，在统一规划下，社造社有、队造队有、合造共有；集体林区，完成国家收购任务后，余下的木、竹及其制品，可以议价出售。1981年，中共中央、国务院发布《关于保护森林发展林业若干问题的决定》，实行林业"三定"，即稳定山权林权、划定自留山、落实林业生产责任制。1984年9月，《中华人民共和国森林法》明确，集体或者个人承包全民所有和集体所有宜林荒山荒野造林，承包后种植的林木归承包的集体或者个人所有；宜林荒山荒野，属于集体所有的，由集体经济组织组织造林。1985年1月，中共中央、国务院颁布的《关于进一步活跃农村经济十项政策》取消木材统购，放开木材市场，允许林农和集体木材自由上市、议购议销。1987年，中共中央、国务院《关于加强南方集体林区森林资源管理坚决制止乱砍滥伐的指示》要求，严格执行年森林采伐限额制度；集体所有集中成片的用材林凡没有分到户的不得再分，已经分到户的，以乡或村为单位组织专人统一护林，并整顿木材流通渠道，不允许私人倒卖和购运木材。

（四）统分结合、双层经营

1992年，党的十四大提出建立社会主义市场经济体制。多个改革试验区开展山地开发、资源管理、木竹税费、林产品流通市场、林业股份合作等实践。1995年，原国家体制改革委员会、林业部《林业经济体制改革总体纲要》提出，森林资源培育要按照森林用途和生产经营目的划定公益林和商品林，实施分类经营、分类管理。由此，公益林概念进入视野。1998年特大洪灾后,《关于灾后重建、整治江湖、兴修水利的若干意见》指出,全面禁止长江、黄河流域上中游的天然林采伐,森工企业转向营林管护。1999年,国家林业局《关于开展全国森林分类区划界定工作的通知》要求,各地开展森林分类区划工作。2000年10月,国务院批准《长江上游、黄河上中游地区天然林资源保护工程实施方案》《东北、内蒙古等重点国有林区天然林资源保护工程实施方案》。同年,国家林业局等部门《关于组织实施长江上游、黄河上中游地区和东北内蒙古等重点国有林区天然林资源保护工程的通知》,天然林资源保护工程全面启动。2000年12月,国家林业局《林木和林地权属登记管理办法》明确,林权权利人是指森林、林木和林地的所有权或者使用权的拥有者。2002年8月,颁布《中华人民共和国农村土地承包法》,稳定和完善以家庭承包经营为基础、统分结合的双层经营体制。2003年,中共中央、国务院《关于加快林业发展的决定》提出,要深化林业体制改革,增强林业发展的活力。2007年,《中华人民共和国物权法》明确"一物一权"原则,林地的承包期为30—70年。2008年6月,中共中央、国务院《关于全面推进集体林权制度改革的意见》,实行集体林地家庭承包经营制,用5年左右时间,基本完成明晰产权、承包到户的集体林权制度改革。林地承包期70年,承包期届满可以按照国家有关规定继续承包。2009年6月,中央林业工作会议部署集体林权制度改革。国家林业局印发《关于促进农民林业专业合作社发展的指导意见》《关于切实加强集体林权流转管理工作的意见》。基本完成明晰产权、放活经营权、落实处置权、保障收益权的任务。

（五）二元管理、双轨运行

2001年,国家林业局发布《公益林与商品林分类技术指标》,明确划分公益林与商品林。公益林是为满足人类社会的生态需求和可持续发展为主体功能,提供公益性、社会性产品或服务的森林、林木、林地,主要包括水土保持、防风固沙等防护林种,以及国防、种质资源、风景等特种用途林。商品林是以满足人类社会的经济需求为主体功能的森林、林地、林木，提供能进入市场流通的经济产品，主要包括用材林，以及果品、油料等经济林。同年3月，国家林业局《国家公益林认定办法(暂行)》明确国家公益林具体划定范围。2003年，中共中央、国务院《关于加快林业发展的决定》提出，实行林业分类经营管理体制。全国林区分为公益林业和商品林业两类，采取不同的管理体制、经营机制和政策措施。2004年5月，国家林业局、财政部《重点公益林区划界定办法》界定，生态区位极为重要或生态状况极为脆弱的为重点公益林。同年10月，财政部、国家林业局《中央森林生态效益补偿基金管理办法》，对重点公益林管护者发生的营造、抚育、保护和管理支出给予一定的专项资金补助。2009年，国家林业局和财政部《国家级公益林区划界定办法》，将重点公益林更名为国家级公益林，明确国家级公益林区划范围和保护等级。

（六）生态优先、集体向美

党的十八大提出建设"美丽中国"。习近平总书记特别强调，林业就是要保护好生态。2013年4月，国家林业局、财政部《国家级公益林管理办法》，明确国家级公益林管理机制、管理原则，规范保护与经营管理，集体所有的国家级公益林管护责任单位主体为集体经济组织。2014年，国家林业局《关于进一步改革和完善集体林采伐管理的意见》提出，按照严格保护、积极发展、科学经营、持续利用的方针，不断完善采伐限额管理办法和机制，推动集体林场、乡镇或行政村、林业合作组织、相关企事业单位等不同经营主体编制科学可行的森林经营方案，并督促严格实施，构建以森林经营方案为基础确定森林采伐限额的林木采伐管理体系和森林经营体系。2016年，国务院办公厅《关于完善集体林权制度的意见》要求，落实集体所有权，稳定农户承包权，放活林地经营权，逐步建立集体林地所有权、承包权、经营权分置运行机制。同年，国家林业局、财政部、国务院扶贫办开展了选聘建档立卡贫困人口担任生态护林员扶贫工作，以购买劳务的形式，聘用贫困户参与森林、湿地等生态资源管护服务。2017年，国家林业局、财政部修订《国家级公益林区划界定办法》《国家级公益林管理办法》，二级国家级公益林在不破坏森林植被的前提下，可以合理利用其林地资源，适度开展林业种植、养殖和森林游憩等非木质资源开发与利用。2019年，党中央、国务院《建立国土空间规划体系并监督实施的意见》明确，森林、草原、湿地、荒漠一并进入生态空间。同年，国家发展改革委《生态综合补偿试点方案》，对二级国家级公益林和天然商品林，在不破坏森林植被的前提下，引导和鼓励其经营主体编制森林经营方案，合理利用其林地资源。完善森林生态效益补偿资金使用方式，优先将有劳动能力的贫困人口转成生态保护人员。

中国林由国有林与集体林两大部分组成，国有与集体各占国家级公益林的半壁江山。国有林相对稳定，集体林相对活跃。中国林地增量，主要是集体林增量。中国增绿，主要是集体增绿。进入生态文明新时代，集体林是挺进深绿色的主战场，是实现生态空间山清水秀的前沿地带。要深化镇、村林长制，夯实集体林治理基础，不断健全归属清晰、权能完整、流转顺畅、保护严格的集体林权制度。从公益林与商品林"双轨制"的实际出发，探索新型集体公益林经营管理体制，加快建构以国有林业局为主体、国有林场为基础、新型集体林场为补充的生态林场体系。借鉴北京经验，以县为基础，整合公益林经营管理资源，创建新型集体林场，把农民护林员——生态护林员、公益林护林员、天然林护林员，纳入新型集体林场体系。以集体商品林资源为依托，发挥社会资本力量，建设储林、储碳的"双储林场"体系。让集体公益林、商品林在美丽中国建设、乡村振兴和共同富裕中发挥更重要的作用。

阅读链接：陕西集体林

陕西林地1.87亿亩，其中集体林地1.34亿亩，占71.7%。全省森林1.52亿亩，其中集体森林1.05亿亩，占

69.1%。全省集体林地中,以生态效益为主体功能的公益林8978万亩,占67%;以经济效益为主体功能的商品林4488万亩,占33%。随着造林空间拓展,集体林面积还会增加,占比还会上升。

2007年5月,陕西省人民政府印发《关于推进集体林权制度改革的意见》,并按照试点先行、循序渐进的原则,在宁陕等10个县开展了试点。2009年2月,陕西省委、省政府印发《关于贯彻〈中共中央、国务院关于全面推进集体林权制度改革的意见〉的实施意见》,明确用三年时间完成明晰产权、承包到户的主体改革任务。据2012年统计数据显示,陕西省集体林已基本落实经营主体。其中,家庭承包占76.1%;拍卖及大户承包占7.1%;集体股份合作经营占14.3%;保留在集体经营的占2.5%。全省集体林地承包到户率达到83.2%。发放林权证360多万本。截至2015年,陕西省共有41个县(区)成立了林权交易管理服务中心。2017年10月,陕西省人民政府办公厅印发《关于完善集体林权制度的实施意见》,进一步巩固和扩大全省集体林权制度改革成果。2022年1月,陕西省林业局联合国开行陕西省分行,印发《关于加快推进"双储林

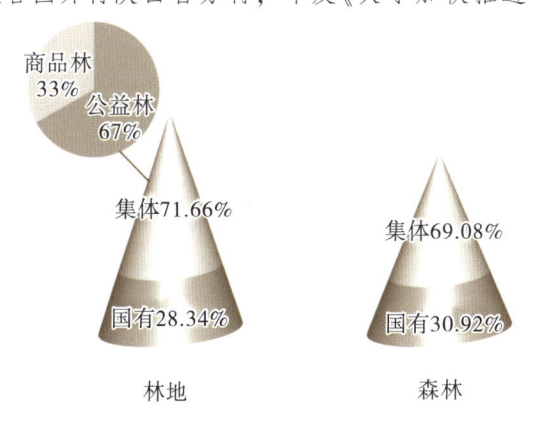

陕西省集体林分类占比图

场"国家储备林高质量发展的意见》，以县为基地，鼓励多元投资主体参与，统筹推进"双储林场"国家储备林建设，到2035年，规划建设420万亩。

第二章　草原之变

草原是地球陆地表面与森林并立的植被类型、生物体系、生态系统。在大尺度景观上，草原介于森林与荒漠之间，一边连着森林，一边连着荒漠。草原上有一层薄薄的植被，靠近森林的一边稍微厚一点，而连接荒漠的那一边更薄、更稀疏。习惯上，人们把森林视作"地球之肺"，把草原称为"地球皮肤"，草原在维护地区乃至全球生态平衡、防风固沙、蓄水保土、保护生物多样性等方面，具有极其巨大且不可替代的地位，尤其在防治土地风蚀沙化、水土流失、盐碱化等方面，草原的作用往往是森林无法比拟的。其实，乔木、灌木、草是连续分布的天然植被，因在地表形成差异化景观，表现为具有不同生态力的生态系统。森林生态系统以乔灌草叠层交织、具有最高的生产力，灌木林生态系统以灌草叠层、生产力次之，草原生态系统以草本植物为主、生产力再次之，荒漠生态系统植被稀疏、生产乏力。

全球草原675亿亩，约占地球陆地面积的24%。草原生态空间是规模仅次于森林的陆地生态空间。我国草原是欧亚大陆温带草原生态系统的重要组成部分。2021年国土"三调"数据显示，全国草地39.75亿亩，其中天然牧草地31.95亿亩、人工草地870.9万亩、其他草地7.65亿亩，分别占80.59%、0.22%和19.19%。这种分类本身，体现的是放牧优先、畜牧生产本位，以放牧场的视野看草原。其实，其他草地也是天然草地，只是因自然空间原因而不能或是不宜放牧的天然草地。天然草原是天然牧草地+其他草地。天然草原是主要江河发源地和水源涵养区，也是防治水土流失和荒漠化的核心区，还是应对气候变化的"碳库"，生物多样性的"基因库"。草原多分布于生态脆弱区，潜藏着巨大的生态势能。同时，草原是重要的放牧场，牛羊草料之源，继而成为牧民生存与发展的家园。

我国400毫米降水线是森林草原过渡地带，也是农牧交错带。400毫米降水线以下的西北地区，气候干旱且多风沙，是草原集中分布区域。著名的内蒙古呼伦贝尔草原、内蒙古锡林郭勒草原、新疆伊犁草原和西藏那曲高寒草原就分布在这一带。西藏、内蒙古、新疆、青海、甘肃、四川等6个省份草地面积占全国的94%。

草原曾是广阔无垠的天然景观。草原畜牧业兴起后，草原成为天然的放牧场，游牧民族根据草原水草条件游而牧之，逐草而居。那时，因草原承载力有限，人口稀疏、游荡放牧，人为活动对草原生态系统干预比较小。

新中国成立以来，草原发生巨大变化，从放养生产到种养结合，从乱垦滥挖到生态保护，从局部资源保护到全局生态治理，经历了从放牧场到生态屏障，从经济资源到生态财富的过程。当下，正在走向草原生态保护修复、生态系统管理、生态空间治理的生态文明新时代。

（一）粗放管理，用而不养

新中国成立后，土地改革使草原产权制度发生根本性变迁。各地区土改时间和政策有所差异，东部地区在新中国成立前基本完成，西部地区比东部稍晚，内蒙古、新疆、青海、西藏等地先后开展了牧区改革。草原经历了民主改革和集体化进程，废除封建特权，属国家所有，由法律规定属于集体所有的除外。实施"草原公有，自由放牧"政策，草原成为新中国重要的畜牧业基地，牧区经济在国民经济中占有重要地位。20世纪60—70年代，人口快速增长，牲畜饲养数量大幅度上升，草原超载约40%，出现"夏绿、秋旺、冬枯、春荒"的自然景观和"夏饱、秋肥、冬瘦、春乏"的恶性循环。放牧经济只养牛羊不养草，掠夺式粗放经营。加之，不断开垦草原种植粮食作物，导致草地退化、土地沙化、水土流失、生物多样性减少、自然灾害增多等生态环境问题。生态结构和生态空间遭到严重破坏，天然草原生态问题日益突出。

（二）调控管理，资源保护

改革开放以来，实行牧区经济体制改革，国民经济快速发展，草原旅游业起步，开垦天然草原种植农作物，再度加剧草原生态危机。为遏制草原乱牧滥用，国家实行草原调控管理，出台保护政策和恢复措施，建立草地自然保护区等。1982年，我国建立黄土高原第一个草原自然保护区——宁夏固原县云雾山草原自然保护区，为草原生态资源利用、改造和保护提供了新思路。1994年，全国建立草原自然保护区11处、3105万亩，在保护草原生态系统和自然环境的同时，也为草原科学研究、生产试验、教学和旅游提供天然基地。1985年，颁布实施《草原法》，为草原生态保护修复和科学利用提供法律支持。随后，进一步出台《草原防火条例》《自然保护区条例》《野生植物保护条例》等法律法规，限制过度放牧、过量利用动植物资源，保障草原生态系统安全。完善草原承包经营体制，制定划区轮牧、休牧制度。天然草原得以休养生息，释放出生态功能。同时，"增草减畜"提高草原再生能力，干旱、半干旱地区实行"以水定草，以草定畜"，加快草地改良，改善灌溉条件，建设人工草场，增加饲草料供给。在不破坏或少破坏天然植被的条件下，通过补播、施肥、灌溉、除莠等措施，培育高产优质草地，形成半天然草地。提高人工、半人工草地的生产力，缓解了天然草原放牧的压力。遏制乱垦、滥挖，草原火灾、鼠害明显减少，草原生态恶化的势头有所减缓。

（三）分类管理，保护修复

草原生态系统维持了生物的多样性，也是天然蓄水池。由于长期索取草原资源，用而不养，加上开矿、修路、旅游开发，草原遭到不同程度的破坏，生产力下降，生物多样性锐减，引发水土流失、洪涝灾害、土地沙化、沙尘暴等严重灾害。21世纪初，我国90%以上的天然草原退化，天然草原每年减少975万亩以上。草原成为自然环境变化的重要影响因素，草原生态问题成为可持续发展的短板。国家先后实施三北防护林体系建设、京津风沙源治理、退耕还林还草、退牧还草等重大生态工程项目，保护修复天然草原，促进草原生态恢复。对草原实行分类管理，是释放草原生态潜能，恢复草原生态元气的重要路径。先后制定实施《草畜平衡管理办法》《草种管理办法》《草原征占用审核审批管理办法》《全国草原保护建设利用总体规划》等政策，建立草原生态保护补助奖励机制。划定草原生态红线，成为保护草原生态的重大举措。根据草原生态重要性、生态环境敏感性和脆弱性，控制区域最低生态阈值，维护生物多样性和牧民基本生活用地底线，实现草原生态功能、产业功能和草原文化传承功能可持续发展。结合草原地理优势和基础条件，建设草原生态保护区，促进牧区生态保护和生态旅游发展，游牧放养逐渐定居围栏畜牧，草原资源和环境得到保护，草原生态功能逐渐修复。

（四）转轨管理，融合发展

党的十八大以来，党中央、国务院高度重视草原生态保护，把草原综合植被盖度纳入全国生态文明建设评价考核指标体系。生态文明建设和"一带一路"总体布局为草原生态建设带来了新机遇。新疆、青海、甘肃、宁夏等省区是亚欧大陆"草原丝绸之路"的重要节点，草原生态文明成为通往国际的生态文明窗口。党的十九大报告指出，统筹山水林田湖草系统治理，把"草"纳入人与自然生命共同体，成为人与自然和谐共生、建设美丽中国的重要内容。2018年，国家机构改革将草原转口至国家林业草原局，草原与森林、湿地、荒漠"体制合龙"，陆地四大自然生态系统集中统一，从而形成统筹协调、融合协同，有利于草原生态保护修复、生态系统管理、生态空间治理的体制机制。2020年，建设草原自然公园成为以国家公园为主体的自然保护地体系的重要内容。2021年，国务院办公厅印发《关于草原保护修复的若干意见》，明确15项具体措施，意味着"农业"草原向"林业"草原转轨迈出重大步伐，开启了草原生态保护修复的一个崭新时代。

回顾过往历程，草原保护利用发生了历史巨变。

——理念之变。草原保护建设工作从长期以来由农牧部门进行行业管理、单项治理，转变为把山水林田湖草作为一个生命共同体，统筹规划、统一保护、统一修复、系统治理、空间治理。国家设立了专门的国有自然资源资产管理机构，成立了国家林业和草原局，强化了对草原保护工作的组织领导，转换了草原治理理念，提高了草原生态系统化治理的能力。

——经营之变。草原由少数私有转变为国有、集体所有；从畜牧业生产资料转变为重要的生态资源；从盲目开发、乱垦滥挖转变为保护修复；从利用优先经营转变为生态优先、保护优先；从逐草放牧转变为"草畜双承包"家庭承包经营责任制，2018年，全国草原承包面积达到43亿亩，占草原总面积的73%。

——面积之变。根据原农业部2017年监测数据，全国天然草原面积近60亿亩。根据第三次全国土地调查，全国草地面积39.75亿亩。两部门数据对比，原农业部的草原数据与原国土资源部草地数据不一致。其原因主要有：农业部数据沿用20世纪80年代第一次草原调查数据，两个数据时间跨度大；两次统计方法、工具、精度都存在显著差异；草原是一个弹性较大的概念，在农业和国土部门定义范畴不同；草地确权登记制度存在法律制约，导致权属边界不清，与林地存在交错重叠。可见，我国草原经营之难、管理之困、发展之变。

——管理之变。草原从无序利用逐步转变为依法管理、科学利用。

国家出台了《草原法》等相关法律制度，大力推行禁牧休牧、划区轮牧、草畜平衡、基本草原保护等制度。加强草原破坏立案查处力度，严控重点天然草原家畜承载率，全国40%的草原面积实施了禁牧休牧措施，64%的草原被划定为基本草原。

——工程之变。改革开放以来，特别是进入新世纪，国家对草原保护建设的投入力度逐步加大，大力实施退牧还草、京津风沙源治理、生态移民搬迁、草原防火防灾、草原监测预警、沙漠化治理、草种基地建设等一系列草原生态建设工程。改革开放至今40多年里，草原建设资金从每年1亿元左右增至300亿元；草原围栏面积从0.5亿亩发展到14多亿亩。

——产业之变。草原保护建设事业的不断发展，为牧区经济社会进步和草原畜牧业提供了坚实的基础。改革开放40多年来，西藏、内蒙古、新疆、四川、青海、甘肃六大草原省区，牛肉、羊肉、奶类总产量分别是1978年的150倍、95倍、30倍；草种业、草地农业、草产品生产及加工业、草坪业、草产品贸易等从无到有、从弱到强，不断发展壮大，相关企业已达数千家，年产值超过7000亿元，草产业已成为我国经济社会发展中不可替代的，具有重要生态、经济和社会功能的基础性产业。

——生态之变。我国草原生态实现了从全面退化到局部改善，再到总体改善的历史性转变。草原畜牧业随着改革开放政策迅速发展，家畜超载过牧现象一度十分突出，到20世纪末，全国90%以上的草原不同程度退化；新世纪，依法治草和生态建设力度加大，禁牧休牧、草畜平衡等综合措施体系化推进，局部地区草原生态形势开始好转，但总体退化的趋势仍未根本扭转；新时代生态文明建设持续深入，草原保护建设各项工作力度进一步加大，我国草原生态环境呈现出总体改善、稳中向好的态势。全国天然草原鲜草总产量稳中有增；草原综合植被盖度不断提高；草原鼠害、虫害及火灾受害面积均明显降低。

林草兴则生态兴，生态兴则文明兴。草原是分布在湿润森林和干旱荒漠之间的自然生态系统、重要生态空间。经过几十年的努力和发展取得一些改变，但距离恢复草原原型、释放生态潜能，还有很大的努力空间。创造人类文明新形态，坚持人与草原和谐共生，当前面临的突出问题依然是"用而不养""护而不力""元气不够""创新不足"，中国草原之变处在转型发展关键期、艰难进行时。到目前为止，我们还缺少与公益林、商品林概念一样的公共话语体系，尚未完成人与草原和谐共生的空间约定，远没有建立起发展人类文明新形态的草原生态保护修复、生态系统管理、生态空间治理体系，草原生态文明建设要登高望远再加力。

阅读链接：陕西草原

陕西草原面积不大，但草原类型多样，多达6类402型，1600多个草种。全省草原3315.45万亩，其中天然牧草地2238.15万亩，占67.51%；人工草地22.65万亩，占0.68%；其他草地1054.65万亩，占31.81%。全省91%草地分布在榆林、延安，是毛乌素沙地防风治沙和黄土高原水土保持的前沿阵地。其中，榆林市草原2324.4万亩，占全省的70%；延安市草原720.45万亩，占全省的21%。关中北山、陕南零星分布，以山地草甸和低地灌草丛为主。

陕西省草原分类占比图

第三章　湿地之变

湿地是天然或人工、长久或暂时的积水地带、水域，包括低潮时水不超过6米的海域，可以通俗地理解为常年或季节性保持湿润的土地，也可以说是"旱涝之间的土地"。因为处于陆地与水域过渡地带，湿地兼具水陆生态特征，其形成的生态系统具有调蓄水源、调节气候、净化水质、蓄洪防旱和维护生物多样性等重要生态功能，被誉为"地球之肾"。湿地与森林、海洋并称为地球三大生态系统，与森林、草原、荒漠并称陆地四大生态系统。地球因湿地而健康，世界因湿地而精彩。

湿地是生态系统中的"关键少数"。全球天然湿地77.1亿亩，占陆地面积的6%。与森林、草原、荒漠相比，湿地面积较小。湿地以较小的面积，支持了陆地全部淡水生物群落和部分盐生生物群落，具有其他生态系统不可替代的特殊的生态功能。全球超过40%的物种依赖湿地繁衍生息。根据第二次全国湿地资源调查结果，全国湿地8.04亿亩，总规模位居世界第四，且湿地类型全面，涵盖《湿地公约》31类自然湿地和9类人工湿地。但是，我国天然湿地仅占国土面积的3.77%，远低于全球的6%。若与庞大的人口需求相比，中国湿地负载的生产、生活、生态、文化等需求过重，尤其值得珍惜。

人们对湿地功能的认识，经历了漫长的时间。20世纪70年代，湿地概念进入我国。现代意义的湿地保护，在我国起步晚、发展快，可概括为四个重要阶段。

（一）利用为主，零星保护

新中国成立以来，人口增长、经济繁荣，面临的主要问题是粮食问题。时人没有湿地概念，不识湿地功能，常被视为荒滩、荒野加以开发利用。肥沃的沼泽湿地、滩涂湿地被开垦为耕地、良田，导致大面积湿地资源丧失。相关数据显示，全国50%的滨海滩涂湿地已不复存在，13%的湖泊消失。保护湿地及其生物多样性，显得十分紧迫。1971年，全球第一个环境公约《关于特别是作为水禽栖息地的国际重要湿地公约》签署。此后，湿地概念传入我国。1981年，我国加入《国际濒危野生动植物公约》、签署中日候鸟及栖息地保护协议。1986年，签署中澳候鸟及栖息地协议……生态环境保护和生物多样性保护方面的多边与双边国际协定签署，对我国湿地保护起到促进作用。1987年，我国发布第一部保护自然资源和自然环境的指导性文件《中国自然保护纲要》，将沼泽和沿海滩涂合称为湿地，这是我国文献首次阐述湿地概念。此后，有关部门、科研院所逐步关注湿地生态系统，开展湿地调查，并在湿地分类、形成与演化、生态保护、污染防治、合理开发利用与管理等领域展开科学研究。20世纪70年代到90年代，也是我国湿地保护立法启蒙时期。1982年《海洋环境保护法》、1988年《水法》、1989年《野生动物保护法》《环境保护法》，虽没有出现"湿地"一词，但湿地保护之意隐含在相关条文之中。1982年《宪法》规定："矿藏、水流、森林、山岭、草原、荒野、滩涂等自然资源都属于国家所有"，"湿地"是自然资源的一部分，属于国家所有，这也是湿地的法源所在。这一时期，因认识上的局限性，湿地保护局限于水禽及其栖息地，出现以水禽为主要保护对象的零星保护形式。1979年，为保护鹤类，成立黑龙江扎龙自然保护区，这是我国第一个湿地类型自然保护区。随后，巴音布鲁克自然保护区、海南东寨港自然保护区、吉林莫莫格及向海自然保护区、山东长岛湿地自然保护区相继成立。1986年，陕西省人民政府批准成立陕西朱鹮保护观察站。

（二）接轨国际，高点起步

1992年我国加入《湿地公约》，国务院授权林业部代表中国政府履行《湿地公约》，开启湿地资源保护的新篇章。黑龙江扎龙、吉林向海等六个自然保护区作为我国第一批国际重要湿地被列入"国际重要湿地名册"。1995年，启动第一次全国湿地资源调查，对湿地类型、面积与分布及存在趋势进行全面分析，明确自然湿地要通过建立湿地自然保护区进行抢救性保护。1998年机构改革，明确国家林业局负责组织、协调全国湿地保护和有关国际公约的履约工作，农业部、水利部、国土资源部、海洋局等部委分别按职能密切配合。长江特大洪水后，国务院提出"封山植树、退耕还林、平垸行洪、退田还湖、以工代赈、移民建镇、加固干堤、疏浚河湖"32字措施，湿地在生态环境和国土安全中的重要作用引起高度重视，湿地恢复纳入重要议事日程。2000年颁布《中国湿地保护行动计划》，进一步明确"湿地"概念。2001年，中央2号文件明确，在生态建设中要大力加强湿地保护。同年，国民经济和社会发展第十个五年计划纲要强调，要加强野生动植物保护、自然保护区建设和湿地保护；国家计划委员会批准《全国野生动植物保护及保护区建设工程总体规划》，将湿地保护列入规划内容；把湿地保护纳入"六个关键林业工程"项目；印发实施《全国湿地保护工程"十五"实施规划》，大规模实施湿地保护工程。2002年完成《湿地保护战略研究专题》，成为《中国可持续发展林业战略研究》的重要组成部分。2003年，中共中央国务院《关于加快林业发展的决定》为湿地保护与管理再添新动能。

（三）工程推进，快速发展

2004年，国务院办公厅《关于加强湿地保护管理的通知》明确"湿地保护是各级政府改善生态环境的一项首要任务"，首次明确湿地保护是政府职责，具有里程碑的意义。2005年，我国启动第一个国家湿地公园——杭州西溪国家湿地公园建设试点。2006年，启动《全国湿地保护工程实施规划》，以工程和项目带动湿地生态建设。2009年，启动"湿地生态效益补偿试点"工作。2010年，中央财政设立湿地保护补助专项资金。2011年，国家林业局发布《中国国际重要湿地生态状况公报》。2012年，国务院批准《全国湿地保护工程"十二五"实施规划》。2013年，国家林业局制定《湿地保护管理规定》，明确湿地分级、分类保护制度。2015年，中共中央国务院《生态文明体制改革总体方案》明确"湿地面积不低于8亿亩"是生态文明建设主要目标之一。2009—2013年，完成第二次全国湿地资源调查，强调面积与国际接轨，从100公顷调整为8公顷，调查摸清了可利用淡水资源、湿地物种、湿地降解污染功能及湿地储存泥炭应对气候变化作用4项家底。一系列湿地保护政策和保护工程，凸显湿地保护的重要地位。2015年年底，全国建立国际重要湿地49处，湿地自然保护区600多个，湿地公园1000多个，初步形成以湿地自然保护区为主体，湿地公园和湿地保护小区并存，其他保护形式互为补充的湿地保护体系。

（四）制度引领，全面保护

党的十八大以来，湿地保护被提到前所未有的高度，成为生态文明建设的重要组成部分纳入国家战略。2016年，国务院办公厅《湿地保护修复制度方案》，标志着我国湿地保护事业进入一个全新的阶段。2017年，党的十九大报告提出"坚持人与自然和谐共生""统筹山水林田湖草系统治理""强化湿地保护和恢复"。2018年，《政府工作报告》提出"扩大湿地保护和恢复范围"。同年，第三次全国国土调查将湿地与耕地、园地、林地、草地、水域等并列为一级地类，将"二调"中分别归林地、草地、水域及水利设施用地的"红树林地""森林沼泽""灌丛沼泽""沼泽草地""沿海滩涂""内陆滩涂"和"沼泽地"二级地类归入"湿地"。从此，湿地有了自己的国土"身份证"。"三调"后，湿地保护管理对象更加明晰。按第三次全国国土调查土地类型标准，全国湿地分七个二级地类，面积3.52亿亩，主要分布在青海、西藏、内蒙古、黑龙江、新疆、四川、甘肃等省份。按照《湿地公约》湿地类型归纳，二级地类中的河流水面、湖泊水面、水库水面、坑塘水面、沟渠也属于湿地生态系统范畴，汇总后全国湿地总面积8.11亿亩。全国已有28个省(区、市)出台湿地保护条例或办法，湿地保护迈入全面保护新阶段。

湿地保护制度来得晚，如果早点来的话，可以保护更多的自然美景。近年来，我国湿地保护发生了深刻变化，从遏制湿地缩减，到维持湿地功能，再到加快湿地治理体系和治理能力现代化。在平衡各种湿地资源利用关系基础上，以湿地生态系统或流域完整性进行协同保护、综合管理、系统治理，提高协同效能，使湿地保护与利用高质量发展。

保护湿地，就是保护生命的栖息地，就是保护人与自然和谐共生的美丽家园，稳定健康高质量的湿地生态系统，是建设美丽中国的重要标志。2022年6月1日《中华人民共和国湿地保护法》正式实施，作为我国生态文明法治建设的一项重要成果，湿地保护法将科学保护湿地的理念原则和有益做法经验上升为法律制度，它弥补了我国法律体系的生态短板，体现了国家坚持"山水林田湖草是生命共同体"的理念，开启了我国湿地保护修复全面法治化的新纪元，迎来湿地保护的"黄金时代"。新形势、新要求下林草系统要坚决担负起法律赋予的职责使命，以"兴林草兴生态"为己任，抓住《湿地保护法》出台机遇，始终坚持保护优先、严格管理、系统治理、科学修复、合理利用的原则，加快推动湿地保护责任与林长责任深度融合，通过建立健全责任落实、严格保护、科学修复和合理利用等机制，不断增强湿地生态功能，有力维护湿地生物多样性。以锲而不舍、驰而不息的决心和毅力，守望湿地，为城乡居民提供更加美好的诗意空间，保护"地球之肾"更健康更强壮！

阅读链接：陕西湿地

根据国土"三调"土地利用现状统计数据，按照自然资源部办公厅印发的《国土空间调查、规划、用途管制用地用海分类指南(试行)》中的分类，全省湿地包括灌丛沼泽、沼泽草地、内陆滩涂、其他沼泽地4种，面积共计73.12万亩，其中灌丛沼泽0.51万亩，沼泽草地0.41万亩，内陆滩涂69.25万亩，其他沼泽地2.96万亩。全省其他土地类型中，按照《中华人民共和国湿地保护法》湿地定义，结合湿地公约地类统计，与国土"三调"数据对接融合显示，陕西湿地465.12万亩，约占陕西国土空间的1.50%。其中，天然湿地仅占国土空间的1.12%，远低于全国的3.77%，全球的6%，显得弥足珍贵。陕西湿地以河流湿地为主，河流湿地面积268.30万亩，占57.68%。其次是人工湿地117.20万亩，占25.20%。还有内陆滩涂69.25万亩。湖泊湿地6.50万亩，沼泽湿地3.87万亩。陕西湿地面积，榆林、渭南、汉中列前三。2006年颁布的《陕西省湿地保护条例》，是全国第四家颁布湿地保护条例的省份。2008年公布省级重要湿地名录，是全国以政府名义颁布省级重要湿地较早的省份。2017年印发《全省湿地保护修复制度方案》，明确实行湿地面积总量管控的目标任务。全省已建立湿地类型自然保护区14处，其中国家级7处；国家湿地公园43处，省级重要湿地55处，初步形成分级保护、多种形式互补的湿地保护模式。

陕西省湿地分类占比图

第四章　荒漠化土地之变

人们很难把"荒漠"与"林业"二字联系在一起，而林业部门的的确确施政施治于"荒漠"。

顾名思义，一看"荒漠"二字，就知道是缺少水、缺少草、缺少生命活动的空间。的确，荒漠生态系统是地球表面最耐旱的，以超旱生的小乔木、灌木和半灌木占优势的生物群落与其周围环境所组成的自然生态空间。

荒漠有石质、砾质和沙质之分。人们习惯称石质、砾质荒漠为戈壁，沙质荒漠为沙漠。沙地是沙漠的另外一种表现形式，是指地表被沙子覆盖，通常以固定或半固定的沙丘为主，气候半干旱或半湿润，多风少水和植被较少的地区。在我国地理学界，把自然条件相对较好的东部沙漠称为"沙地"，如毛乌素沙地、呼伦贝尔沙地等。

沙漠化即"沙化"，是干旱、半干旱和部分半湿润地区，沙质地表在自然和人为影响下，出现类似沙漠景观的过程。荒漠化即"漠化"，是干旱、半干旱及亚湿润区，因自然和人为影响，导致土地生产功能退化的过程。荒漠化包括风蚀荒漠化、沙漠化，水蚀荒漠化、盐渍荒漠化，冻融荒漠化和石漠化等。在空间上，"漠化"大于"沙化"，"漠化"有可能发展为"沙化"。

我国《防沙治沙法》规定，土地沙化是人类活动导致的天然沙漠扩张和沙质土壤上植被及覆盖物破坏，并形成流沙及沙土裸露的过程，包括已经沙化的土地和具有明显沙化趋势的土地。荒漠化土地是荒漠化过程形成的退化土地，包含沙化土地。荒漠化土地、沙化土地，皆是防沙治沙对象。第五次荒漠化和沙化土地监测表明，全国荒漠化土地涉及30个省份，总面积261.16万平方千米，占国土面积的27.20%。全国沙化土地涉及18个省份，总面积172.12万平方千米，占国土面积的17.93%。另外，还有30万平方千米土地具有明显沙化趋势。

我国历来重视防沙治沙，1949年就在石家庄成立冀西沙荒造林局，开启治理沙荒新征程。1950年，国务院成立治沙领导小组，在陕西榆林成立我国第一个治沙造林林场——陕北防沙造林林场。随后，在沙化严重地区营造防护林，抵御风沙危害。1952年，东北人民政府发布《关于营造东北西部防护林带的决定》。1958年，在陕西榆林、甘肃民勤等沙区开展飞播造林种草试验。同年，在呼和浩特召开"内蒙古及西北六省（区）治沙规划会议"，加快改造沙漠的步伐。1959年，成立中国科学院治沙队，在西北五省和内蒙古建立六个综合治沙试验站，探索科学治沙的方法与路径。其中，设在榆林的中国科学院榆林治沙综合试验站就是陕西省治沙研究所（现陕西省林业科学院治沙研究所）的前身。在治沙一线边实践、边研究、边总结，摸索出引水拉沙、沙障固沙、前挡后拉、飞播造林等系列治沙适用技术，筛选出樟子松、沙蒿、北沙柳、花棒、踏郎、紫穗槐、沙打旺等10多个优良固沙植物种类，在多点造林试验基础上，同时向西北同类沙区进行推广，樟子松成为"三北"防护林体系和防沙治沙的主要乔木造林树种。榆林治沙经验引起高度重视，为全国大规模治沙造林提供了样板。

20世纪60—70年代，"以粮为纲""以牧当纲"，沙区开垦、草原过牧、滥伐乱樵、滥挖滥采，荒漠化和沙化防治赶不上恶化，荒漠化土地、沙化土地持续扩大。

改革开放之后，防沙治沙快速恢复。1978年，国务院批复《关于在三北（东北、华北、西北）风沙危害、水土流失的重点地区建设大型防护林的规划》，"三北"防护林建设覆盖八大沙漠、四大沙地和广袤的戈壁，总面积149万平方千米，占全国沙化土地的85%。同年，召开首次全国科学技术大会，"陕西榆林沙区飞播造林技术"获得全国科学技术奖，在国内外产生了巨大影响，榆林治沙由此走向全国、走向世界。1982年《宪法》明确草原、荒野、滩涂等自然资源归国家所有。随后，相继颁布实施《森林法》《野生动物保护法》《土地管理法》《环境保护法》，荒漠化和沙化治理进程加快。1991年，全国治沙工作会议批准《1991—2000年全国治沙工程规划要点》，将防沙治沙列入国民经济和社会发展计划。1992年，中国政府在巴西里约热内卢联合国环境与发展大会上做出履行《21世纪议程》的庄严承诺。1994年，签署《联合国防治荒漠化公约》，编制《中国执行联合国防治荒漠化公约国家行动方案》《中国防治荒漠化国家报告大纲》，荒漠化防治和国际接轨。同年，制定《中国荒漠化监测原则技术方案》，开展第一次全国沙漠化普查及沙漠化监测工作，至今已经开展五次全国荒漠化和沙化监测工作，夯实精准化治理荒漠化土地的数据基础。1995年，联合国大会把每年6月17日定为"世界防治荒漠化与干旱日"，以提高全球防治荒漠化的责任心和紧迫感。

2000年，我国北方连续发生12次较大量级浮尘、扬沙和沙尘暴天气，多次影响首都，引发全球关注。党中央、国务院高度重视，启动实施京津风沙源治理工程，涉及北京、天津、河北、山西及内蒙古等五省(区、市)75个县(旗)，总面积45.8万平方千米。同年，大规模实施退耕还林还草工程。2002年，颁布防沙治沙专门法《防沙治沙法》。2005年，国务院发布《全国防沙治沙规划》《关于进一步加强防沙治沙工作的决定》。2006年，第三次全国荒漠化和沙化监测结果显示，全国沙化土地由20世纪90年代的每年扩展515.4万亩转为每年减少192.45万亩，大幅度逆转了沙化进程。2010年后，国家陆续实施《中国生物多样性保护战略与行动计划》《全国主体功能区规划》，颁行《自然保护区条例》《水土保持法》《草原法》《湿地保护法》等，荒漠化和沙化得到整体遏制，沙区生态环境持续向好。榆林毛乌素沙地率先成为被植被"拴牢"的沙地，实现了"沙进人退"到"绿进沙退"的历史巨变，铸就了人类治沙的奇迹！

进入新时代，国家先后发布《京津风沙源治理二期工程规划（2013—2022年）》《全国防沙治沙规划（2011—2020年）》《全国重要生态系统保护和修复重大工程总体规划（2021—2035年）》（简称"双重规划"）、《北方防沙带生态保护和修复重大工程建设规划（2021—2035年）》等重大规划，印发《国家沙化土地封禁保护区管理办法》，防沙治沙政策与策略与时俱进，"双重规划"首次明确"荒漠"是自然生态系统，对防沙治沙提出了更高的要求。

——理念之变。习近平总书记指出，绿水青山就是金山银山，冰天雪地也是金山银山。荒漠生态系统是地球原生自然景观，是大自然的"自然"组成部分，建设美丽中国不可或缺。过去，曾向沙漠进军，企图消灭沙漠；现在，认识到了"原生荒漠"是自然资源、金山银山。应重新认识沙漠，认知荒漠生态系统，牢固树立尊重荒漠、顺应荒漠、保护荒漠的理念，遵循"人与自然是生命共同体""人与自然和谐共生"的自然法则，全面治理沙化土地，科学治理沙漠、戈壁，走科学、生态、节俭的绿色发展之路。坚持保护优先、自然恢复为主，坚持因地制宜、科学治理，宜乔则乔、宜灌则灌、宜草则草、宜荒则荒，统筹推进山水林田湖草沙系统治理。

——保护之变。荒漠是重要的自然生态系统，蕴藏着丰富的自然资源。据研究，全国沙漠、戈壁约130万平方千米，属于不可逆转荒漠，已经形成稳定的荒漠生态系统。过去，全面治理沙漠，并没有顾及荒漠生态系统的稳定性，甚至破坏荒漠生态系统。贯彻新发展理念，荒漠边缘要加强治理，巩固扩展防沙治沙成果。荒漠核心应保尽保，建立荒漠生态系统保护的新体制、新机制、新模式，科学设置各类荒漠自然保护地，系统保护修复荒漠生态系统，为维护国家生态安全和实现经济社会可持续发展筑牢基石。

——修复之变。荒漠，也是重要生态空间，约占全国生态空间的40%。除沙漠、戈壁等不可逆转的荒漠外，还有约131万平方千米可治理荒漠。四大沙地是典型的沙化土地，自然条件相对较好，可逆转程度高，需要全面治理。2021年，北方防沙带规划提出治理沙化土地60万平方千米，占可逆转沙化土地的47%，这是沙化土地治理的重中之重。北方防沙带是我国防治沙化和荒漠化的核心地带，已纳入"双重规划"总体布局中。持续推进山水林田湖草沙一体化保护修复，提升荒漠生态系统的服务功能。同时，受全球气候变化和极端气候影响，部分已修复和治理的沙化土地面临退化的风险，如毛乌素沙地、科尔沁沙地，要防止"二次沙化"。科学选择树种、草种，确定"二次修复"模式和治理措施，以水定绿、宜绿则绿、宜荒则荒、宜封则封，营建稳定健康的植被群落。

——利用之变。过去，曾向沙漠要土地，在沙漠、沙地中寻求耕地占补平衡，向"沙漠土壤"要农畜产品，掠夺式的开发利用，使荒漠生态系统"雪上加霜"。现在，要综合考虑荒漠自然资源禀赋、土地利用结构、土地适宜性等因素，科学划定"沙区生态空间"适宜开发用地，探索自然保护和资源利用新模式，发展荒漠生态经济体系，把生态保护修复与当地特色产业结合，坚持创新引领、绿色发展，形成特色突出、布局合理、具有竞争优势的产业链、产业带和产业群，不断满足人民群众对优美生态环境、优良生态产品、优质生态服务的需要。同时，促进沙区产业结构调整，大力推动现代生态农牧业、清洁能源、生态旅游、森林康养、沙产业等绿色产业发展，促进农牧民稳定增收，助力乡村振兴，为区域经济的可持续发展奠定基础。

——向美之变。荒漠具有调节气候、涵养水源、固碳释氧等诸多生态服务功能。据研究，全国近5000万人口生活在荒漠化地区，约占全国人口的4%。建设美丽沙区是建设美丽中国的必然要求。要坚持人与自然和谐共生，与森林地带创建国家森林、园林一样，按照产业兴旺、生态宜居、乡风文明、治理有效、生活富裕的总要求，实施重要生态系统保护和修复重大工程，创新沙区生态空间治理体系，加快治理能力现代化，全面推进美丽沙区建设。

阅读链接：陕西荒漠化土地

第五次荒漠化监测数据表明，陕西省荒漠化土地4204.35万亩，占全省国土面积的14%。其中，风蚀荒漠化土地1979.85万亩，占荒漠化土地面积的47.09%；水蚀荒漠化土地2110.65万亩，占荒漠化土地面积的50.20%；盐渍化114万亩，占荒漠化土地的面积2.71%。主要分布在定边、靖边、横山、榆阳、神木、府谷、佳县、绥德、米脂、清涧、子洲、吴起12个县(区)170个乡(镇)。全省沙化土地2031万亩，占全省国土面积的7%。其中，流动沙地5.25万亩，占沙化土地面积的0.26%；半固定沙地41.7万亩，占沙化土地面积的2.05%；固定沙地1864.35万亩，占沙化土地面积的91.80%；沙化耕地119.55万亩，占沙化土地面积的5.89%。主要分布在定边、靖边、横山、榆阳、神木、府谷、佳县、吴起、大荔9个县(区)111个乡(镇)。

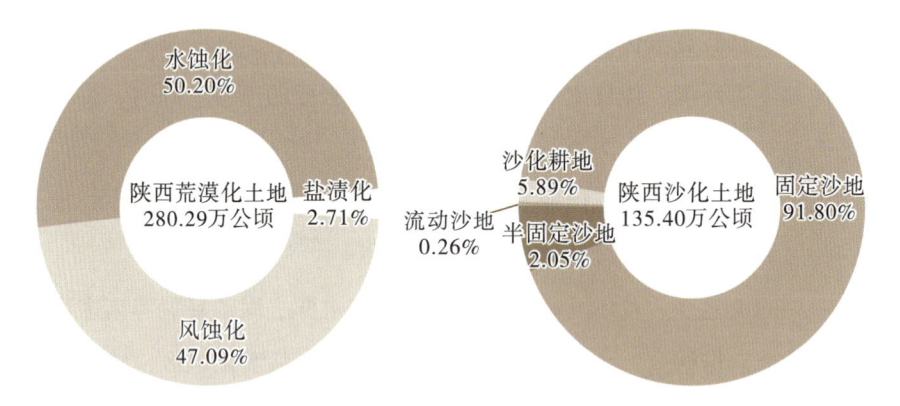

陕西省荒漠化土地分类占比图

毛乌素沙漠是中国四大沙地之一，面积6330万亩，包括内蒙古自治区鄂尔多斯南部、陕西省榆林市北部风沙区和宁夏回族自治区盐池县东北部。其中，榆林3660万亩，占毛乌素沙地面积的56%。榆林沙化土地2024.85万亩，占全省沙化土地面积的99.7%。新中国成立时，全省流动沙地859.5万亩，流沙越过长城南侵50多千米。1994年到2014年，流动沙地由219万亩减少到5.25万亩，沙区林草植被盖度达到33%。截至目前，全省治理沙化土地3660万亩，流沙全部得到治理，毛乌素沙地基本"消失"，从"沙进人退"到"绿进沙退"，堪称世界治沙奇迹。美国《时代周刊》评价："榆林治沙造林的成绩是与毛乌素沙漠斗争的一个成功例证。"在2018年第二十四个世界防治荒漠化与干旱日纪念大会上，原国家林业和草原局局长张建龙指出："中国的防沙治沙是从榆林走出来的，榆林成功的防沙治沙经验，正在引领着中国乃至世界防沙治沙工作的走向。"

第五章　保护地

第一节　保护地之变

保护地是一类特殊的国土空间，是保护和维护生物多样性、自然生态系统及文化资源的陆地空间或是海域空间。以保护和维护自然生态为主的保护地，即是自然保护地。可见，自然保护地是保存着自然生态系统精华的生态空间，是受法律严格保护的核心生态空间、永久生态空间，也是依法设立的自然特区、生态特区。

建立自然保护地，本质上是人与自然的空间约定，让一部分国土空间作为自然的自留地，免受人类活动干扰。自然保护地具有双重功能，首先，是保护生态的主体功能，即守护自然生态，保育自然资源，保护生物多样性与地质地貌景观的多样性，维护自然生态系统的健康稳定，提高生态系统的服务功能。其次，是提供多样化社会服务，提供优质生态产品，提供科研、教育、体验、游憩等公共服务功能。

在国土空间上，自然保护地零星分布、片区状存在。一个一个分别看，每一个自然保护地，都是一个相对独立的生态空间。如果合起来看，即是片区大小不同、保护等级不同的自然保护地体系。我国自然保护地体系主要由三大部分构成，即国家公园、自然保护区和各类自然公园。自然公园种类繁多，包括风景名胜区、森林公园、湿地公园、草原公园、沙漠公园、地质公园、海洋公园、冰川公园……另外，草原风景区、水产种质资源保护区、野生植物原生境保护区（点）、自然保护小区、野生动物重要栖息地，也是自然保护地的组成部分。

回顾过往历史，我国自然保护地经过了单纯森林保护、多样化保护、体系化保护三个重要阶段。自然保护地体系经过了从无到有、从小到大、从单一到多样、从孤岛碎片到集中连片、从多头管理到集中统一管理的历史巨变。

（一）起步发展，单纯森林保护地阶段

新中国成立到改革开放前，为恢复自然生态系统功能，借鉴国外经验，开始建立自然保护地。这一阶段保护地功能仅为单纯的自然保护。20世纪50年代，林业部开展以保护森林生态系统为主体的自然保护区建设。1956年，全国人民代表大会提出建立自然保护区。林业部制定《天然森林伐区（自然保护区）划定草案》，明确指出："有必要根据森林、草原分布的地带性，在各地天然林和草原内划定禁伐区（自然保护区），以保存各地带自然动植物的原生状态。"并明确了自然保护区的划定对象、办法和重点地区。同年，全国第一个具有现代意义的自然保护地，也是唯一隶属中国科学院的自然保护区——广东鼎湖山自然保护区

设立。1965 年，陕西省太白山自然保护区成立，全国设立的自然保护区增至 15 处，1978 年增至 34 处。

（二）稳步发展，多样化保护地阶段

改革开放以后的 35 年里，经济快速发展，人民对生态环境更加重视。自然保护地数量快速攀升，功能多样、制度不断完善，进入稳步快速发展阶段。1982 年，建立第一批风景名胜区和国家森林公园。之后，风景名胜区、森林公园逐步成为生态旅游发展的两大主力。1994 年，国务院发布《中华人民共和国自然保护区条例》，各级环境保护主管部门负责综合管理。同年，林业部制定《森林公园管理办法》。进入 21 世纪，自然保护地建设蓬勃发展。2001 年，部署建设国家地质公园、水利风景区。2004 年，水利部发布《水利风景区管理办法》。2005 年，部署建设湿地公园、海洋特别保护区。2006 年，国务院发布《中华人民共和国风景名胜区条例》，各级建设主管部门负责监督管理。2007 年，部署建设水产种质资源保护区。2010 年，国家海洋局发布《海洋特别保护区管理办法》。2013 年，国家林业局发布《国家沙漠公园试点建设管理办法》，开启沙漠公园建设。2017 年，国家林业局发布《国家湿地公园管理办法》。自然保护地如雨后春笋般迅速崛起。环保、林业、农业、建设、水利、国土、海洋、中科院等多个部门、多个单位，都在参与自然保护地的建设管理。

（三）稳固发展，体系化保护地阶段

十八大以来，自然保护事业围绕"建立国家公园体制"对自然保护地进行梳理，并开展试点，建立完整的主导功能体系，自然保护地迈入体系化、全局化发展阶段。"十二五"期间，国家发展改革委、财政部安排专项资金用于自然保护区开展生态保护奖补、生态保护补偿等政策，支持国家级自然保护区开展管护能力建设、实施湿地保护恢复工程等，自然保护区发展进入到稳固完善状态。2013 年，党的十八届三中全会首次提出"建立国家公园体制",大尺度保护自然生态系统原真性、完整性,兼备科研、教育、游憩等科学文化功能。2015年,在九个省开展建立国家公园体制试点。2017年,党的十九大报告首次提出"建立以国家公园为主体的自然保护地体系"。同年,中共中央办公厅、国务院办公厅发布《建立国家公园体制总体方案》。2018年,正式组建国家林业和草原局,加挂国家公园管理局牌子,集中统一监督管理各类自然保护地,全面加强自然保护地生态系统保护修复。这是自然保护地管理体制的重大改革,拉开了建立统一、规范、高效的自然保护地管理体制大幕。2019年,中共中央办公厅、国务院办公厅发布《关于建立以国家公园为主体的自然保护地体系指导意见》,提出建立分类科学、布局合理、保护有力、管理有效的以国家公园为主体、自然保护区为基础、各类自然公园为补充的中国特色自然保护地体系。2020年,自然资源部与国家林业和草原局部署实施自然保护地整合优化工作,对交叉重叠、相邻相近的自然保护地进行归并整合,对边界范围和功能分区进行合理调整,实事求是地解决历史遗留问题。2021年10月,习近平总书记在昆明世界生物多样性大会上宣布,建立第一批国家公园。同时,宣布建立国家植物园体系。

历经三个阶段,我国已建立各级各类自然保护地1.18万个,总面积(含重复)约占国土陆域的18%,管辖海域的4.1%,有效保护了90%的陆地生态系统类型、85%的野生动物种群、65%的高等植物群落和近30%的重要地质遗迹,涵盖了25%的原始天然林、50.3%的自然湿地和30%的典型荒漠地区。我国是全球生物多样性丰富的国家之一,具备几乎所有生态系统类型。各级各类自然保护地在保护生物多样性、保护自然遗产、改善生态环境质量和维护国家生态安全方面发挥了重要作用,已经形成覆盖全国且布局较为合理、类型较为齐全、功能较为完备的自然保护地网络。必须指出,自然保护地体系是生态产品、生态服务生产体系,也是自然教育、科研、生态康养、生态观光、生态旅游体系。

目前,我国正在推进以国家公园为主体的自然保护地体系建设,不断完善法律体系，合理空间布局，弥补保护空缺，清晰资源产权，加强部门连通，强化资金技术支撑。按照"人与自然是生命共同体"理念，把自然保护区条例升级为自然保护地法，强化顶层设计，保护生态系统健康稳定发展，维护生物多样性和生态社会等功能。加快制定自然保护地建设规划，推动生态环境保护与社会经济发展良性发展，更好地维护自然生态系统可持续性地提供优质生态产品。《全国重要生态系统保护和修复重大工程总体规划（2021—2035年）》明确，到2035年，以国家公园为主体的自然保护地占陆域国土面积的18%以上，濒危野生动植物及其栖息地得到全面保护。

生态空间是以提供生态产品和生态服务为主体功能的国土空间，是与农业空间、城镇空间并立的国土空间，也是林业部门施治施政的国土空间，也即"林业空间"。山水林田湖草沙是一个生命共同体，划定并严守生态保护红线，建立完善的自然保护地体系，优化国土生态空间，可为人民群众提供更多的优质生态产品和生态服务。自然保护地是核心生态空间，也是林业部门施治施政的首要阵地、核心使命。自然保护地是新时代林业的封面，生态绿军的明信片。守好阵地，不辱使命，我们将不断升级以国家公园为主体的自然保护地体系，使其成为美丽中国生态画卷的画心。

阅读链接：陕西保护地

陕西省国土空间3亿亩，2.2亿亩是由林地、草地、湿地、沙地、自然景观组成的生态空间，整合优化后的自然保护地202处（35处风景名胜区未纳入整合优化范围），总面积约4000万亩。

2017年，党的十九大报告提出"建立以国家公园为主体的自然保护地体系"，4386平方千米陕西秦岭核心区纳入大熊猫国家公园体制试点。2021年，国家公园管理局批复同意陕西省政府秦岭国家公园创建方案，陕西省开始建设以国家公园为主体、自然保护区为基础、各类自然公园为补充的自然保护地体系，全国最大的自然公园群在秦岭呈现。全省现在已建成有各类自然保护地 270 处。其中，国家公园 1 处，自然保护区（点）60 处，风景名胜区 35 处，地质公园 19 处，森林公园 90 处，湿地公园 43 处，沙漠公园 2 处，水产种质资源保护区 19 处，世界地质公园 1 处，形成了良好的自然保护地体系。

第二节 国家公园之变

1832 年，美国艺术家乔治·卡特林满怀忧虑地写道："印第安文明、野生动植物和荒野可以被保护起来，政府应该设立一个大公园——国家公园，其中有人也有野兽，所有的一切都处于原生状态，体现着自然之美。"从此，大公园——国家公园进入人们的视野。1872 年，美国建立了世界上第一个国家公园——黄石国家公园。

目前，全球 190 多个国家和地区正在发展国家公园和自然保护地。由于政治、经济、文化背景和社会制度不同，各国国家公园内涵不尽相同。根据《保护地球 2014 年报告》提供的数据统计，全球范围内符合 IUCN 分类标准的国家公园 5609 个，占地 560 万平方千米。国家公园由单一概念发展成为自然保护地体系、世界遗产等自然保护系列概念。国家公园在美国有狭义和广义之分。狭义的国家公园是面积较大、资源丰富的自然区域，以及历史遗迹和禁止狩猎、采矿等资源耗费型活动的区域。广义的国家公园是指国家公园体系，包括国家公园、纪念地、历史地段、风景路、休闲地等。美国现有国家公园 54 个，面积 20 万平方千米，占国家公园体系总面积的 60%。美国国家公园体系有 20 个分类，379 个单位，占美国国土面积约 3.64%，管理者为内政部国家公园局。以《国家公园局组织法》为框架，以国家公园局为管理主体，形成"国家公园局—地区局—园长"三级管理体制。经过一个多世纪发展，建构起

《荒野法》《土地与水资源保育资助法》《荒野与风景河流法》《公园志愿者法》《全国环境政策法》《国家公园局通权法》《濒危物种保护法》等法律体系，从资源、资金和全民参与各个角度全面强化国家公园体系治理。

1832 年以来，美国国家公园体系发展经历了六个阶段。1832—1916 年是第一阶段：萌芽阶段。建立了世界上第一个国家公园。1916—1933 年是第二阶段：成型阶段。通过《国家公园局组织法》，设立专门的管理机构——国家公园局，构建美国国家公园体系，制定了以景观保护和适度旅游开发为双重任务的国家公园基本政策。1933—1940 年是第三阶段：发展阶段。国家公园局管理功能在机构重组过程中得到强化，同时开展数量众多的保护性和建设性工程项目。1940—1963 年是第四阶段：再发展阶段。由于战争影响而停滞后，致力于改善国家公园的基础设施和旅游服务设施条件。1963—1985 年是第五阶段：注重生态保护阶段。管理政策从注重自然资源的景观价值向注重生态系统保护调整。1985 年以来是第六阶段：教育拓展与合作发展阶段。强调与其他政府机构、基金会、公司和私人组织开展合作，国家公园的教育功能得到强化，成为进行科学研究、历史文化研究、生态服务和自然教育的重要场所。

在全球国家公园兴起的时代，我国深陷苦难之中，难以跟进世界潮流。新中国成立以来，特别是改革开放以来，不断探索人与自然关系，创建中国生态文明理念，自然生态系统和自然文化遗产保护事业快速发展，开创了人类文明新形态。全国已经建立国家公园 5 个，自然保护区 2740 个，各类自然公园 10047 个，以国家公园为主体、自然保护区为基础、各类自然公园为补充的自然保护地体系，也即国家公园体系正在形成之中。根据国土空间识别评价和国土空间规划初步成果，我国国土重要生态空间占陆域的 66%，初步遴选布局国家公园 50 个。其中陆域 46 个、海域 4 个，分别占陆域的 10%、海域的 2%。

（一）蕴蓄阶段

1956年，全国人民代表大会提出建立自然保护区，林业部制定《天然森林禁伐区（自然保护区）划定草案》。同年，全国第一个具有现代意义的自然保护地，也是唯一隶属中国科学院的自然保护区——广东鼎湖山自然保护区设立。1982年，国家启动风景名胜区体系建设。1982—2009年，国务院相继审定公布7批208处风景名胜区，各省公布省级风景名胜区700处，主管部门曾一度将国家风景名胜区阐述为国际上通行的国家公园。1982年，林业部门开始创设国家森林公园。2005年，启动国家湿地公园建设试点等。2001年，国土部门推出国家地质公园。2005年，推出国家矿山公园。2001年，水利部门启动国家水利风景区。2007年，住建部门启动"国家重点公园"。2010年，文物部门公布第一批国家考古遗址公园。自然保护地基本覆盖全国重要自然生态系统和自然文化、遗产资源。

（二）探索阶段

中央官方文件一直未出现"国家公园"概念，各地自创"国家公园"。2003年，云南省人民政府研究室与大自然保护协会（TNC）组织高校科研院所针对云南省建设国家公园开展系列研究。2006年，云南省做出建设国家公园的战略部署，并将"探索建立国家公园新型生态保护模式"列为工作重点。2007年，云南省第一个国家公园——普达措国家公园正式挂牌成立并开始运行。2008年，国家林业局批准云南省为国家公园建设试点省，以具备条件的自然保护区为依托，开展国家公园建设工作，探索具有中国特色的国家公园建设和发展思路。云南省明确省林业厅为国家公园主管部门，成立云南省国家公园管理办公室，建立国家公园专家委员会，出台《云南省人民政府关于推进国家公园建设试点工作的意见》《云南省国家公园发展规划纲要（2009—2020年）》《国家公园申报指南》《国家公园基本条件》《国家公园资源调查与评价技术规程》

《国家公园总体规划技术规程》《国家公园建设规范》《国家公园管理评估规范》等地方推荐性标准，开展国家公园旅游项目生态补偿、特许经营等一批研究课题。2015 年颁布《云南省国家公园管理条例》。截至 2015 年，云南省先后批准建立普达措、丽江老君山、西双版纳等 12 个国家公园。因建设理念偏差，没有取得预期的效果。

（三）试点阶段

2013 年，党的十八届三中全会提出"建立国家公园体制""改革完善我国保护地体系""大尺度保护自然生态系统原真性、完整性，兼备科研、教育、游憩等科学文化功能"。2015 年，9 个省开展国家公园体制试点。2017 年，党的十九大报告提出"建立以国家公园为主体的自然保护地体系"。同年，党中央、国务院发布《建立国家公园体制总体方案》，明确国家公园是由国家批准设立并主导管理，边界清晰，以保护具有国家代表性的大面积自然生态系统为主要目的，实现自然资源科学保护和合理利用的特定陆地或海洋区域。国家公园是我国最重要的自然保护地类型，属于全国主体功能区规划中的禁止开发区域，纳入全国生态保护红线区域管控范围，实行最严格的保护。除不损害生态系统的原住民生活、生产设施改造和自然观光、科研、教育、旅游外，禁止其他开发建设活动。与一般自然保护地相比，国家公园的自然生态系统和自然遗产具有国家代表性和典型性，面积更大，生态系统更完整，保护更严格，管理层级更高。2017 年以来，青海、吉林、黑龙江、四川、陕西、甘肃、湖北、福建、浙江、湖南、云南、海南省等 12 个省、市开展三江源、东北虎豹、大熊猫、祁连山、海南热带雨林、普达措、神农架、武夷山、钱江源、南山 10 个国家公园体制试点工作。总面积 22 万平方千米，占我国陆域国土面积的 2.3%。

（四）发展阶段

2018 年，新一轮机构改革组建国家林业和草原局，加挂国家公园管理局牌子，集中统一监督管理各类自然保护地，全面加强自然保护地生态系统保护修复。这是自然保护地管理体制的重大改革，开启了全面建立统一、规范、高效的自然保护地管理体制的新阶段。2019 年，党中央、国务院《关于建立以国家公园为主体的自然保护地体系指导意见》提出，建立分类科学、布局合理、保护有力、管理有效的以国家公园为主体、自然保护区为基础、各类自然公园为补充的中国特色自然保护地体系。2020 年，自然资源部与国家林草局部署实施自然保护地整合优化工作，对交叉重叠、相邻相近的自然保护地进行归并整合，对边界范围和功能分区进行合理调整，实事求是地解决历史遗留问题。2021 年 10 月 12 日，国家主席习近平在《生物多样性公约》第十五次缔约方大会领导人峰会上发表主旨讲话时指出，中国正式设立三江源、大熊猫、东北虎豹、海南热带雨林、武夷山等第一批国家公园，正式开启了我国国家公园体制建设的序幕。将自然生态系统中最重要、自然景观最独特、自然遗产最精华、生物多样性最富集的区域划入国家公园整体保护，确立国家公园在自然保护地体系中的主体地位，坚持生态保护第一、国家代表性和全民公益性，代表国家形象，彰显中华文明。

阅读链接：陕西国家公园

从 1965 年设立陕西太白山自然保护区起步，到 2007 年形成秦岭中央公园构想，陕西一直在探索建设国家公园体系。2015 年 6 月，时任国务院副总理的汪洋同志在国家发展改革委员会呈报的《关于支持建设秦岭国家公园有关问题的报告》上批示。2019 年 4 月，韩正副总理来陕调研，对设立秦岭国家公园请求做出重要指示。2017 年，4386 平方千米的陕西秦岭核心区纳入大熊猫国家公园体制试点。2020 年，圆满完成试点任务。2021 年，原青木川国家级自然保护区纳入正式设立的大熊猫国家公园。同年，国家公园管理局批复同意陕西省人民政府秦岭国家公园创建方案，将于 2022 年年底前完成创建工作。秦岭是中国绿芯，中华祖脉，中央水塔，中华文化的重要象征。秦岭国家公园是南北分界线上的国家公园，和合南北的国家公园，中国心脏地带的国家公园，保护中华民族祖脉和中央水塔的国家公园。

第三节　风景名胜之变

风景名胜＝风景＋名胜。风景即是自然风光、大地景观，名胜是享誉天下的人文胜境。在风景名胜区内，自然与人文景观交相辉映，自然生态之美与中华人文之美融为一体、美美与共，成为万里江山锦绣中华和上下五千年文明华夏的重要地理标识和重要精神标识。

中华民族崇尚自然。早在春秋战国时期，管子曰"人与天调，然后天地之大美生"，老子曰"道法自然"，孔子曰"知者乐水、仁者乐山"，孟子曰"顺天者存，逆天者亡"……深刻阐释了人与自然关系的精髓，充分体现了尊重自然、顺应自然、保护自然的理念。在自然风光中营造人文胜景，即是"天人合一""道法自然"思想的空间塑形。

中国先民崇拜自然，封禅祭祀五岳四渎，为风景名胜创制雏形。夏商周三代，爱护自然即是仁德治国表现。春秋战国时，兴起邑郊风景名胜。周文王围方七十里建"灵囿"，被认为是最初始形态的风景名胜。秦汉时，上林苑独领风骚，帝王封禅祭祀及其设施修建频繁，以五岳为主体的中国风景体系逐渐形成。随后，佛教、道教文化进入风景体系，学者远游、民间郊游，游学风盛。五台山、普陀山、漓江等30多处风景名胜均形成于这一时期。魏晋时，佛教禅宗兴盛，建设寺观，开凿石窟，文人名士行吟啸傲兰亭修禊，宴游赏花，开启山水园林之源，莫高窟、麦积山、武夷山、西湖、丽江等20多处风景名胜兴起。隋唐时，经济、社会、文化全面繁荣，风景名胜数量、类型、分布范围大增，唐玄宗据轩辕黄帝"黟山"采药炼丹得道升天传说赐名黄山。宋、元后，多元民族文化融合，宗教儒家思想融会，"天下名山僧占多"，风水学说兴起，皇家园林兴盛，山水风景与精雕细刻的建筑交融，自然科学、人文社会、技术工程相结合，极大丰富了中国风景名胜体系。

近代以来，中国遭受百年屈辱，风景名胜发展陷于停滞。新中国成立后，风景名胜复兴。20世纪80年代以来，中国风景名胜区实现了从酝酿探索、体系建设到规范发展、优化提升的重大转变，不断借鉴国际经验丰富完善。把风景与名胜有机联系起来，构建风景名胜区是新中国"以人民为中心"的新创造。风景名胜区是自然风景优美、人文名胜集中，可供人民群众休闲游览观光，或者进行科学、文化活动的区域。包括具有较高观赏、文化或者科学价值的山河、湖海、地貌、森林、动植物、化石、特殊地质、天文气象等自然景观，历史遗迹、文物古迹、革命纪念地、园林艺术、建筑工程等人文景物，以及情景交融的生态环境、风土人情。一般分为历史圣地、山岳、岩洞、江河、湖泊、海滨海岛、特殊地貌、城市风景、生物景观、壁画石窟、纪念地、陵寝、民俗风情及其他14个类型，涵盖中华大地典型的自然景观和中华民族厚重的历史文化。

1982年，国务院公布第一批44处国家重点风景名胜区，包括陕西秦岭的华山、骊山两个风景名胜区。1988年、1994年、2002年、2004年、2005年、2009年、2012年、2017年先后八次公布国家级风景名胜区，九次共公布244处国家级风景名胜区，面积11.28万平方千米。省级风景名胜区发展到807处，面积11.74万平方千米。国家级和省级风景名胜区共1053处，面积23.02万平方千米，占全国陆地面积的2.02%。也就是说，中国版图约2%为风景名胜区。

中国设立、建设和发展风景名胜区，经历了孕育蓄能、续航扬帆、快速推进、优化转型、体系创新五个重要阶段。

（一）孕育蓄能

新中国伊始，在财力困难情况下，拿出部分资金，推进西湖、泰山、黄帝陵的古迹修复、道路修整、设施维护、封山育林等工作。各地于自然风景优美之地兴建休养、疗养场所，为后来的风景名胜区创建奠定了基础。1963年，国家建筑工程部《关于城市园林绿化工作的若干规定(草案)》提出："凡具有天然优美的景色，面积较大，可供人们游览活动或休养、疗养的地区以及具有名胜古迹的地方等，均应定为风景区。""风景区的地形、地貌、树木花草、益鸟、益兽、风景建筑，都必须认真保护。风景区内不准任意砍伐树木，不准放牧，不准开山凿石，不准建设妨碍风景区的厂矿企业。"还明确了"风景区绿地属于城市园林绿地，由城市园林部门统一管理，不能多头领导，其他单位如果改变这些绿地的性质，或在其中开展业务活动，都必须经过园林主管部门的同意"。这一文件创下"五个首"：首提"风景区"名称、首提风景区划定与资源保护要求、首提风景区禁令、首定用地属性、首设主管部门。20世纪60年代，美国施压、中苏交恶，上述文件并未有效施行。"文革"期间，"风景园林"被视为"小资"受到批判。不少城市园林、文物古迹被划入"四旧"，于名山大川之中的文物古迹、文化遗产也遭遇厄运。

（二）续航扬帆

党的十一届三中全会之后，风景名胜区发展步伐加快。1978年，全国城市建设工作会议《关于加强城市建设工作的意见》要求，"对现有的园林、绿地、名胜、古迹和风景区，要加强管理。被非法侵占的，要一律限期退出。破坏文物、古迹的，要追究责任，严肃处理"。同年，全国城市园林绿化工作会议《关于加强城市园林绿化工作的意见》提出要建设"自然风景区"，形成设立专门机构、分级确定自然风景区的思路，明确了自然风景区的保护、规划、旅游和资金等问题，勾画了后来开展风景名胜区工作的框架。1979年，国务院明确自然风景区的维护与建设由城市建设部门归口管理。同年，国家设立城市建设总局，下设园林局，主要负责城市公园和自然风景区的管理工作。全国自然风景区工作座谈会形成《关于加强自然风景区保护管理工作的意见》，并专门讨论了名称问题，集中在自然风景区、国家公园、风景名胜区三个名称上。1980年，国家建委牵头对自然风景区建设规划与保护管理问题进行研究与探讨。1981年，国务院批复同意国家城市建设总局等部门《关于加强风景名胜保护管理工作的报告》，确定风景名胜区等级和范围，建立健全风景名胜区管理体制，加强风景名胜区保护，有计划地进行风景名胜区开发建设。同年，国家城市建设总局印发《风景名胜资源调查提纲》《申请列为国家重点风景名胜区的有关事项》，拉开各地推荐申报设立风景名胜区的历史进程。1981年下半年，国家建委派出"中国国家风景、园林专家代表团"赴美考察学习国家公园、城市园林建设经验。中国风景名胜区英文译名为"National Park of China"，即"中国国家公园"。1982年，国务院公布第一批国家重点风景名胜区名单，风景名胜区保护、规划、建设和管理工作得以加强。

（三）快速推进

1985年，国务院《风景名胜区管理暂行条例》规定，建立以国家重点风景名胜区为骨干，国家级、省级、县（市）级风景名胜区相结合的风景名胜区分级体系。1987年，城乡建设环境保护部颁布施行《风景名胜区管理暂行条例实施办法》，提出风景名胜资源调查评价要求。1992年，建设部呈报国务院《关于加强风景名胜区工作的报告》，要求各地加快风景名胜区开发建设步伐，改善风景区接待服务条件。之后，密集制定出台《风景名胜区环境卫生管理标准》《风景名胜区安全管理标准》《风景名胜区建设管理规定》《风景名胜区规划规范》《国家重点风景名胜区规划编制审批管理办法》《关于进一步做好国家级风景名胜区核心景区划定与保护工作的通知》《国家重点风景名胜区审查办法》等制度规范。1994年，出版《中国风景名胜区形势与展望》绿皮书，在提出"严格保护、统一管理、合理开发、永续利用"的16字工作方针的同时，尖锐指出了风景名胜区"城市化""商业化""人工化"问题，风景名胜区套用城市开发区和旅游度假区模式，兴建休闲度假酒店、餐饮和娱乐设施，甚至建起了商业街。部分风景区开山采石、破坏植被，各种生态环境矛盾日益积累、不断凸显。1995 年，国务院办公厅《关于加强风景名胜区保护管理工作的通知》明确规定，各地区、各部门不得以任何名义和方式出让或者变相出让风景名胜资源及其景区土地。2000 年，国务院办公厅《关于加强和改进城乡规划工作的通知》进一步明确，任何地区、部门都没有将风景名胜区的经营权向社会公开整体或者部分出让、转让给企业经营管理的权力。2003 年，建设部开始对全国重点风景名胜区展开为期 5 年的综合整治，推进风景名胜区总体规划编制报批规范、监督监管的信息化、数字化工作。截至 2005 年，国务院共发布国家重点风景名胜区 187 处，地方设立省级风景名胜区 452 处、县（市）级风景名胜区 137 处。

（四）优化转型

2006 年，在实施《风景名胜区管理暂行条例》20 余年后，国务院《风景名胜区条例》将"国家重点风景名胜区"统一为"国家级风景名胜区"，并明确建立国家级、省级两级风景名胜区体系，在设立、规划、保护、利用和管理等方面做出详尽规定。2007 年，建设部印发《国家级风景名胜区监管信息系统建设管理办法（试行）》，建立风景名胜区科学监测体系和长效的监管保护机制。2009 年，住房和城乡建设部《关于做好国家级风景名胜区规划实施和资源保护状况年度报告工作的通知》，要求建立日常监督管理制度。2010 年，国务院《全国主体功能区规划》将国家级风景名胜区列入禁止开发区域，风景名胜区成为生态环境保护关注的重点区域。2013—2015 年，住建部先后制定《关于规范国家级风景名胜区总体规划上报成果的规定（暂行）》《国家级风景名胜区总体规划大纲（暂行）》和《国家级风景名胜区总体规划编制要求（暂行）》等规范性文件，规范规划编制工作。2016 年，国务院修订《风景名胜区条例》，明确"科学规划、统一管理、严格保护、永续利用"16 字方针，详细规定风景区总体规划编制内容、时限和程序，要求政企分离、经管分开。2017年发布《风景名胜区管理通用标准》，2018年发布《风景名胜区详细规划标准》《风景名胜区总体规划标准》。至此，我国风景名胜区建立了系统、全面、规范的法规制度和标准体系。

（五）体系创新

党的十八大将生态文明建设纳入经济社会发展"五位一体"总体布局。十八届三中全会明确提出"建立国家公园体制"。2015年，中共中央、国务院《生态文明体制改革总体方案》要求建立国家公园体制，改革各部门分头设置自然保护区、风景名胜区、文化自然遗产、地质公园、森林公园等的体制，对上述保护地进行功能重组，合理界定国家公园范围。2017年，中共中央办公厅、国务院办公厅《建立国家公园体制总体方案》要求，改革分头设置自然保护区、风景名胜区、文化自然遗产、地质公园、森林公园等的体制，对我国现行自然保护地保护管理效能进行评估，逐步改革按照资源类型分类设置自然保护地体系，研究科学的分类标准，厘清各类自然保护地关系，构建以国家公园为主体的自然保护地体系。同年，党的十九大将建设生态文明提升为"千年大计"。2018年，国家新一轮机构改革，将风景名胜区管理职责由住房和城乡建设部门转入国家林业草原部门，由城市建设体系转轨自然资源体系。2018年，"风景名胜区与自然保护地"研讨会认为，风景名胜区有别于单纯的自然保护地和文化保护地，是具有世界影响的中国特色自然保护地。2019年，中共中央办公厅、国务院办公厅《关于建立以国家公园为主体的自然保护地体系的指导意见》指出："按照保护区域的自然属性、生态价值和管理目标进行梳理、调整和归类，逐步形成以国家公园为主体、自然保护区为基础、各类自然公园为补充的自然保护地分类系统。"随后，自然资源部、国家林草局全面启动自然保护地整合优化工作。2020年，自然资源部、国家林草局《关于自然保护地整合优化有关事项的通知》明确："本次自然保护地整合优化预案，暂不涉及风景名胜区自身范围调整，风景名胜区体系予以保留。针对当前风景名胜区内存在的城市建成区、建制乡镇建成区、永久基本农田等大量人为活动，以及与其他各类自然保护地交叉重叠等问题，将另行研究解决。"

风景名胜区是中国独树一帜的自然保护地，凝结山川湖海之精华，赓续华夏文明之精髓，堪称中国自然与中国人文高度融合、天人合一的露天博物馆。风景名胜区的发展历程，向我们深情讲述中国人民与自然的经典故事。

——讲述采集时代自然崇拜的故事。在漫长的渔猎采集时代，人们与自然融为一体，从自然生态生产力中获取生存与发展的初级产品，衣食住行，依赖自然、听命自然、崇拜自然。生活的好坏，要看自然生态系统的生产力。北纬35度地带四季分明，是渔猎采集的黄金地带，也是中华民族的伊甸园。中华文明以北纬35度为轴心向南北扩展，也形成中国风景名胜区的轴心地带，恒久传颂着华胥营国、伏羲八卦、女娲补天、夸父追日的中华故事。

——讲述农耕时代仰望高山的故事。中国名山源自农耕文明时代，靠天吃饭，向自然索取，从自然中剥离出食物、药物、薪材、木材，栽培作物、饲养牲畜，皆靠自然之力。风调雨顺，皆大欢喜。天下普罗大众，仰望高山、敬畏自然、祈求恩赐。保留自然原型，以满足向自然帝祈福的精神需要。帝王诏"凡五岳及名山……皆禁樵采""天台山中避封内四十里，为禽兽草木长生之福庭，禁断采捕者"。华山—嵩山—泰山构成五岳的东西向横轴线，恒山—嵩山—衡山构成五岳南北向纵轴线。中国名山皆具有自然保护属性，是"禽兽草木福庭"。

——讲述工业时代生态科学的故事。自然科学发展，彻底改变了人类文明形态。人定胜天、向自然进军、改造自然、"人有多大胆，地有多大产"，曾经喧嚣一时。过度掠夺自然、剥离自然、挤压自然，导致自然生态空间严重破损。已经受伤残缺的大自然开展绝地反击，一系列生态环境灾难事件接踵而至，以强烈信号唤醒人类的生态环境意识，迫使人们从国土空间中划出自然生态空间、自然保护地。在风景名胜区内，较好地保留了自然生态空间的本底，是生物基因库、自然博物馆和理想的自然课堂、生态实验室，为生态保护修复、生态系统管理和生态空间治理提供了样本。

——讲述人类文明新形态的故事。"绿水青山就是金山银山""人与自然是生命共同体""人与自然和谐共生"，崭新的生态文明时代已经到来。中国已经走在创造人类文明新形态的前列，成为全球建设生态文明的引领者。风景名胜区将自然与人文"合二为一"，体现了生态文明核心价值，世代共有、世代共建、世代共治、世代共享、世代传承，永续发展。

中国风景与名胜，对中华文化和世界文明发展，具有广泛而深刻的影响。风景与名胜兼优的中国风景名胜区，是代表国家的自然公园，也是代表国家的文化公园，是具有世界影响的"中国国家公园"。中国56项世界遗产，其中35项在风景名胜区。中国风景名胜是世界自然与人文的"中华珍藏版"，是彰显中华生态自信与中华文化自信的活体。自然是人类生存永久的根脉，风景名胜是文明发展永远的时尚。我们生存于中华家园，流淌着中华血脉，一起从过去向未来，让我们共同行动起来，让中华风景名胜区生生不息、永葆生机与活力！

阅读链接：陕西风景名胜

陕西省风景名胜区35处，面积2605.44平方千米，占国土面积的1.27%。在发展历程上，20世纪80年代3处、90年代28处、2000年后4处。在分布区域上，巴山6处、秦岭14处、黄土高原23处。全省风景名胜区年接待游客1000多万人次。全省6处国家级风景名胜区：临潼骊山、宝鸡天台山、华山、合阳洽川、黄河壶口瀑布、黄帝陵，面积718.7平方千米。29处省级风景名胜区：翠华山—南五台、楼观台、玉山、凤翔东湖、千湖、关山草原、磻溪钓鱼台、周公庙、三国遗迹—五丈原、三国遗迹—武侯墓祠定军山、张良庙—紫柏山、南沙河、南湖、汉中天台山—哑姑山、午子山、江神庙—灵岩寺、瀛湖、香溪洞、南宫山、柞水溶洞、月亮洞、白云山、红石峡—镇北台、神木红碱淖、药王山、香山—照金、玉华宫、福地湖、黄河龙门—司马迁祠墓，面积1886.74平方千米。风景名胜区3处涉及世界文化遗产地，即秦兵马俑世界文化遗产地、黄帝陵世界文化遗产地、楼观台大秦景教塔世界文化遗产地。

第四节 植物园之变

植物园是植物收藏地、植物博览园、植物研究院、植物艺术馆、植物课堂。

植物园和动物园携手，与植物学、动物学并进，一起从欧洲来到亚洲，进入中国。植物园英文写作Botanic，本义是植物学的园地。国际植物园保护联盟（BGCI）将植物园定义为"拥有活的植物收集区，并对收集区内的植物进行记录管理，使之用于科学研究、保护、展示和教育的机构"。植物园既有"调查、采集、鉴定、引种、驯化、保存和推广利用植物"的属性，也有普及植物科学知识、公众游憩的属性，聚焦"引种驯化、科学研究、教学辅助、游憩展示、科普宣传、资源保育"六大核心功能。

植物园的早期历史，可追溯到公元前4世纪的古埃及、古希腊，皇家园林创造出古老的园林艺术。5—9世纪，以古罗马果园为代表，植物园以植物驯化、利用为主，还有草药园、修道院花园。16—17世纪，意大利、芬兰、法国陆续建立展示、识别和利用植物药用特性及科普植物分类的植物园，并逐步发展为游览观赏园。18世纪以后创建的植物园，已经开始从全球范围广泛收集植物，并促进了现代植物分类学和植物栽培发展。19世纪以来，注重园艺展示与维护，具有专类植物收集、挂牌与种子交换、农作物及其近缘种、园艺植物和特殊类群收集展示与维护研究的功能。20世纪之后，以生物多样性保护与研究、引种收集、迁地保护、科普教育、科学研究与评价利用为主要功能。截至目前，全球植物园约 3500 家，集中在欧美亚等国家，收集保育植物 10.5 万余种，约占全球已知植物的 30%，其中 41% 为濒危种。按隶属关系划分，教育系统约占 40%，园林系统约占 35%，科研系统约占 10%，生产系统的树木园、品种园、药用植物园约占 15%。

中国是全球物种起源中心之一，也是公认的"世界园林之母"。中国古园林艺术、药用植物栽培技术源远流长。《诗经》及古代药典对"灵沼""灵囿""医圃"多有记载，从殷纣王的鹿台到汉武帝的上林苑，从西晋石崇的金谷园到宋代司马光的独乐园，从王维的辋川别业到白居易的庐山草堂，从清代"万园之园"的皇家圆明园到如今大众的游园颐和园，都可以称为中国"古代植物园"。1860 年香港动植物园、1906 年台湾恒春热带植物园和清农事试验场植物园、1908 年嘉义植物园、1915 年辽宁熊岳树木园、1919 年杭州笕桥植物园、1929 年南京中山植物园、1934 年庐山森林植物园，都是中国早期的现代植物园。

新中国成立时，庐山植物园是仅存的较为完整的、独立的植物园。20 世纪 50 年代，中国科学院举起了中国现代植物园建设的大旗。20 世纪 60 年代，中国科学院成立植物园工作委员会，开始在不同生态区域部署建设植物园。2013 年，中国科学院、国家林业局、住房和城乡建设部建立中国植物园联盟。2017 年，环境保护部以中国植物园联盟协调小组成员身份参与工作。目前，全国已建成各类植物园 162 家，分别隶属林业、科技、教育、住建、园林、农业、医药等部门，覆盖了全国主要气候区，其中热带地区 32 家、亚热带地区 68 家、温带地区 62 家。新时代中国植物园是国际植物园体系和全球生物多样性保护的中流砥柱。

（一）高点起步

20 世纪 50 年代开始，中国科学院恢复重建南京中山植物园、昆明植物园，创建华南植物园。各行业、各地区相继探索植物园建设。教育、林业、农业、园林、医药、科技等部门先后创建了一批植物园，注重植物调查、引种驯化及其相关基础植物学研究。1960年，全国植物园发展到22家，植物园引领了全国植物资源调查、植物学科建设。

（二）竞相发展

改革开放以来，我国植物园队伍乘势而起，日益壮大，创建新的植物园，丰富植物园种类，优化植物园结构，发挥植物园综合功能，涌现出形态多样的植物园类群。按种植内容，分有树木园、专类园，按生态习性，分有沙地植物园、石山植物园、热带植物园，按功能划分，有学术性植物园、社会服务性植物园、综合性植物园等。中国科学院系统先后创建12家植物园、95个各类专类园，收集保存植物1.5万余种，为全国植物资源研究、保护、开发与利用的卓越贡献者。这一时期，植物园建园以提升园林景观、公众教育、科普旅游、本土植物和珍稀濒危植物引种保育为主要方向。

（三）转型发展

进入21世纪，特别是党的十八大以来，对植物园的认识与国际接轨，不再局限于植物观赏、游憩展示，更加注重植物园在生物多样性保护、维护生物安全功能，一批综合性植物园应运而生，成为融合生态学、生物学、植物学、林学、园艺学等多个学科的绿色地标。2018年，全国162家植物园总面积153万亩，各类专类园1195个，迁地保护植物2.3万余种（其中本土植物2.2万余种），占全国高等植物的60%，占全球保育植物的22.1%。这一时期，不仅植物园数量增长，且功能大幅度提升，大量涌现综合性植物园，倾向于全面体现植物收集、科学研究、迁地保护、公众教育、植物资源可持续利用、维护生物多样性等功能。中国植物园既向世界先进经验学习，又突出中国特色。

中国植物园经历了从无到有、从单一用途到多用途、从粗放管理到科学化管理、从多头管理到国家植物园体系建设的发展历程，植物园的理念、功能、类型发生了深刻变化。

——理念之变。随着植物学发展与人类需求提升，植物园的内涵也发生了变化。1935 年，陈植教授《造园学概论》称"植物园乃胪列各种植物聚焦一处以供学术上研究及考证者也"。1982 年出版的《简明生物学辞典》称"植物园指收集种植各种植物，以科学研究为主并进行科学普及教育和供群众游憩的园地"。1988 年出版的《中国大百科全书》称"植物园是从事植物物种资源的收集、比较、保存和育种等科学研究的园地"。现代植物园更注重植物园生物多样性保护能力建设、强化植物园整体功能、推动关键地区植物保护统筹部署、建立国际合作协调机制，在区域生物多样性保护和促进可持续发展等方面发挥关键乃至领导作用。

——功能之变。20 世纪初，教育机构创办的学校树木园、植物园，侧重于实验教学和植物资源调查收集，功能相对单一。20 世纪下半期，中国科学院创建的沈阳、昆明、北京、武汉、西安植物园，注重植物基础科学研究和植物资源调查、引种驯化等，涵盖学术性、社会服务性和综合性植物园，引领中国植物园发展。21 世纪以来，新建及改扩建的现代植物园，更加注重实现生物多样性保护和生物战略资源储备等多种功能，融合了植物学、生态学、园艺学等多个学科，是一个综合性、多功能，集科学、艺术与文化为一体的复合机构。

——类型之变。20 世纪后半期，我国植物园侧重某一领域，如观赏植物园、园艺植物园、森林植物园、药用植物园等。随着植物园内涵及功能的延伸，建立了一批专为展示植物生态习性或适应某种环境的植物园，如陕西榆林的沙生植物园、新疆吐鲁番的沙漠植物园、宁夏盐池的沙地旱地灌木园、山西雁北的半干旱植物园、江苏如东的耐盐植物园、广西的石山植物园、广西柳州的亚热带岩溶景观植物园、云南西双版纳的热带植物园，植物园类型不断拓展。

——主体之变。20 世纪上半叶，我国植物园以教育系统为主。新中国成立以后，以中国科学院为引领，城建、林业、园林、农业、医药、科技等部门根据各自实际，创建部门管理的植物园，形成各展所长、各显其能、多元发展的中国植物园体系。目前，在植物园数量上林业部门已占居主导地位。全国162家植物园，林业部门占27%、园林部门占21%、中国科学院占9%、教育部门占9%、城建部门占5%、科技部门占5%、农业部门占4%、医药部门占3%、企业及其他单位占17%。

2021年10月，习近平总书记在《生物多样性公约》第十五次缔约方大会领导人峰会上发表重要讲话时强调指出，"本着统筹就地保护与迁地保护相结合的原则，启动北京、广州等国家植物园体系建设"。同年12月，国务院批复同意在北京设立国家植物园；2022年5月，批复同意在广东省广州市设立华南国家植物园，标志着中国植物园建设的新时代——国家植物园体系建设时代已经到来。

中国高等维管植物3.6万余种，仅次于巴西，居全球第二。我国已经全面部署建设以国家公园为主体的自然保护地体系，必将极大地促进自然保护事业，必将把植物就地保护事业推向新阶段。植物园承载着植物迁地保护重任，建设以国家植物园为主体的植物园体系，开启了中国植物园事业的崭新时代，植物迁地保护的崭新时代，植物科学保护的崭新时代。

林草兴则生态兴，生态兴则文明兴。林业草原部门承担着以国有林业局为主体的生态林场体系建设任务，承担着以国家公园为主体的自然保护地体系建设任务，在以国家植物园为主体的植物园体系建设上也勇挑重担，三大体系有机衔接、相互支撑、相得益彰，奋力谱写中国特色生态保护事业高质量发展的新篇章。

阅读链接：陕西植物园

陕西植物园建园相对较晚，而植物园数量和收集保存物种相对较丰富。全省有各类植物园13家，面积97.5万余亩，各类专类园及特色小区200处，收集保存植物1.2万种。其中植物园8家、占62%，收集保存植物约1万种、占86%；树木园2处、占15%，收集保存植物520种、占4%；其他类型3处、占23%，收集保存植物1194种、占10%。

2022年3月，国家林草局等五部委联合印发的《国家公园等自然保护地建设及野生动植物保护重大工程建设规划（2021—2035年）》，将国家植物园建设纳入野生植物迁地保护重点任务，提上重要议事日程。为深入贯彻落实党中央、国务院决策部署，在省政府的大力支持下，秦岭植物园抢抓政策机遇，积极争取将秦岭国家植物园纳入国家植物园体系建设规划，必将引领陕西植物园体系建设再上新台阶。

秦岭国家植物园是陕西省人民政府直属正厅级事业单位，坐落在秦岭北麓周至县境。2006年，陕西省人民政府、国家林业局、中国科学院和西安市人民政府"四方联合"共建秦岭国家植物园，规划面积639平方千米，以物种保育、科学研究、公众教育、生态旅游为主要功能，突出暖温带特色，重点收集、保存、挖掘秦岭过渡带植物。园区地理位置独特、生态价值高、规模巨大，兼具就地保护与迁地保护双重功能，是最早冠"国家"二字的植物园。经过多年建设，已建成"一河两场三湖四馆六区十八园"，收集保存红豆杉、珙桐、华山新麦草等野生植物2800余种。秦岭国家植物园践行"迁地保护和就地保护相结合，以植物保护为主，兼顾动物和微生物保护，建立生态流域系统性和完整性"的营园方略，有效保护野生植物生境，发现罕见植物水晶兰、野生蕙兰种群。2017年建成开园。

西安植物园始建于1959年，全称"陕西省西安植物园"，隶属陕西省科学院。分西安翠华路和曲江新区两个园区，占地规模825亩，设22个专类园，建有两座热带、亚热带植物展览温室，收集保存植物3400余种（含品种），保存国家重点保护的珍稀濒危植物32科70余种，是西北地区引种保存植物种类最多的植物园，也是中国科学院在我国西北地区建设的第一个植物园，在维护西部地区植物多样性、拯救与保护珍稀濒危植物、环境教育、科学普及等方面做出了重要贡献。

第三篇
战线

绿叶是生态灵魂。一片片绿叶，如同一张张自然帝之口，又如同一个个绿色捕碳器、制氧机，由此带来"绿色盈余"，开启多样化的生态系统服务。自然帝缔造的生态空间是绿色宝库。人类文明生发于绿色宝库，掏挖绿色宝库，并造成无数"生态窟窿""碳窟窿"。21世纪中国林政之任务就是投资生态空间、经略绿色宝库——绿色水库、碳库、粮库、钱库、生物基因库。生态空间治理"六条战线"中，生态保护、修复、重建、生态安全是主体战线，应以增加生态系统服务为本；生态富民、生态服务则是在生态系统上加载开发利用，是生态友好型经济。在绿色宝库中，占据核心生态地位的是具有生态系统原真性、完整性的国家公园，其次是维护生物多样性的自然保护区，再次是加载自然观光功能的自然公园、加载人文胜景的风景名胜区，生态保护红线范围，还有兼具农业功能的木材、薪林和林果空间。各种生态建设工程、保护修复项目，分空间而治、因空间制宜。归根结底，就是修复"生态窟窿"、填补"碳窟窿"，恢复自然元气，建设绿色宝库。

第一章 生态保护

第一节 生态保护之变

习近平总书记深刻指出，林业就是要保护好生态。从新中国成立初期，立足林地，保护森林，到当今新时代针对林地、草地、湿地、荒野沙地、自然保护地"五位一体"，保护森林、草原、湿地、荒漠四大生态系统和一大自然保护地体系，生态保护始终是中国林政不变的初心使命。1949年，中央人民政府设立林垦部，确定"保护森林，并有计划地发展林业"的工作方针。1950年第一次全国林业工作会议，确定"普遍护林，重点造林，合理采伐和合理利用"的工作任务，首次提出林业可持续发展理念。1956年，林业部会同中国科学院、森林工业部（1958年并入林业部）决定设立广东鼎湖山自然保护区——中国第一个自然保护区。1963年，国务院《森林保护条例》提出保护森林，防止火灾、滥伐，防治病虫害，这是新中国生态保护的第一部法律法规。1972年，首次参加联合国人类环境会议，通过《人类环境宣言》——人类第一部维护和改善环境的纲领性文件，"环境保护"进入全球视野。1973年，第一次全国环境保护会议，通过《关于保护和改善环境的若干规定（试行）》——中国第一部全国性环境保护文件。1978年，《中华人民共和国宪法》列入"国家保护环境和自然资源，防治污染和其他公害"内容。同年，国家启动"三北"防护林体系建设工程——人类最具雄心的生态保护修复工程，发布《关于加强大熊猫保护、驯养工作的报告》，设立四个大熊猫自然保护区和三大熊猫驯养繁殖中心，深入推进生态保护工作。

改革开放以来，生态保护工作持续升级。1979年，《中华人民共和国森林法(试行)》规定，森林是国家重要资源，能够调节气候、涵养水源、保持水土、防风固沙、防治空气污染……增强人民身心健康。1982年，国务院颁布《关于开展全民义务植树运动的实施办法》，成立中央绿化委员会。《中华人民共和国宪法》增加"国家保障自然资源的合理利用，保护珍贵的动物和植物"的规定。1985年，颁布实施《中华人民共和国森林法》，公布《森林和野生动植物类型自然保护区管理办法》。1986年，国务院发布《中国自然保护纲要》。1987年，发生大兴安岭林区特大森林火灾，中央森林防火总指挥部成立。1989年，国务院《中华人民共和国环境保护法》明确，保护环境是国家基本国策。1991年，中国林业代表团出席在法国巴黎举行的第十届世界森林大会，会议通过《巴黎宣言》，号召全球植树造林，保护森林。1994年，颁布《中华人民共和国自然保护区条例》，中国陆续加入联合国《生物多样性公约》《气候变化框架公约》《京都议定书》《联合国防治荒漠化公约》《国际重要湿地公约》，中国生态保护与世界联通接轨。

1998年，长江流域暴发特大洪水。追根溯源，人们深刻意识到，过度采伐、过度开垦，导致具有调节气候、涵养水源、保持水土、蓄滞洪水、维护生物多样性等诸多功能的生态系统遭受严重创伤，以至于天降大雨顷刻注江入河。自此，中国开启了生态保护事业新里程。国家相继启动退耕还林还草，天然林资源保护，黄河、长江中上游水源涵养林，野生动植物保护和自然保护地建设等重大生态保护修复工程。盛大开启森林回归、生态向好的历史画卷。2000年，中国成为湿地国际第57个国家会员，国家林业局颁布《中国湿地行动计划》。2005年，国务院颁布《关于落实科学发展观加强环境保护的决定》，2006年，第六次全国环境保护大会提出"三个转变"战略思想。2007年，党的十七大报告确定生态文明建设是战略任务。之后，国家相继发布《国家重点生态功能保护区纲要》《全国生态功能区划》《全国生态脆弱区保护规划纲要》。2010年，国务院成立"国际生物多样性年中国国家委员会"，印发《关于加强生物物种资源保护和管理的通知》《关于做好自然保护区管理有关工作的通知》，批准《全国生物物种资源保护与利用规划纲要》和《中国生物多样性保护战略与行动计划》。2011年，印发《全国主体功能区规划》。国家相继颁布施行《森林法》《草原法》《湿地保护法》《防沙治沙法》《野生动物保护法》《自然保护区条例》《生物安全法》《水法》《海洋环境保护法》《大气污染防治法》《水污染防治法》《防洪法》《气象法》，等等。初步形成了生态保护法、环境保护法和生态安全法组成的生态环境保护法律体系。

进入新时代，天然林保护修复、草原保护修复、湿地保护修复制度方案，自然保护地体系整合优化方案，全面推行林长制的意见，紧锣密鼓，陆续实施，生态保护全面融入中国现代化建设大格局。中国生态保护走向世界前列，以创造人类文明新形态。经历多次国家机构改革，生态保护的职责、内容和组织形式发生重大变化。进入新发展阶段，贯彻新发展理念，融入新发展格局，我们要深刻认识林政保护之变，谋划林政保护之策，推进林政保护之治。

——林政保护理念之变。我国用60年时间走过发达国家200多年的工业化历程。在生产力高速发展的同时，过垦过牧，乱砍滥伐，用林不养林，用草不养草，导致自然生态账户严重透支，生态系统遭受重创，生态生产力萎缩衰退。森林绿海变为贫瘠农田，青山绿水成为穷山恶水的严酷现实，一再迫使人们彻底抛弃一味向自然索取的老旧观念，科学认识人与自然的关系，探求人与自然和谐共生的生态文明之路。向自然投资，维护自然发展能力，已经成为新时代的共识。人不负青山，青山定不负人。进入新时代，站在新起点，以习近平同志为核心的党中央，提出一系列大生态、大保护、大治理的新理念、新思想、新战略。习近平生态文明思想科学阐释了生态与文明的关系，彰显了人类文明的发展规律、自然规律和经济社会发展规律。人与自然是生命共同体，人类必须尊重自然、顺应自然、保护自然。人类只有遵循自然规律，才能有效防止在开发利用自然上走弯路，人类对大自然的伤害最终会伤及人类自身。必须坚持人与自然和谐共生，深刻把握绿水青山既是自然财富、生态财富，又是社会财富、经济财富的道理，统筹山水林田湖草沙系统治理，坚持节约优先、保护优先、自然恢复为主的方针，像保护眼睛一样保护生态环境，像对待生命一样对待生态环境，让自然生态美景永驻人间，还自然以宁静、和谐、美丽。

——林政保护权能之变。过去，林政部门负责森林、湿地和荒漠等生态系统的保护修复，环保部门指导、协调和监督生态保护，农业部门负责草原开发利用和生物物种资源的保护和管理，国土部门负责古生物化石、地质遗迹等的保护管理，水利、住建、文旅部门兼顾部分自然保护区和风景名胜区管理监督。"生态环境保护"常以"环境保护""环保"简称。新一轮机构改革后，在森林、湿地、荒漠基础上，接入草原、国家公园、自然保护区、地质公园、地质遗迹、风景名胜区等，成为"林业草原部门"（即本文简称的"林政部门"）的管理范围。生态空间上的森林、草原、湿地、荒漠，以及自然遗产、地质遗迹、风景名胜区，统一整合在新的林政部门。像农业、农村对应农业空间一样，林地林区、草地草区、沙地沙区、保护地保护区对应着生态空间。机构改革不是简单的重新组合，而是推进自然生态空间治理体系和治理能力现代化的系统性、整体性、重构性变革。我们要从思想观念、知识技能、体制机制上实现全面转变。生态空间治理要从自然生态系统演替规律和内在机理出发，科学实践"人与自然是生命共同体""人与自然和谐共生""绿水青山就是金山银山"的理念，探索生态环境保护和资源持续利用的新路径，不断满足人民群众对优美生态环境、优良生态产品、优质生态服务的需要。

——林政保护空间之变。中国生态保护理论创新与实践探索取得重大进展，形成中国特色自然保护体系。一是以国家公园为主体的自然保护地体系。2019年，中共中央办公厅、国务院办公厅《关于建立以国家公园为主体的自然保护地体系的指导意见》指出，自然保护地是由各级政府依法划定或确认，对重要的自然生态系统、自然遗迹、自然景观及其所承载的自然资源、生态功能和文化价值实施长期保护的区域。自然保护地是生态保护和建设的核心载体、中华民族的宝贵财富、美丽中国的重要象征，在维护国家生态安全中居于首要地位。国家公园、自然保护区、自然公园，保护等级不同，但共处一个体系，具有相同建设目标，即健康稳定高效的自然生态系统，提供优质生态产品和社会服务，维持人与自然和谐共生永续发展。二是以自然保护地体系为核心的生态保护红线保护体系。2017年，中共中央办公厅、国务院办公厅《关于划定并严守生态保护红线的若干意见》指出，生态保护红线是指在生态空间范围内具有特殊重要生态功能，必须强制性严格保护的区域，是保障和维护国家生态安全的底线和生命线。生态保护红线落界为自然保护地边线或是自然生态系统完整空间边线，如林线、雪线、流域界线，江河、湖库，以及海岸向陆域延伸线。划定并严守生态保护红线是管控重要生态空间的关键举措，是提高生态产品供给能力和生态系统服务功能的有效手段。生态保护红线以内的生态空间，与自然保护地体系保护级别相当，原则上按禁止开发区管控，以封禁保护为主，改善和提升生态功能。三是以生态保护红线为底线的生态空间保护体系。2019年，中共中央、国务院《建立国土空间规划体系并监督实施的若干意见》明确，生态空间是国土空间中的一个独立空间，中国生态空间规划迈入世界前列。生态空间类型具有多样性，陆地生态空间主体是森林、草原、湿地、荒野、荒漠等。应严格控制生态空间开发利用活动，依法实行空间准入和用途转用许可制度，确保生态空间不减少，生态功能不降低，改善森林草原结构，提升生态系统质量，增加生态产品生产能力。

——林政保护体系之变。新时代生态文明建设被纳入"五位一体"战略布局，确定了"生产空间集约高效、生活空间宜居适度、生态空间山清水秀"总体目标。从全国国土空间利用结构来看，城镇空间不足5%，农业空间不足20%，自然生态空间占70%以上。三大国土空间，遵循各自生态保护规律，形成各自保护体系。国土空间体系，犹如一棵大树，城镇空间是"冠空间"，农业空间是"干空间"，生态空间是"根空间"。林政部门履行保护"根空间"使命，形成"五位一体"保护体系，统筹治理林地、草地、湿地、荒野沙地以及自然保护地，保护森林、草原、湿地、荒漠四大生态系统，全面实施森林法、草原法、湿地保护法、防沙治沙法、野生动物保护法、自然保护地法。进而言之，与自然资源、生态环境两大部门覆盖全部国土空间的监管构造不同，林业草原部门专注于国土空间中的生态空间——保护地保护区、林地林区、草地草区、湿地湿区、沙地沙区，着力保护四大生态系统和一大自然保护地体系。

进入新时代，中国林政保护"深度变革"。我们要顺应时代大势，切实把绿水青山就是金山银山理念转化为实际行动，林政保护永远在奔跑的道路上，要与时俱进，扛起生态文明建设、美丽中国建设的重任，加强国家公园、自然保护区、自然公园、森林、草原、湿地保护制度规范建设。加强生态空间用途管制、生态保护红线、生态环境保护管理体制等关键制度建设，建立全面覆盖自然生态系统、野生动植物保护和自然保护地的生态空间保护法律法规体系，为生态空间治理体系和治理能力现代化提供技术支撑。全面推行林长制是重要契机，从省到村，五级林长，党政同责，顺应林政保护之变，力行林政保护之职，夯实林政保护之基，壮大林政保护之势，奋力谱写高质量林政保护新篇章。

阅读链接：陕西生态保护

陕西省自然保护地总面积超过3000平方千米以上的地市达到4个，以宝鸡市最大，为3519.28平方千米；延安市次之，为3289平方千米，汉中市第三，为3144.13平方千米；西安市第四，为3095.98平方千米，面积1000—3000平方千米之间的地市达3个，分别为安康市2333.93平方千米、渭南市1496.70平方千米、商洛市1254.54平方千米，而榆林市、咸阳市和铜川市均在1000平方千米以下，分布范围相对较少。从自然保护地分布区域来看，陕北高原和关中平原自然保护地分布面积相对较少，类型相对单一，是未来加强生态保护修复的重点区域。而黄土高原腹芯(黄龙山、桥山)和秦巴山地是自然保护地的富集区，形成两个独特的自然保护地群，是保护生态空间系统性、原真性、连通性、完整性的重点生态空间。

第二节　野生动物保护之变

野生动物是指生存于天然态，或源于天然态的短期驯养还没有进化变异的各种动物。我国《野生动物保护法》规定，保护的野生动物是指珍贵、濒危的陆生、水生野生动物和有重要生态、科学、社会价值的陆生野生动物。保护野生动物就是维护生物多样性，保护生态系统，保护人类赖以生存的自然环境。

野生动物是自然生态系统的重要组成部分，对维护生态系统平衡具有十分重要的作用。由于对栖息地变化比较敏感，野生动物成为评价自然生态系统和生物多样性的关键指示。野生动物是大自然的造化，是自然精灵、生态财富。目前，全国有陆生脊椎野生动物2953种，其中哺乳类564种、鸟类1445种、两栖类481种、爬行类463种。

人类保护野生动物的历史十分悠久。先秦时期，《商君书·画策》载："黄帝之世，不麛不卵，不猎小兽，不取鸟卵。"《周礼》提到"泽虞""兽人""迹人""渔人""山师""川师"等专门管理野生动物的职官。唐玄宗制定法令规定："其鸟兽之类，有生获者，放之山野，余送太常。若不可获，及木连理之类不可送者，所在官司察验非虚，具图书上。"南宋高宗下令"禁以鹿胎为冠""禁民春捕鸟兽"。孔子："天何言哉？四时行焉，百物生焉，天何言哉？"荀子言："天行有常，不为尧存，不为桀亡。"老子曰："人法地，地法天，天法道，道法自然。"中国传统文化追求"天人合一""道法自然""万物平等"思想，是古朴的自然保护意识，体现出尊重自然、顺应自然、保护自然的理念。

全球性野生动物保护事业兴起于20世纪40年代。1948年，世界自然保护联盟（IUCN）成立。1973年，联合国教科文组织通过《濒危野生动植物种国际贸易公约》（CITES）。1980年，联合国环境规划署主持签署《野生动物迁徙物种保护公约》。1992年，联合国环境与发展会议通过《生物多样性公约》。这些公约，旨在通过国际协作，保护迁徙物种，避免国际贸易对濒危野生动植物的生存造成威胁。

新中国成立以来，野生动物保护经历了起步保护、依法保护和系统保护三个阶段。

（一）起步保护阶段

1988年以前，我国出台一系列行政法规和规范性文件，对珍贵、稀有动物予以保护。1950年颁布《古迹、珍贵文物、图书及稀有生物保护办法并古文化遗址及古墓葬之调查发掘暂行办法》、1962年的《关于积极保护和合理利用野生动物资源的指示》特别提到对大熊猫等珍贵、稀有动物严禁猎杀，建立自然保护区加以保护。1981年，我国加入《濒危野生动植物种国际贸易公约》。1983年，国务院发布《关于严格保护珍贵稀有野生动物的通令》。1985年，林业部发布《森林和野生动物类型自然保护区管理办法》。1987年，国家工商行政管理总局发布《野生药材资源保护管理条例》。但是，《1956年到1967年全国农业发展纲要（草案）》、1958年《关于除四害讲卫生的指示》将老鼠、麻雀列入"四害"，赶尽杀绝。同时，由于人兽冲突，虎、豹、豺、狼等凶猛食肉动物也成为消灭的对象。江西规定打死老虎、豹子一只奖励30元。因经济落后，物资匮乏，野生动物一直是人们重要的动物蛋白、毛皮来源之一。

（二）依法保护阶段

1982年，我国《宪法》载入"保护珍贵动物"的内容。1988年，全国人大常委会颁布《中华人民共和国野生动物保护法》，这是我国第一部保护野生动物法律。同年，国务院批准《国家重点保护野生动物名录》。1991年，林业部发布《国家重点保护野生动物驯养繁殖许可证管理办法》。1992年，我国加入《生物多样性公约》《湿地公约》，经国务院批准、林业部发布《中华人民共和国陆生野生动物保护实施条例》。1994年，国务院发布《中华人民共和国自然保护区条例》。2000年，国家林业局发布《国家保护的有益的或者有重要经济、科学研究价值的陆生野生动物名录》。2005年，国家林业局发布《引进陆生野生动物外来物种种类及数量审批管理办法》。2006年，国务院发布《中华人民共和国濒危野生动植物进出口管理条例》。2021年，我国《民法典》载入野生动植物属于国家所有的规定。这一阶段，国家和地方陆续出台野生动物保护法律法规，形成了较为完善的野生动物保护法律体系，野生动物及其栖息地得到有效保护。

（三）系统保护阶段

党的十八大将生态文明建设纳入"五位一体"总体布局，习近平总书记多次对野生动物保护做出重要批示，野生动物保护理念从"加强资源保护、积极驯养繁殖、合理开发利用"向"保护优先、规范利用、严格监管"转变，我国走上人与自然和谐共生之路。为适应野生动物保护发展新的需要，全国人大常委会修订多项法律法规。2016年以来，先后三次修订《中华人民共和国野生动物保护法》。2020年颁布《中华人民共和国生物安全法》，形成《关于全面禁止非法野生动物交易、革除滥食野生动物陋习、切实保障人民群众生命健康安全的决定》。2021年修订《中华人民共和国动物防疫法》。这些法律法规，使野生动物保护进入系统保护的新时代。在保护野生动物的同时，维护了生态安全，保障了人民群众生命健康安全。

我国野生动物保护经历了从无到有、由重点物种抢救性保护到全面保护、从过度开发到科学利用、由规范性文件保护到依法保护的发展过程。野生动物保护管理发生了深刻变化。

——保护目的之变。在经济建设为中心的时代，野生动物保护的目的是开发毛皮、肉蛋、药材和创汇的经济利益。在生态文明建设的新时代，实行保护优先政策，主要发挥野生动物生态价值、社会价值，建设人与自然生命共同体。

——法律法规之变。新中国成立初期，政府和相关部门主要以规范性文件保护野生动物。《野生动物保护法》及相关配套法规的颁布实施，标志着野生动物保护进入了法制化、规范化轨道。党的十八大以来，生态文明建设被提到前所未有的高度。2021年，中共中央办公厅、国务院办公厅印发《关于进一步加强生物多样性保护的意见》，野生动物保护进入系统保护新时代。

——国际履约之变。1981年，我国加入《濒危野生动植物种国际贸易公约》，签署《中日候鸟保护协定》。1986年，签署《中美自然保护议定书》《中澳候鸟保护协定》。1992年，加入《生物多样性公约》《湿地公约》。1995年，签署《中印老虎保护协定》。2007年，签署《中韩候鸟保护协定》。这些公约的加入和协定的签署，标志着我国野生动物保护与国际接轨。1993年起，全面禁止交易和使用犀牛角、虎骨。2018年，对犀牛、虎及其制品实行"三个严禁"，并全面停止商业性象牙加工销售活动。我国严格履行国际公约义务，严厉打击野生动物非法贸易，体现了负责任大国形象。

——政策措施之变。20世纪80年代，野生动物从"野生无主，谁猎谁有"转变为国家所有，从无序开发利用过渡到合理利用，实行特许猎捕证、驯养繁殖（人工繁育）许可证、运输证和狩猎证，现阶段实行行政许可审批制度，试点专用标识管理和全面禁止食用陆生野生动物制度，正在向科学化、规范化、法制化、系统化保护转变。全国已建成

115家野生动物救护繁育基地,持续开展野外收容救护工作。

——保护部门之变。实施《野生动物保护法》前,农业、林业、水利、工商、外贸和中医药等部门,在不同领域分别管理野生动物资源,多龙治水,交叉管理。颁布施行《野生动物保护法》后,明确由林业、渔业主管部门分别主管陆生、水生野生动物保护工作,其他有关部门按照职责做好监督检查。

——利用方式之变。新中国成立初期,以猎捕野外资源获取毛、皮、肉、蛋、药等原材料为主,导致野外资源急剧减少。实施《野生动物保护法》后,有计划限额利用野外资源,鼓励驯养繁殖野生动物。2018年,修订《野生动物保护法》后,国家重点保护野生动物除科学研究、种群调控、疫源疫病监测或者其他特殊情况外,禁止猎捕和食用性利用。全国人大《决定》明确禁止食用野生动物,至此,野生动物仅可用于药用、展示、科学研究。

——猎捕工具之变。自古以来,传统上采取的夹、套、网、电、毒等工具和火攻、歼灭性围猎等方法,无节制猎捕,竭泽而渔,造成部分物种种群数量急剧减少甚至灭绝。《野生动物保护法》明确了禁止使用的猎捕工具和方法,杜绝了歼灭性破坏行为,保证了野生动物种群安全,维护了生物体系稳定。

——栖息地之变。自1956年我国建立广东鼎湖山自然保护区以来,又相继建立各级各类自然保护地9190处,约占陆域国土面积的18%,有效保护了90%的陆地生态系统类型和74%的国家重点保护陆生野生动植物物种和个体。2013年提出"建立国家公园体制",2017年提出"建立以国家公园为主体的自然保护地体系",2020年实施保护地优化整合工作。目前,正在推进国家公园、自然保护区、自然公园和野生动物重要栖息地的建设。

——保护物种之变。1988年以前,我国野生动物保护以抢救性保护大熊猫、朱鹮、虎和丹顶鹤等极度濒危物种为主。实施《野生动物保护法》后,"国家重点保护野生动物名录"明确将476种(类)、"国家保护的有益的或者有重要经济、科学研究价值的陆生野生动物名录"中明确的1711种(属)纳入保护范围。2021年,国家将重点保护野生动物由512种(类)调整为988种(类),"有重要生态、科学、社会价值的陆生野生动物名录"正在修订。

——种群数量之变。20世纪90年代以来,我国陆续实施一批生态建设工程,野生动物栖息地逐渐改善,成功实施大熊猫、朱鹮、林麝、野马、麋鹿等十余种珍稀濒危野生动物野化放归,复壮野外种群。朱鹮由1981年的7只增长到7000多只,大熊猫从"三调"时的1596只增加到"四调"时的1864只,亚洲象从1985年的180头增加到300头左右,藏羚羊从1990年的6万多只恢复到30多万只。

——疫病防控之变。2003年以来,野生动物疫源疫病防控引起全社会高度关注。2005年,国务院发布《重大动物疫情应急条例》。随后,国家林业局先后制定实施《陆生野生动物疫源疫病监测规范(试行)》《陆生野生动物疫源疫病监测防控管理办法》,陆续建成742个国家级和928个省级野生动物疫源疫病监测站,有效控制野鸟H5N1高致病性禽流感、大熊猫犬瘟热、藏羚传染性胸膜肺炎及野猪非洲猪瘟等170余起野生动物疫情。

——调查监测之变。20世纪,受技术限制,野生动物调查监测主要采取布设样线、样带、样方、环志、无线电追踪等方法,靠人力步行观察个体数和痕迹链,统计种群数量、栖息地变化、干扰因素等,侧重于分类、区系和动物地理学等方面的调查监测。21世纪以来,引入了红外相机、视频监控、无人机、"3S"、脸谱识别等新技术手段开展调查监测。

野生动物生存状况同人类可持续发展息息相关。野生动物的家园,不但在生态空间,还在农业空间、城镇空间。要坚持保护优先、绿色发展,全面推进生态保护修复、生态系统管理、生态空间治理,建造野生动物阔气家园,撑大野生动物保护伞,构建人与自然生命共同体。

阅读链接：陕西野生动物保护

陕西省陆生脊椎野生动物 792 种，其中哺乳类 149 种、鸟类 561 种、爬行类 56 种、两栖类 26 种。国家一级重点保护野生动物 35 种，国家二级重点保护野生动物 121 种，"三有动物"383 种，拟定省重点保护野生动物 55 种。

秦岭范围分布陆生脊椎野生动物 588 种，其中，哺乳类 111 种、鸟类 418 种、爬行类 41 种、两栖类 18 种。国家一级重点保护野生动物 21 种，国家二级重点保护野生动物 95 种，"三有动物"325 种，拟定省重点保护野生动物 46 种。

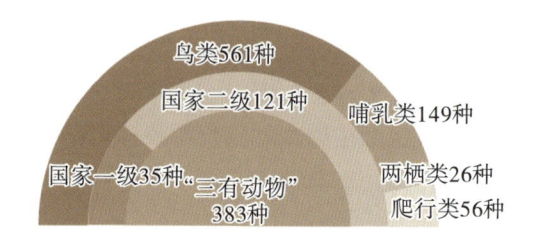

陕西省野生动物种类数量图

第二章　生态修复

第一节　国土绿化之变

在中国，绿化是恢复与重建森林生态系统的基本路径，也是改善城乡发展生态环境的重要途径。绿化，关系国计民生，乃国之大者。

在中文里,"绿化"一词最早见于20世纪50年代。1955年,毛泽东主席在《征询对农业十七条的意见》中提出:"在十二年内,基本上消灭荒野荒山,在一切宅旁、村旁、路旁、水旁,以及荒野上荒山上,即在一切可能的地方,均要按规格种起树来,实行绿化。"1956年,毛泽东发出"绿化祖国"号召。此后,"绿化"被广泛使用。

在"绿化"中,绿是词根,化为后缀,化与绿合成动词,表示转变成绿色状态。我们常说生态空间由"黄"变"绿"、由"浅绿"而"深绿",也就是绿化过程。"绿化"一词的基本词义如《现代汉语词典》所言:种植树木花草,使环境优美卫生,防止水土流失。绿化,不仅指植绿,也包括育绿、护绿;不单指"面上"的绿,也代表着"里子"上的生态环境服务。植树是绿化、造林是绿化、园林是绿化。造林绿化是在林业用地上栽植植物、培育森林的行为,植绿面积大、数量多,人工建造森林更新森林,恢复与重建森林,这是林学的看家本领。20世纪80年代出现了国土绿化一词,泛指所有的绿化行动,既包括植绿、育绿、护绿,也包括自然恢复和生态保护;既包括植树,也包括栽花种草、资源保护、抚育管理;既包括生态空间,也包括农业空间、城镇空间,涉及各行各业,与人人息息相关。园林绿化是在假山假水、亭台楼阁中配置绿色植物,营造出游赏休憩景观,既保持绿的基准色、和谐色,又注重绿植搭配,形成季相景观,疏密相间、色彩交替、错落有致,突出审美观感、艺术效果,城市公园、广场多为园林绿化。

新中国林政绿化走过了极不平凡的发展历程,绿化祖国的内涵也在不断更新变化,人工造林、飞播造林、封山育林、退化林修复、人工更新,一直到森林城市、森林乡村,再到生态系统保护修复……大体概括了四个阶段:

(一)以群众性造林为主的绿化阶段

新中国成立后,人民群众发展生产、恢复经济的热情高涨。1950年,政务院发布林业工作指示:"造林、育林、护林。"1953年,政务院发布"关于发动群众开展造林、育林、护林的指示",造林绿化"发动广大农民群众来进行"。1955年年底,全国青年造林队、突击队发展到18万个。中共中央《1956年到1967年全国农业发展纲要(草案)》要求"发展林业,绿化一切可能绿化的荒地荒山"。"大力发展国营造林。国营林场以营造大片用材林为主,并且有计划地营造水土保持林、防风林、防沙林和海防林"。1956年,在延安召开五省青年团造林大会,25省代表1200人参加,中共中央贺电"十二年内绿化一切可以绿化的荒山荒地",毛泽东贺电"绿化祖国",胡耀邦发表"青年们:把绿化祖国的重任担当起来"的讲话。当年的部分青年造林队转变为林场职工,长期坚持造林绿化。在陕西,先后成立有陕北治沙造林局、大荔沙荒造林局、泾河造林局等。1958年,党中央、国务院发布"关于在全国大规模造林的指示",林场造林得到快速发展。后来在"文化大革命"期间,造林绿化曲折迂回,有零星的小规模的造林绿化活动。

(二)以防护林工程和义务植树"双驱动"的绿化阶段

1978年开始实施"三北"防护林体系建设工程,并由此开启了一系列防护林体系建设工程。邓小平倡导全民义务植树,指出"植树造林,绿化祖国,是建设社会主义,造福子孙后代的伟大事业,要坚持一百年,坚持一千年,要一代一代永远干下去"。1979年,第五届全国人大常委会第六次会议通过《中华人民共和国森林法(试行)》,将每年3月12日确定为植树节。1981年12月,全国人大五届四次会议通过《关于开展全民义务植树运动决议》,规定植树造林是公民应尽义务。1982年2月,成立中央绿化委员会,1988年更名为全国绿化委员会。同年,"三北"防护林体系建设工程10周年,邓小平同志题词"绿色长城"。造林绿化作为约束性指标进入"六五"计划。各地、各部门广泛组织动员人民公社社员、国有企业职工、城乡居民义务植树。

（三）以生态建设工程为主的绿化阶段

长江、嫩江和松花江特大洪水之后，江泽民发出"再造秀美山川"号召，把西部生态环境保护和建设放到更加突出的位置。2003年，中共中央国务院《关于加快林业发展的决定》明确，林业发展的主要任务是"管好现有林，扩大新造林，抓好退耕还林……"全面启动天然林资源保护、退耕还林还草、京津风沙源治理、三北及长江流域等防护林体系建设、重点地区速生丰产用材林基地建设、野生动植物保护及自然保护区建设等六大工程，中央造林绿化资金大幅度增加。同时，推进绿化评比表彰、森林城市创建、绿色家园创建、绿色通道建设等活动，全面推进国土绿化的新格局。这一阶段，造林绿化由以面上造林为主向点、线、面结合发展，由以木材生产为主向以生态建设转变，除人工造林、飞播造林外，封山育林被纳入造林绿化。绿色版图快速增加，森林大幅度回归，生态环境明显改善。

（四）以生态保护和修复为主的绿化阶段

党的十八大以来，习近平总书记连续10年参加义务植树，并强调"要着力推进国土绿化、建设美丽中国""山水林田湖草沙是生命共同体""人的命脉在田，田的命脉在水，水的命脉在山，山的命脉在树""人不负青山，青山定不负人""林草兴则生态兴"。国家出台《全国重要生态系统保护和修复重大工程总体规划（2021—2035年）》，制定天然林保护修复、草原保护修复、科学造林意见，加强防沙治沙、草原生态修复、湿地保护修复。制定《全民义务植树尽责形式管理办法》，推进"互联网+全民义务植树"，义务植树线上线下融合发展。

绿水青山就是金山银山。陕西处在中国腹心地带，一度以"黄土高坡"著称。新中国成立后，陕西持之以恒，以绿治黄，陕北黄土高原是全球连片增绿幅度最大地区，全省森林覆盖率由13%提高到接近50%，绿色版图北推400余千米，堪称"中国增绿前线"。联合国粮农组织

(FAO)发布的全球森林资源评估报告显示，中国连续多年是全球森林资源增长最多的国家，人工林保存面积持续保持世界首位。美国宇航局(NASA)卫星监测数据显示，过去20年地球不断变绿，中国贡献最大。中国增绿贡献的42%源于造林工程。

2020年9月，习近平总书记向全世界庄严承诺中国于2030年前实现碳达峰，2060年前实现碳中和。以森林、草原、湿地为主体的生态空间是绿色碳库，对减缓全球气候变化具有重要作用。根据FAO 2020年全球森林资源评估，全球森林碳贮量6620亿吨，占全球植被碳贮量的77%，森林土壤碳贮量占全球土壤碳贮量的39%。中国陆地生态系统碳贮量的80%来自森林。由此，赋予造林绿化碳达峰碳中和"国之大者"的使命。

2021年，国务院办公厅发出《关于科学绿化的指导意见》，把科学绿化提上重要议事日程。科学绿化就是要尊重自然规律和经济规律，坚持保护优先、自然恢复为主，人工修复与自然恢复相结合，遵循生态系统内在规律开展绿化和生态修复，统筹山水林田湖草沙一体化保护修复，使生态系统发挥更大的生态功能和生产潜力。科学绿化是今后一个时期绿化的主旋律，国土绿化、造林绿化、城乡绿化、园林绿化，都要遵循科学绿化要求。

协同推进各条战线科学绿化。要更好地发挥绿化委员会的作用。1982年，陕西省人民政府成立省绿化委员会(办公室设在省林业局)。40多年来，在组织实施绿色通道、乡村绿化、重点区域绿化、义务植树、绿化评比、古树名木保护方面取得重要成效。2021年，绿化委员会成员单位增至30家，职责任务更加清晰明确。推进大规模国土绿化行动，要更好地发挥绿化委员会作用，督促各级地方政府履行主体责任，明确目标任务和工作落实措施，部门各履其责，相互协调，合力推进；创新全民义务植树组织管理，推进多种尽责形式落实落地，持续凝聚国土绿化的全民力量；以全面实施林长制为总抓手，切实压实各级林长责任，不断完善国土绿化治理体系，全面推动我省国土绿化高质量发展。同时，推动绿化条例立法，为科学推进国土绿化提供法制保障。

用数据化推进科学绿化。科学绿化，掌握准确翔实的数据是前提。生态空间是科学绿化的主阵地。科学开展生态空间绿化，实现"增绿潜力到小班，精准施策到地块"。农业空间、城镇空间也要找准绿化用地，为农田防护林建设、城市绿化、道路绿化、水系绿化等奠定空间基础。

遵循自然法则推进科学绿化。科学绿化的核心是尊重自然法则。生态空间的一花一草、一树一木，皆由大自然精心选择、孕育，是具有拦截、滞留、储蓄天然降水的"生物坝"。科学绿化，就是要增加"生物坝"数量，提高质量。要根据空间特性，宜林则林、宜草则草、宜湿则湿、宜荒则荒。在适宜人工林(草)的空间植树造林种草，恢复和重建生态系统；在高山远山、陡坡荒山空间，以自然力量促进植被恢复；在需要人工促进自然恢复的空间，实施飞播造林、封山育林、禁牧，人工促进自然恢复。要"以水定绿"，选择乡土树种、草种，营建乔灌草复合"生物坝"体系。坚决抵制"一夜成林""幼树密林"，务求最优化"生物坝"结构。

分区域推进科学绿化。陕西3亿亩国土空间，其中2.2亿亩是自然保护地和林地、草地、湿地、沙地组成的生态空间。秦岭是中华民族的祖脉，黄河、长江是中华民族的母亲河。秦岭、黄河、长江三个生态空间治理十大行动是分区域推进科学绿化的指导思路。秦岭最绿，绿化以调结构、提质量为主，加强生态保护修复，增强生态系统的服务功能。黄河流域是浅绿，绿中带黄，绿化潜力大，是科学绿化主阵地，要坚持增绿扩绿，厚植绿色根脉。长江流域绿化以提质增效、系统治理为主，开展"健康森林"建设，提高森林生态系统稳定性和碳汇能力。

绿色是美丽中国的基准色、和谐色。林政绿化已从"绿化祖国"走上"美丽中国"新征程。由浅而深、由绿而美是必由之路。科学绿化、精细绿化，我们一丝不苟、备足硬功夫！

阅读链接：陕西国土绿化

20世纪50年代，陕西森林覆盖率只有13%。多年来，在省委、省政府的坚强领导下，在国家林业和草原局的大力支持下，全省各级林业部门坚持不懈推进大规模国土绿化，持续实施"三北"防护林、天然林资源保护、退耕还林还草、京津风沙源治理等重大生态工程，使陕西森林面积增加了1亿亩以上，超过1.4亿亩，森林覆盖率提高到45%以上，草原综合植被盖度超过60%，绿色版图向北推进400多千米，三秦大地实现由黄到绿的历史巨变，初步建成"绿色陕西"。全省累计还林还草4162万亩，居全国前列，延安退耕还林是全国退耕还林和生态建设的一面旗帜，为全球生态治理提供了成功样本；沙化土地面积由3600万亩减少到2024万亩，陕西成为全国唯一完全"拴牢"流动沙地的省份，实现了从"沙进人退"到"绿进沙退"的转变，治沙英雄石光银荣获"七一勋章"。

自1981年以来，在全民义务植树运动推动下，群众绿化意识日益增强，从城市到乡村，从山区到平原，处处涌动绿化行动热潮，山川披绿装，家园添锦绣，人居生活环境明显改善。全民义务植树活动开展以来，全省累计参加义务植树4亿人次，年均植树6000万株，生态文明理念在三秦大地落地生根，爱美兴绿蔚然成为新风尚。切实推进"身边增绿"，持续开展森林城市、森林乡村、绿化模范单位创建活动。相继成功创建宝鸡、西安、延安、安康、商洛、汉中、榆林7个国家森林城市和42个省级森林城市，全省300个行政村被国家林业和草原局认定为"国家森林乡村"。全省4市被评为全国绿化模范市、42个县(区)被评为全国绿化模范县，7市被评为陕西省绿化模范市、65个县被评为陕西省绿化模范县。

第二节　生态修复之变

生态修复是21世纪中国的时代新词。中国生态文明建设的历史过程，刻印着生态修复的踪迹。

生态修复曾以"植树造林、绿化祖国"方式开启。新中国成立之初，祖国山河千疮百孔，到处可见荒山秃岭。森林覆盖率不足10%，降至历史最低。"缺绿"是新中国生态"硬伤"。让荒山秃岭披绿装，祖国大地"绿起来"，是新中国建设的紧迫任务。苏联"绿化"概念，在中国很快流行起来。1956年，毛泽东主席号召"绿化祖国"。"在一切可能的地方，均要按规格种起树来。""真正绿化，要在飞机上看见一片绿。""用二百年绿化了，就是马克思主义。"同年，中央《1956年到1967年全国农业发展纲要（草案）》提出，从1956年开始，在12年内，绿化一切可能绿化的荒野、荒山。在延安大礼堂召开的陕、甘、晋、豫、内蒙古五省（区）青年造林大会会场，悬挂着醒目标语："青少年们！绿化黄土高原，控制水土流失，和水、旱、风沙等自然灾害做斗争""青少年们！都来采种育苗，植树造林，护林防火，让祖国河山更加美丽。"1958年，毛泽东进一步强调："要使我们祖国的河山全部绿化起来，要达到园林化，到处都很美丽，自然面貌要改变过来。""要发展林业，林业是个很了不起的事业。同志们，你们不要看不起林业。"甚至说"没有林，也不成其为世界"。可见，新中国领导人对"绿化祖国"的急迫心情。于是，从千万农户到人民公社，依靠人民群众的力量，以星星点点的植树，形成绿化祖国的燎原之势。

生态修复以"义务植树""生态工程"方式推进。1958年之后的一个时期，出现了令人记忆深刻的绿色波折。"以粮为纲""向自然界开战"，毁林开垦不商量，造成无数新的"绿色破洞"。"硬伤未愈"又添"绿色破洞"，"增绿""复绿"经受双重压力。1981年，长江、黄河上游连降暴雨，洪水暴发、山体崩塌，造成巨大损失。四川、陕西先后发生特大洪水。专家学者锁定原因：是生态失衡造成的！1978年，国家启动实施"三北"（西北、华北、东北）防护林体系建设工程，这是全球最具有影响力的生态工程。之后，国家林业局相继展开了长江中上游、沿海、平原绿化、太行山绿化、防沙治沙、淮河太湖流域、黄河中游、辽河流域、珠江流域等防护林体系建设。1979年，全国人大常委会颁布《中华人民共和国森林法（试行）》。同年，邓小平提议每年3月12日为植树节。1981年，全国人大通过《关于开展全民义务植树运动的决议》。1982年，国务院成立中央绿化委员会。

生态修复随"生态工程"升级跃迁。1998年，长江以及嫩江、松花江暴发百年不遇特大洪灾。持续时间长、影响范围广，全国29个省（区、市）受到不同程度的洪涝灾害，直接经济损失达2551亿元。时任国务院总理朱镕基指出："洪水长期居高不下，造成严重损失，也与森林过度采伐、植被破坏、水土流失、泥沙淤积、行洪不畅有关。"由此，生态建设的多项战略举措相继出台。1999年后，国家在持续推进"三北"防护林体系建设工程的同时，先后推出天然林保护、退耕还林还草、湿地保护恢复，以及野生动植物保护及自然保护区建设等生态工程，涉及森林、草地、湿地、荒漠四大生态系统，占全国国土面积的60%以上，覆盖范围之广、建设规模之大、投资额度之巨，堪称世界之最。陆续开展的生态建设工程，使生态修复走出分散式、碎片化格局，"星星绿火"已成燎原之势。

生态修复以"生态建设"为重点，以"林业"为主力军。2003年，中共中央、国务院《关于加快林业发展的决定》指出，我国生态整体恶化的趋势没能根本扭转，土地沙化、湿地减少、生物多样性遭破坏等状况仍呈加剧趋势。乱砍滥伐林木、乱垦滥占林地等现象屡禁不止。气候异常、风沙、洪涝、干旱等自然灾害频发，严重制约了经济、社会等各项事业的发展。于是，国家确立了以生态建设为主的林业可持续发展道路，以增加森林植被为主体的国土生态安全体系，要建设山川秀美的生态文明社会。党的十七大把"生态建设"拓展升级为"生态文明建设"，关系国家发展全局、事关应对全球气候变化的战略地位。

生态修复由"以条为主"转向"以块为主""以功能区为主"。2006年，《国民经济和社会发展第十一个五年规划纲要》强调，推动生态保护和建设的重点从事后治理向事前保护转变，从人工建设为主向自然恢复为主转变。同年，国家环境保护总局发布首个全国性生态保护专项规划《全国生态保护"十一五"规划》，全面分析了生态保护形势，强调保护优先、维系自然生态系统的完整和功能、实施分区分类指导。2008年，环境保护部发布《全国生态功能区划》，提出全国划分出50个重要生态功能区，明确了水源涵养、水土保持、防风固沙、生物多样性维护和洪水调蓄等生态功能保护方向。同年，《全国生态脆弱区保护规划纲要》明确生态脆弱区的保护与修复任务。至此，我国初步形成以重要生态功能区、生态脆弱区为重点的生态保护修复的空间政策体系。分区分类保护修复理念得以加强，生态修复逐步由"以条为主"转向"条块结合"，为全面走向"生命共同体"时代奠定了政策理论基础。

生态修复走进"生命共同体"时代。党的十八大把生态文明建设纳入中国特色社会主义建设"五位一体"总体布局，提出尊重自然、顺应自然、保护自然的生态文明理念和坚持节约优先、保护优先、自然恢复为主的方针。党的十九大提出"坚持人与自然和谐共生"的基本方略。之后，建设美丽中国上升为宪法要求。2018年，习近平生态文明思想为新时期生态修复提供了思想指引。国家先后出台《天然林保护修复制度方案》《关于加强草原保护修复的若干意见》《湿地保护修复制度方案》《关于建立以国家公园为主体的自然保护地体系的指导意见》等。2020年，国家9部委局联合印发《全国重要生态系统保护和修复重大工程总体规划（2021—2035年）》(简称"双重规划")。"双重规划"按照"山水林田湖草沙是生命共同体"的理念，整合优化了原有"生态建设"工程。"生态修复"成为国家重大生态工程，成为国家生态系统治理体系中的新时尚。相信，中国"双重规划"是世界生态工程中的"巨无霸"。

生态文明建设大格局中的生态修复。"绿化"包含着"生态重建"内容。"生态重建"曾译作"生态恢复",是"自然回复到原来事物,即生态系统被干扰之前的生态结构的过程",是没有人直接参与的自然过程。"生态重建"是人为辅助下的恢复,这是"自然恢复"与"自然重建"的根本区别。中国从农业国迈向现代化,已经实现城镇空间迅猛崛起,农业空间转型升级,生态空间"由黄变绿"。但是,森林树木数量不够、郁闭质量不高,草原草丛连通性差,湿地保护率偏低等问题突出,巩固和发展防沙治沙成果压力增加,维护生物多样性、增加生态产品生产、提升生态系统功能面临繁重任务。目前,生态修复理念正在由重生态建设、末端治理转变为生态系统治理、源头保护和自然修复综合治理。2015年,中共中央和国务院《关于加快推进生态文明建设的意见》,对生态文明建设进行全面部署,以"坚持把节约优先、保护优先、自然恢复为主"作为第一基本方针。生态修复全方位全过程融入社会主义建设各方面各领域,是绿色发展理念的重要内容。生态修复模式由局部恢复转变为生态空间管控、生态系统整体保护修复,初步构建起以维护国家生态安全、稳定和提升生态系统服务功能、改善生态系统质量为核心,涵盖生态系统"结构、过程、格局、功能、质量"的生态修复体系。

与生态保护同室而居的生态修复。"生态保护修复"常链接在一起,的确,生态保护与生态修复既相互联系又有所区别。比如,"双重规划"把生态保护和修复分别处理,名称是《全国重要生态系统保护和修复重大工程总体规划(2021—2035年)》,生态保护与生态修复的内涵、形式、布局、任务被细分出来。陕西出台《国土空间生态修复规划(2021—2035年)》,进一步明确生态修复布局、目标、任务、重点修复区域、重大修复工程。天然林保护修复、草原保护修复、湿地保护修复,自然保护地体系整合优化,对生态修复规定更明确、更详细。生态修复的本质在于修复"病态的生态系统",让"受伤害的生态系统"恢复健康,实现生态空间高颜值、高效能。生态修复是中国智慧,生态保护修复是贡献给世界生态治理的中国方案。

生态修复，为地球增绿降碳的林政之路。人类已经进入"以共同受益的方式存在于地球上的'生态纪'"。中国创造人类文明新形态，进入生态文明建设快车道，按下生态修复快进键。习近平总书记指出："生态是统一的自然系统，是相互依存、紧密联系的有机链条。人的命脉在田，田的命脉在水，水的命脉在山，山的命脉在土，土的命脉在林和草，这个生命共同体是人类生存发展的物质基础。"从"十四五"开始，中国生态文明建设进入以降碳为重点战略方向的新阶段。生态修复是增绿降碳的主要路径。从绿化祖国到美丽中国，新时代林政准确识变，科学应变，于变局中谋先机，奋力谱写生态修复新篇章！

阅读链接：陕西生态修复

2021年12月，陕西省印发《陕西省国土空间生态修复规划（2021—2035年）》（以下简称"规划"），以构建"两屏三带多级廊道"的国土生态空间修复格局为总目标。将全省划分为六大国土生态修复区：陕北风沙草滩生态脆弱区、黄土高原丘陵沟壑水土流失区、黄河渭河沿线生态保护区、渭北矿山集中开采治理区、秦岭生物多样性及水源涵养区、巴山生物多样性及水源涵养区。应用加强天然林和生物多样性保护，开展水土流失综合治理，强化长城沿线防风固沙功能，改善重点流域河湖湿地水生态等多种策略，修复脆弱生境，巩固现有成果，修复与管护双管齐下。

目前，陕西省造林空间潜力约1680万亩，退化林约4000万亩，退化草原1100万亩，退化湿地约70万亩，沙化土地约400万亩。规划预计到2025年，缓解全省重点生态功能区的主要问题，建立以国家公园为主体的自然保护地体系，巩固保护山水林田湖草沙等多元化生态要素，初步形成以生态屏障、廊道为基底的多层次区域生态网络。到2030年，基本形成"两屏三带多级廊道"修复格局，全面保护各类关键生态空间，提升森林、湿地、河湖、荒漠等生态系统功能，实现自然生态系统的良性循环。到 2035 年，构筑高质量国土空间和人与自然和谐共生的生态安全格局，其中森林覆盖率达到 47%，森林蓄积量达到 6.7 亿立方米。

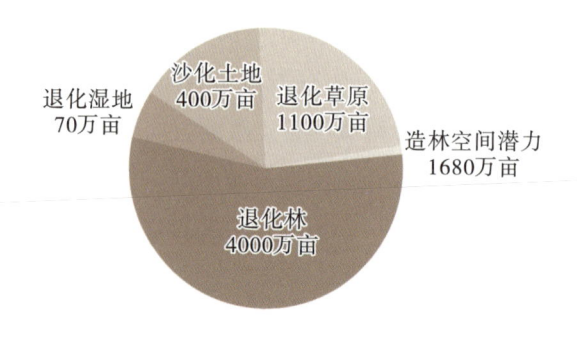

陕西省造林空间潜力图

- 沙化土地 400 万亩
- 退化湿地 70 万亩
- 退化草原 1100 万亩
- 造林空间潜力 1680 万亩
- 退化林 4000 万亩

第三节　森林经营之变

森林经营是人们有目的地干预森林活动的总称。在生态空间治理中，森林经营管理是最有门道、最为实用、最具有影响力的生产经营活动，是提高林业生产力、承载力、支持力的综合性举措。

森林生态系统的地域性、发展阶段的差异性、价值模式的多功能性，决定了森林经营的多样性、复杂性。科学开展森林经营，需要把握森林培育目的，辨识森林经营类型，统筹封山育林、植树造林、幼林抚育、森林保护、迹地更新、合理利用，提供数量更多、质量更优的生态产品和生态服务。

第九次森林资源清查结果显示，全国森林面积 33 亿亩，其中天然林占 64%、人工林占 36%；公益林占 57%、商品林占 43%；中幼龄林占 64%、近成熟林占 30%、过熟林占 6%。每公顷森林年生长量 4.73 立方米。森林结构不合理，功能不完善，林地生产力、承载力、支持力不高。从实际出发，科学开展森林经营，增强森林生态系统功能和生态产品供给能力，已经成为新时代林政的重大命题。

以史为镜，知史鉴今。中国古代，已经形成森林经营理论和实践活动。《孟子》"斧斤以时入山林，材木不可胜用也"。《管子》"山泽不救于火，草木不殖成，国之贫也；山泽救于火，草木殖成，国之富也"。《荀子》"斩伐养长不失其时，故山林不童，而百姓有余材也"。《齐民要术》"岁种三十亩，三年九十亩；一年卖三十亩……周而复始，永世无穷"。《东坡杂记》《农政全书》《三农经》等记载了乡土树种造林、营林技术。古代森林经营思想和实践经验，警示人们要尊重自然，取之有度、用之有节。

新中国成立以来，掀起生态空间绿色革命浪潮，森林经营大体上经历了四个重要阶段。

（一）以材为纲，以伐为主

1949 年，中央人民政府设林垦部，内设林政、造林、森林经理、森林利用四司，森林经营位置突出。1950 年，确定"普遍护林，重点造林，合理采伐与利用"方针，实施封山育林，统筹森林采伐与森林培育。1953 年，政务院《关于发动群众开展造林、育林、护林工作的指示》要求，造林后加强抚育，采伐后迹地更新，领导群众封山育林，开展森林防火、病虫害防治。1954 年，林业部《关于加强和扩大森林更新和抚育工作的指示》要求，制订长期、科学、合理经营管理方案，实行合理经营管理。1956—1960 年，林业部颁发《国有林主伐试行规程》《森林抚育采伐规程》《国有林经理规程》《国营林场经营管理试行办法》，规范国有森林抚育、主伐更新标准和管理要求，提出保护、更新、抚育、补植等改造幼龄林、次生林措施。1956 年，广东省开展飞播造林试验，1958 年扩大至 15 个省（市、自治区），1959 年四川省建成全国第一片飞播林。1962 年，周恩来总理要求"合理采伐，采育结合，越采越多，越采越好，青山常在，永续利用"。1963 年，国务院《森林保护条例》对护林组织、森林管理、预防和扑救火灾、防治病虫害等做出规定。1973年，农林部《森林采伐更新规程》提出森林采伐、森林更新、采伐更新等森林经营管理要求。

这一阶段，视全部森林为商品林，森林经营以采伐为主，探索开展人工造林、封山育林、森林抚育、飞播造林、森林防火、病虫害防治等森林经营措施。受"以材为纲""大跃进""文化大革命"以及人民公社化运动影响，一些好的森林经营理念和措施没有得到有效落实。索取多、培育少，森林质量大幅度下降。

（二）兼顾生态，采育结合

1979年，颁布实施《中华人民共和国森林法（试行）》，将森林划分为防护林、用材林、经济林、薪炭林和特种用途林五大林种，规定了森林管理、植树造林、森林保护、森林采伐利用等多项森林经营措施。1980年，确立以营林为基础，普遍护林，大力造林，采育结合，永续利用的方针，少量林地搞木材培育，大部分森林从木材生产中解脱出来。1984年修订的《森林法》明确，实行限额采伐且须办理采伐许可证，国营林业单位应编制森林经营方案。1987—1991年，林业部印发《森林采伐更新管理办法》《关于加强森林资源管理若干问题的规定》《关于加强林地和林木采伐许可证管理的通知》，分林种提出森林更新采伐要求，实行全国统一的林木采伐许可证制度。1992年，全国林业工作会议宣布实现森林资源总生长量和总消耗量持平。1995年，发布《飞机播种造林技术规程》，规定飞播造林（种苗）规划设计、飞播作业和播后经营要求。同年，《森林抚育技术规程》对不同起源、不同经营强度用材林以及防护林、特种用途林，从林冠郁闭后到主伐利用前的森林抚育方法、基本要求与程序进行了详细规定。《林业经济体制改革总体纲要》将森林划分为公益林和商品林两大类，防护林和特种用途林纳入公益林类，用材林、经济林、薪炭林纳入商品林类，实施分类管理、分类经营。1998年，修订《森林法》，设立森林生态效益补偿基金。林业部印发《关于开展林业分类经营改革试点工作的通知》《关于开展全国森林分类区划界定工作的通知》《公益林与商品林分类技术指标》《国家公益林认定办法(暂行)》,在全国14个省份进行森林分类经营区划试点。

这一阶段,森林经营由以木材利用为主向兼顾生态转变,采育结合。森林采伐得到限制,"三北"防护林等重点生态工程相继启动,森林经营专业化、规范化,确立公益林、商品林"双轨经营"思路。

(三)持续发展,分类经营

1998年,长江上游、黄河上中游天然林禁伐、限伐。陕西省率先实施"禁伐令",停止天然林商业性采伐。2002年,明确人工用材林采伐限额管理原则、程序,森林采伐由天然林向人工林转变。2003年,中共中央、国务院做出《关于加快林业发展的决定》,明确公益林业、商品林业采取不同管理体制、经营机制和政策措施。公益林业按照公益事业管理,以政府投资为主,吸引社会力量共同建设;商品林业按照基础产业管理,主要由市场配置资源,政府给予必要扶持。陆续出台《关于完善人工商品林采伐管理的意见》《关于严格天然林采伐管理的意见》《重点公益林区划界定办法》,全面推进森林分类经营制度。2006年,国家林业局《中国森林可持续经营指南》《森林经营方案编制与实施纲要(试行)》要求各地编制森林经营规划和方案,以规划、方案为引领推进森林经营。2009年,104个国有林场被国家林业局确定做首批森林经营示范林场。2010年,出台《全国林地保护利用规划纲要(2010—2020年)》,确立林地分级保护制度。根据生态脆弱性、生态区位重要性以及林地生产力等指标,将林地划定为4个保护等级。对已经退化为疏林地、灌丛和荒山荒野的有林地,有针对性地规划和实施退化林地修复工程;对生态脆弱地区的林地,以培育混交、异龄复层林为主,丰富生物多样性,增强生态系统稳定性;对生态区位重要地区的林地,以培育大径级、长周期的森林资源为主;对水热资源丰富地区的林地,以集约经营、基地化管理为主,重点发展优良、珍贵、高价树种培育基地,形成速生、丰产、优质、高效的森林资源,形成林地经营利用基本框架。2011年,《全国造林绿化规划纲要(2011—2020年)》指出,造林绿化"三分造、七分管",坚持一手抓造林绿化,一手抓抚育经营,编制森林经营专项规划,深化落实森林抚育经营各项措施,科学实施森林抚育和低产林改造,切实优化森林结构,不断提高林地生产力。

这一阶段,遵循可持续性发展理念,推进森林分类经营,封山育林、封山禁牧、飞播造林、森林抚育、森林保护措施全面加强,森林资源总量持续增加、森林质量持续提升。

(四)系统治理,精准提升

党的十八大提出"建设美丽中国",开启生态保护修复新征程。2013年,国家林业局《推进生态文明建设规划纲要(2013—2020年)》提出,全面实施十大生态修复工程,加快构筑十大生态安全屏障,2020年森林覆盖率达到23%,森林植被碳储量达到88亿吨,构筑坚实的生态安全体系、高效的生态经济体系和繁荣的生态文化体系。2013年,国家林业局、财政部《国家级公益林管理办法》明确了国家公益林保护、经营规则。2015年,中共中央、国务院《关于加快推进生态文明建设的意见》提出,把保护放在优先位置,在发展中保护、在保护中发展;在生态修复中,以自然恢复为主,与人工修复相结合;天然林资源保护范围扩大到全国,有序实现休养生息。2016年,国家林业局印发《全国森林经营规划(2016—2050年)》,确立森林多功能经营、全周期经营理念,明确培育健康稳定优质高效森林生态系统目标。2019年修订的《森林法》明确,国家以培育稳定、健康、优质、高效的森林生态系统为目标,实行公益林、商品林分类经营管理,突出主导功能,发挥多种功能,实现森林永续发展。严格保护公益林,在符合公益林生态区位保护要求和不影响公益林生态功能的前提下,适度开展林下经济、森林旅游等。自主经营商品林,在不破坏生态的前提下,可以采取集约化经营措施,合理利用森林、林木、林地,提高商品林经济效益。2020年,《全国重要生态系统保护和修复重大工程总体规划（2021—2035年）》提出，坚持山水林田湖草是生命共同体理念，遵循生态系统内在机理，强化科技支撑作用，科学配置保护和修复、自然和人工、生物和工程等措施，推进一体化生态保护和修复。

这一阶段，建立起全国森林经营规划体系，实施森林质量精准提升工程，构建森林抚育、低效林改造、退化林修复等核心标准体系。建成各类自然保护地近万个，设立一批国家公园，启动实施重要生态系统保护和修复重大工程，森林经营步入保护优先、系统修复、精准提升的全新时代。

我国是全球森林资源增长最多的国家，为全球森林经营创造重建与恢复的成功范例。森林经营从简单到复杂，从粗放到精细，从单一到系统，发生了一系列重要而深刻的变化。

——理念之变。以1995年发布实施的《林业经济体制改革总体纲要》为标志，森林经营从"以采为主"向"保护优先"转型。"以采为主"时期，林木皆商品，森林经营偏重于追求木材价值，同步推进森林保护、人工造林、飞播造林、封山育林、森林防火、病虫害防治、迹地更新等措施。实施分类经营后，商品林以经济为目标，以市场为导向，依法自主经营。公益林保护优先、节约优先，自然恢复为主，实施森林质量精准提升。

——目标之变。"以采为主"时期，采伐木材是最大政治、第一目标，森林经营以生产木材为目标，植树造林以培育速生丰产林为主。实施分类经营后，恢复森林生态系统，实现森林永续利用成为森林经营目标，森林数量精准提升，培育健康森林生态系统，提升森林生态系统功能。

——体系之变。从相对单一的森林采伐、人工造林、封山育林、飞播造林，到森林重建、森林修复、森林保护、森林利用四大体系，每一个体系中综合使用造、封、飞、采、保、用等综合措施。每一项经营措施从开展调查、编制方案，到组织实施、竣工验收，都有严格的程序和要求，森林经营管理越来越科学、规范和精准。

——数据之变。随着科技发展和"3S"技术应用，森林资源调查、森林经营方案编制水平提高。近年来，国家森林资源监测体系增加林草生态综合监测评价，融合森林、草原、湿地、荒漠及以国家公园为主体的自然保护地体系等监测数据，实现数据落地上图，年度出数，为森林经营科学决策提供精准翔实的数据支撑。

森林是陆地生态系统的主体，也是人类文明的生态主根。科学开展森林经营，可以有效地修补"生态窟窿"，提升林地生产力、承载力、支持力，培育健康森林生态系统，改善森林生态系统支撑、供给、调节、文化功能，为经济社会发展提供源源不断、数量更多、质量更优的生态产品和生态服务。森林经营是一项长期、复杂、系统的工程，科学开展森林经营必须牢固树立起可持续发展理念，不断建立完善森林经营现代理论体系，不断健全完善森林经营技术规程和操作规范。充分认识森林多功能属性，不断丰富拓展森林分类经营政策和管理机制，精准实施公益林、商品林分类经营策略。实行森林经营目标责任考核，加强科技支撑，推动森林经营向科学化、专业化转变。建立稳定有效的多元投资渠道，下大力气推进生态保护和修复森林经营新格局，实施重大生态保护和修复工程，调结构、提质量、增碳汇，不断提升生态系统服务功能，让森林由"绿起来"向"美起来""健康起来"转变，为中华民族永续发展厚植生态根脉。

阅读链接：陕西森林经营

陕西是全国唯一一个全境在黄河、长江干流之间的省份，南北横跨八个纬度、三个气候带，海拔从170米到3771.2米，降水从320毫米到1520毫米，森林类型复杂多样。陕西数十年坚持不懈，开展人工造林、飞播造林、封山育林、封山禁牧、森林抚育、森林防火、病虫害防治等森林经营活动，不断发展林地生产力。近年来，按照自然保护地、红线保护地、低密度森林、灌木林地、未成林地草地、湿地、沙地、经济林特点，精准实施生态空间治理、科学开展森林经营。森林面积持续增加，森林蓄积持续增长、森林生态系统持续好转。林草湿数据与"三调"数据融合结果显示，全省林地 18796.42 万亩，其中森林 15235.15 万亩，森林覆盖率 49.39%。

第三章　生态重建

第一节　造林地之变

林地是森林生态系统的国土空间载体。造林地是恢复与重建森林中人工造林的土地，主要包括待造林地、新造林地、未成林造林地和再造林地。(1)待造林地，有造林价值的备选土地，包括宜林荒山荒野荒滩、采伐迹地、火烧迹地、荒废和受损山体、盐碱地、沙地、裸土地等。(2)新造林地，从待造林地中选择出实施年度造林计划的地块，也包括符合国土空间管控规定的退耕造林地，经实施造林后，即转变为新造林地。(3)未成林造林地，逐渐郁闭成有林地。(4)再造林地，即林地再造林，包括一般灌木林地、疏林地、未成林造林地和退化林地。人工更新、人工促进天然更新，可加快成林进程，提高成林质量。在国土空间中选择待造林地，科学确定新造林地和再造林地，最终形成稳定健康的森林，这是"绿起来"的过程，也是林政治理的过程。

有关资料显示，全国森林面积由 20 世纪 50 年代初期的 16.9 亿亩增加到 2020 年的 33.1 亿亩，增加了 16.2 亿亩，森林覆盖率由 11.81%

增加到23.04%。其中，人工林面积11.93亿亩，为森林覆盖率贡献了三分之一的面积。我国成为全世界森林资源增长量最多、人工林规模最大的国家。

联合国粮农组织《2020年全球森林资源评估》显示，森林覆盖地球陆地的31.7%，全球人均森林面积7.8亩，我国陆地森林覆盖率比全球平均值低8个百分点，人均森林面积仅相当于全球平均水平的四分之一。习近平总书记强调指出，我国生态欠账依然很大，缺林少绿、生态脆弱仍是一个需要下大气力解决的问题。与国土"三调"对接融合后，森林资源"一张图"显示，全国林地42.6亿亩，其中林地再造林潜力为4.7亿亩。造林地是恢复与重建森林的人工空间，绿色延展的前沿地带。顺应变局，精准识变，科学选择待造林地、精准设计新造林地和再造林地、保护培育未成林造林地，已经成为恢复与重建森林的根本途径。

——底图之变。从多套数到一张图。20世纪70年代，全国第一次森林资源清查（一类调查），将荒山荒野、采伐迹地、火烧迹地和沙荒野等造林地归类于无林地，形成造林地"第一套数"。2003年，开展森林资源规划设计调查（二类调查），将森林消长趋势、森林更新作为调查内容，以满足森林经营方案、总体设计、林业区划与规划设计需要，也形成造林地"一套数"。2010年，以二类调查为基础，编制全国林地保护利用规划，将林地落界作为主要内容，历时一年多建成林地资源图，全国6.6亿亩宜林地落在山头地块，确定森林十年增长3.3亿亩的目标。从2016年起每年更新调查，又形成动态更新的"一套数"。造林地"多套数"自成体系，免不了陷入逻辑冲突、数据打架。2020年完成国土"三调"，形成国土空间"统一底版"。2021年，国家林草局明确要求，依据"三调"成果"统一底版"，开展"一张图"对接融合，解决地类交叉重叠问题，融合林地、草地、湿地等资源信息，形成与"三调"无缝衔接、数据精准的"一张图""一套数"。2022年1月，自然资源部、国家林业和草原局印发《关于共同做好森林、草原、湿地调查监测工作的意见》，统一工作部署、统一分类标准、统一调查底图、统一成果发布的"四统一"，构建造林地"一张图"制度体系。

——待造林地之变。从荒山荒坡到宜林地，再到造林空间。《科学大众》(1950年第五期)"全国森林概况"记载，当时荒山荒坡43.6亿亩，占国土面积的30%。1956年，中共中央《1956年到1967年全国农业发展纲要(草案)》提出"在12年内，绿化一切可能绿化的荒地、荒山"，陆续开展了一系列绿化荒山荒野行动。不少省份曾提出"灭荒"工作目标。世纪交替之际，实施天然林资源保护工程、退耕还林工程，人工助力自然生态系统恢复。1999—2003年，第五次森林资源清查明确"宜林荒山荒地""宜林沙荒地"土地类型，强调"宜林"规划。2000年，《森林法实施条例》将宜林地列入林地，即林地包括县级以上人民政府规划的宜林地。2009年，国家林业局《林地分类》技术标准，将宜林地划分为宜林荒山荒野、宜林沙荒野和其他宜林地。2010年，县级以上人民政府批准实施林地保护利用规划，将宜林地纳入林业发展规划用地。由此，宜林地成为大规模国土绿化行动的主要阵地。2022年，自然资源部、国家林草局印发《关于在国土空间规划中明确造林绿化空间的通知》，规定以国土"三调"为底版，造林绿化空间主要包括其他土地中适宜造林绿化的盐碱地、沙地、裸土地，林地中适宜造林绿化的一般灌木林地和其他林地。造林绿化空间成为国土空间用途管制政策的新概念，赋予宜林地更丰富的内涵。从荒山荒坡开始，经历宜林地阶段，发展到新时代造林空间，造林地体系与时俱进，越来越具体、越来越精准。

——新造林地之变。从多项工程计划到"双重规划"统一上图落地。数十年来，我国先后实施了具有世界影响力的天然林资源保护、退耕还林还草、"三北"及长江流域防护林体系建设、京津风沙源治理等重大生态工程。按年度安排工程造林计划，新造林地即是主阵地，对重要生态区、生态脆弱区等进行持续治理，逐步解决水土流失、荒漠化、损毁土地等生态受损退化问题，基本构筑起国家生态安全骨架。在生态工程建设为主阶段，诸多工程计划从下达到实施自成体系，从科研编制到作业设计、实施方案制订，底图各异、底数不清，甚至"边实施边设计，实施完补设计"，难免发生项目交叉和用地矛盾。2020年6月，国家发改委、自然资源部印发《全国重要生态系统保护和修复重大工程总体规划（2021—2035年）》（"双重规划"），整合国土绿化、湿地与河湖保护修复、防沙治沙、水土保持、生物多样性保护、土地综合整治等生态工程，改变了同一区域、同一地块项目交叉、重复实施状况，协同推进山水林田湖草一体保护修复。2021年，国家林业草原局印发《造林绿化落地上图工作方案》，要求以一张底图、一项规范、一套系统、一个应用为主要内容的造林绿化落地上图技术体系。一张底图，即国土"三调"及最新年度国土变更调查成果。一项规范，即《造林绿化落地上图技术规范》，重点对造林地类选择、造林图斑勾绘、图斑信息填写及造林图斑审核上报等要求做出了具体规定。一套系统和一个应用，即依托国家森林资源智慧管理平台，开发的造林绿化落地上图管理系统以及电脑端、移动端均可使用的应用系统。近期，自然资源部、林业草原局开展造林绿化空间调查评估，综合降水量、海拔、坡度、土层厚度等因子，对现状耕地、耕地后备资源、规划建设用地、自然保护地核心保护区以外的土地，统筹开展适宜性评价和实地调查，将造林空间落实到国土空间规划中，带位置上报、带图斑下达，计划任务完成情况落地上图。

——未成林造林地之变。从有限管护到封山育林、封山禁牧。未成林造林地是新造林后、达到保存标准、尚未郁闭、有望成林的造林地。1999年以来，针对长期过度垦殖、过度放牧、过度采伐导致的生态环境问题，通过实施生态工程，大规模推进国土绿化，已经形成大量未成林造林地。1999—2015年，全国人工造林9.6亿亩，每年新增未成林造林地1.4亿亩。"十三五"期间，全国人工造林5.29亿亩，每年新增未成林造林地1.1亿亩。目前，仍有1.8亿亩未成林造林地正在形成之中。林业有句行话，"三分造，七分管"。部分未成林造林地被纳入公益林管护、生态护林管护和未成林抚育管护等政策范围，管护措施单一、投资标准偏低、缺乏配套制度，成林率不尽如人意。2008—2010

年人工造林成效检查数据显示,全国新造林成林率为45%。《关于科学绿化的指导意见》强调,要尊重自然规律和经济规律,坚持保护优先、自然恢复为主,人工修复与自然恢复相结合,遵循生态系统内在规律开展绿化和生态修复,统筹山水林田湖草沙一体化保护修复,使生态系统发挥更大的生态功能和生产潜力。全面封山育林成为管护主题,注重利用原有植被资源和生态系统自我修复能力,使森林植被从初级向高级演替阶段发展。2020年,全国实施封山育林2660万亩。在封山育林的同时,全国27个省1200个县实施封山禁牧。《陕西省封山禁牧条例》将未成林造林地、退耕还林地划入封山禁牧区域,划定禁牧区、禁牧期,形成"封山育林+封山禁牧"的制度组合。

——再造林地之变。从补植补造到退化林地修复。2000—2007年,全国历年造林需要补植补造面积约10%。在未成林造林地,按照造林密度补植补造;在疏林地,在林冠下补植补造。补植补造是大规模造林阶段实施再造林的主要措施。大规模新造林地转变为森林,刚刚迈入郁闭度0.2以上门槛,依靠自然力难以保持生态系统稳定健康,甚至出现退化逆转,需要人工再造林促进其正向发展。《全国林地保护利用规划纲要(2010—2020年)》指出,有近7500万亩有林地退化为疏林地,超过75000万亩有林地退化为郁闭度小于0.4的低质低效林地。"双重规划"披露,全国乔木林质量指数0.62,整体处于中等水平。2020年,国家林业草原局发布《退化防护林修复技术规程》,规定了退化防护林的修复原则、修复对象、修复类型与方式,以及生物多样性保护、调查设计、质量评价、档案管理等方面的技术要求。《关于科学绿化的指导意见》指出,要以宜林荒山荒野荒滩、荒废和受损山体、退化林地、草地等为主开展绿化,一般灌木林地、疏林地、未成林造林地和退化林地,成为再造林的主战场,人工造林、飞播造林、封山育林、补植补造、森林抚育、退化林修复相结合,逐步消除绿色"天窗",全面进入"新造林地+再造林地"双轮驱动的增绿轨道。

——退耕造林地之变。从大规模计划到精准精细图斑。我国实施大规模"造林""再造林",同时选择生态脆弱、水土流失严重、生态区位重要的陡坡耕地实施造林。2002 年,国务院《退耕还林条例》将水土流失、沙化、盐碱化、石漠化严重的,生态地位重要、粮食产量低而不稳的耕地纳入退耕还林规划,优先对江河源头及其两侧、湖库周围的陡坡耕地,以及水土流失和风沙危害严重等生态地位重要区域的耕地实施退耕还林。1999—2014 年,第一轮退耕还林还草 4.47 亿亩。党的十八大以来,扩大退耕还林、退牧还草范围,有序实现耕地、河湖休养生息,让河流恢复生命、流域重现生机。《新一轮退耕还林还草总体方案》将"25 度以上坡耕地、陡坡梯田、重要水源地 15—25 度坡耕地、严重沙化耕地和严重污染耕地,均是产量低而不稳定、急需开展生态修复的耕地"纳入退耕还林还草范围,新一轮退耕还林还草近 8000 万亩。由于多种原因,国务院坚决制止耕地"非农化"行为,严禁违规占用耕地造林绿化,严禁超标准建设绿色通道,严禁违规占用永久基本农田种树挖塘,这些"严禁"体现了国土空间用途管制政策。这意味着退耕还林工程进入新阶段,退耕地选择政策更明确、图斑更精细。目前,正处在恢复与重建森林的攻坚期。当完成恢复与重建森林历史使命后,将终结待造林地、新造林地、未成林造林地,只留下再造林地、退耕造林地。

待造林地是国土三大空间区位置换、结构优化、实现协调均衡发展的"调节剂",新造林地、再造林地是拓展增绿的"主阵地",未成林造林地是森林生态空间的"生力军"。过去的大面积宜林地,经历了多年大规模植树造林运动,形成了无数需要保护维护的森林资源,剩下适宜的造林空间越来越少。在国土空间中,待造林地是"潜绿空间",森林是"显绿空间"。要顺应造林地之变,讲实际、讲规律、讲制度、讲方法,减少"潜绿空间",增加"显绿空间",在生态空间上创造更多的生态产品,提供更优质的生态服务。讲实际,就是要深刻认识造林空间紧缩的现状,准确把握生态空间的功能定位,在危机中育新机,于变局中开新局,统筹考虑生态合理性和经济可行性,坚持自然修复为主,人工修复与自然恢复相结合,新造与再造并举,因地制宜推进山水林田湖草沙一体化保护修复，推动"潜绿空间"转型升级为"显绿空间"。讲规律，就是按照生态系统的整体性、系统性及其内在规律，以水定绿，量水而行，因地制宜，在"六不造"前提下（即降水量200毫米以下不造，海拔3500米以上不造，坡度35度以上不造，土层厚度30厘米以下不造，规划为耕地、建设用地的不造，耕地后备资源不造），对国土空间开展林草植被适宜性评价，科学定位"五造"（其他土地中的盐碱地、沙地、裸土地和林地中的一般灌木林地、其他林地），科学确定干旱、半干旱地区林草植被类型，持续推进落地上图管理，不断提升科学绿化能力。讲制度，就是遵循国土空间规划和用途管制政策，强化底线约束，优化调整城镇空间、农业空间、生态空间的结构和布局，严守生态保护红线、永久基本农田、城镇开发边界三条控制线。实行最严格的生态空间准入管理制度，落实最严格的耕地保护制度，优化造林地布局，合理规划绿化用地，实行"落地上图"制度，将绿化任务和绿化成果落到实地、落到图斑、落到数据库。讲方法，就是落实"双重"规划布局，在生态重要性评价基础上，充分利用有限的待造林地，科学确定造林空间生态修复优先顺序，拓展绿色空间，发掘增绿潜能，增加生态产能，完善双储林场、百万亩绿色碳库、林业"三个经济"等政策激励，将"科学"贯穿到待造林地到高质量森林生态系统的全过程。

阅读链接：陕西造林地

"十三五"期间，陕西省完成营造林3879.4万亩，占全国的5.6%。2021年，全省营造林842.3万亩，其中人工造林163.12万亩、飞播造林80.39万亩、封山育林281.63万亩、退化林修复72.17万亩、森林抚育222.19万亩、人工种草13.02万亩、草原改良9.79万亩。"三北"工程区退化林摸底调查显示，2020年，全省"三北"工程区内退化林1800多万亩。陕西省生态空间数据中心提供数据表明，1976年、1999年、2019年三个年份，全省待造林地分别为7750万亩、3747

万亩和 2610 万亩，呈大幅减少态势。森林资源"一张图"与国土"三调"对接融合最新成果显示，全省一般灌木林地 1973.6 万亩，疏林地 385.1 万亩，未成林造林地 437.6 万亩，未成林封育地 12.3 万亩，迹地 4.9 万亩，盐碱地 11.7 万亩，沙地 11 万亩，裸土地 12.5 万亩，合计 2848.7 万亩，可供造林选择。

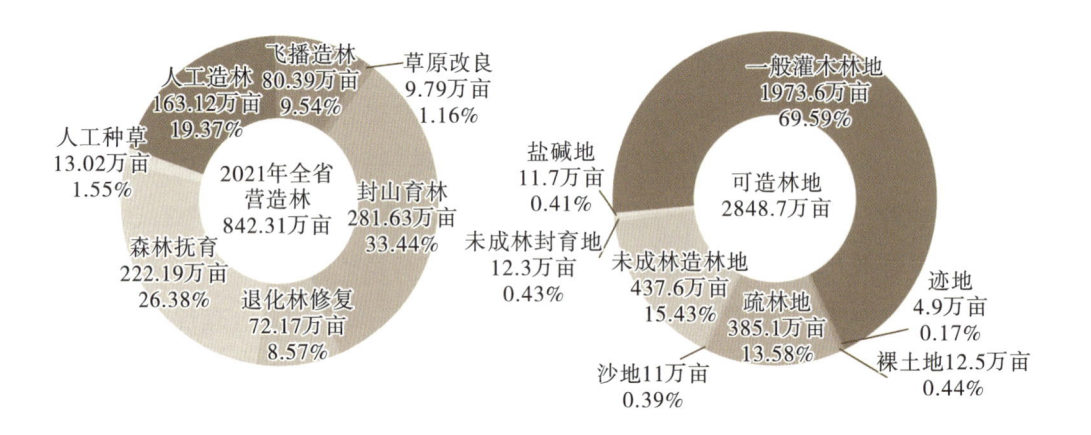

陕西省造林地状况图

第二节　苗圃之变

一粒种、一株苗、一片林，成就了绿色世界。一粒种子，可以改变世界。苗圃是林业"子宫"，是孕育改变世界力量的空间。苗圃的一端连着母树林、采穗圃、采种基地，另一端连着造林绿化空间、城市园林空间和经济林，决定着森林草原修复与重建的前途命运。

苗圃具有多种分类方法，按照繁育用途，分造林、花卉、园林、经济林；按照经营性质，分综合、专业、实验；按照使用时间，分固定、临时；按照所有制形式，分国有、集体、合资、私营；按照规模，分大型、中型、小型等。

中国建苑设圃、栽培花卉草木历史悠久。《周礼》载"园圃毓草木"，设置"囿人，中士四人，下士八人，府二人，肯八人，徒八十人"，专管鸟兽鱼虫及花木栽培。秦上林苑广罗"奇果佳树、名花异卉"，汉上林苑建立葡萄宫、扶荔宫，收集名贵花木3000余种。宋代出现"花农"，商品化生产花卉草木。《齐民要术》记载了70余种草木种子贮藏、处理、催芽、播种、扦插、嫁接等苗圃技术。在历史上形成了中国传统建苑设圃、繁育苗木经验，为现代苗圃发展提供了有益借鉴。

人与自然是生命共同体，生态兴则文明兴。"森林和草原对国家生态安全具有基础性、战略性作用，林草兴则生态兴。"新中国成立以来，党团结带领全国各族人民植树造林、绿化祖国，推进国土绿化美化，建设美丽中国，苗圃发展转型升级，从无序竞争到计划生产，从计划经营到市场经营，从单纯育苗到多元一体，从粗放发展到精细管理，再到高质量发展，大体经历了以下几个重要阶段。

（一）政策驱动、规模扩张

1950年，政务院《关于全国林业工作的指示》要求，各县保留一定数量土地，经营苗圃，大量采种育苗。同年，林垦部《关于发动群众育苗的通知》要求，各地广泛发动群众，开展育苗，普遍栽树。1953年，林业部《关于东北国有林内划定母树及母树林有关问题的决定》，规范了母树及母树林建设标准，增强林木种子生产能力，解决苗圃繁育种子不足问题。1954年，林业部《关于进一步开展与改进造林工作的指示》要求，整顿、巩固、提高、发展国营苗圃，规范苗圃建设和林木种苗经营管理。1956—1958年，林业部先后发布《国家苗圃技术规程》《采种技术规程》《林木种子品质检验技术规程(草案)》，明确苗圃区划、幼苗抚育、大苗培育、苗木出圃等技术标准，加强林木种子采集、质检和苗圃经营管理，提高林木种子、种苗生产能力。由于全国掀起普遍造林的热潮，林木种苗需求旺盛，兴建了一批国有、互助组、合作社苗圃，涌现出一批经营好、苗木优质丰产的先进苗圃。建立了一批采种基地，但是质量不高、规模不大。建立了林木良种科学研究与生产结合的分工协作机制，开展造林树种良种选育探索。各地相继确认旧苗圃，积极发展新苗圃，国有苗圃、集体苗圃、群众育苗呈井喷式发展。1957年，全国育苗面积105.6万亩，较1953年增加84.45万亩，其中国营、互助组、合作社等组织生产经营的有32.85万亩，占31.1%；群众育苗72.75万亩，占68.9%。1959年，林业部强调适地适树、细致整地、良种壮苗等六项造林基本措施，提出培育使用良种壮苗。同年，确立了造林育林基地化、林场化、丰产化工作方针，推进科学育苗、培育良种壮苗的试验探索。"文革"时期，苗圃发展停滞。

（二）突出良种、提质增量

1978年，全国林木种苗工作会议强调，恢复、健全各级林木种苗管理机构，加强经营管理，繁育推广良种，并发布《林木种子经营管理试行办法》《林木种子发展规划》，明确种子工作任务、种子采收经营、良种选育推广、种子品质检验、用经济办法管理等内容。1979年，林木良种基地建设纳入国家基本建设计划，逐步恢复和发展林木种苗事业。1981—1984年，中共中央、国务院连续发布指示、决定，要求每个县建设1—2处国营示范苗圃，繁殖、推广优良树种，指导社队育苗；要求建立林木种子公司和种子管理制度，抓紧良种基地和苗圃建设，培育良种壮苗；要求国营苗圃不准擅自改变经营方向，减少育苗面积；任何单位不许侵占苗圃用地。1990年，全国国营林场苗圃工作会议提出，各级抓国营苗圃示范点，加强骨干苗圃和基地苗圃建设，调整、恢复乡镇苗圃，使苗木生产向基地化发展。要求各地调整苗木品种结构，推广无土栽培、组织培养、ABT生根粉、无性系繁殖、嫩枝扦插等技术。1994年，林业部成立全国林木良种审定委员会，全国25个省（区、市）相继成立林木品种审定委员会，开展林木品种审定工作。林业部、财政部《国营苗圃经营管理试行办法》，明确国营苗圃方针任务、计划管理、劳动管理、技术管理、产品处理等规范，推动苗圃事业快速发展。种子基地、苗圃建设步入正轨，良种壮苗繁育稳步发展。1999年，全国已建成采种基地141处，采种面积1837.05万亩，各类林木良种基地630多处，面积115.05万亩；育苗面积298.2万亩，生产苗木304.16亿株，培育良种苗木105.88亿株，年供造林合格苗184.91亿株，夯实了生态工程建设的种苗基础。

（三）项目带动、全面发展

1989年，国务院颁布《中华人民共和国种子管理条例》。2000年，全国人大常委会颁布《中华人民共和国种子法》，全面规范种质资源保护、品种选育与审定、种子生产经营、管理使用等内容，把林木种苗发展引向法治化道路。1990年之后，林业部先后发布《林木种子检验管理办法》《林木良种推广使用管理办法》《关于加快林木种苗发展的意见》《普及型国外引种试种苗圃资格认定管理办法》，规范普及型国外引种试种苗圃资格认定，防止外来林业有害生物入境，明确种子苗木检验、管理机构、责任追究，全面加强种子苗木生产经营的行政管理，形成了以《种子法》为主体、地方性法规、部门规章、政府规章相配套的种子苗木法治体系。1998年之后，大规模实施天然林保护、退耕还林还草、三北及长江流域防护林体系建设、京津风沙源治理等重大生态工程，推动种子苗木需求全面扩张。国家加大林木种苗工程的投入，实施3000多个种子苗木工程。2005年，启动实施《2005—2007年林木种苗发展行动计划》，强化种苗基地工程建设。2010年，《全国林木种苗发展规划（2011—2020年）》明确，全面加强保障性苗圃建设，扶持保障性苗圃300处、规模9万亩。以保障重点生态工程建设良种壮苗为驱动，以采种基地、良种基地、苗圃建设为重点的种子苗木事业快速发展。十年间，全国建成各类林木良种基地700多处，良种基地450多万亩，采种基地1350多万亩，国有苗圃育苗199.5万亩。开展了70多个造林树种、部分珍稀濒危树种良种选育，审（认）定推广2776个林木良种。累计提供林木种子2.3亿多千克，其中林木良种2200多万千克，供应合格苗木3000多亿株，有效保障了人工和飞播造林的种苗需求。主要造林树种良种使用率提高到51%，部分商品林和经济林树种良种使用率已达到70%左右。

（四）产能过剩、转型发展

由于种子苗木市场发生重大变化，产能过剩问题日益突出。2012年，国务院办公厅《关于加强林木种苗工作的意见》指明苗圃体系改革发展方向，推进苗圃多元融合发展，要求加大国有苗圃改革力度，通过联合、兼并、股份制改造等形式，引入社会资本，实现规模经营；继续支持保障性苗圃建设，鼓励良种基地开展苗木生产经营，形成良种选育、生产，以及苗木繁育一体化的发展模式；鼓励使用轻基质容器育苗、组培育苗等新技术，提高林木种苗繁育技术和装备水平。2014年，全国保障性苗圃建设与发展论证咨询会指出，提升保障性种苗生产供应能力，满足城市园林绿化、经济林发展、重点工程造林种子苗木需求。2019年，国家林草局《关于推进种苗事业高质量发展的意见》提出，到2025年，主要造林树种良种使用率达到75%，商品林全部实现良种化，草种自给率显著提升。《2022年度全国苗木供需分析报告》显示，2020年全国育苗面积2100万亩，年可供造林用苗量368亿株，实际实用量129亿株。2021年，国务院办公厅《关于科学绿化的指导意见》要求，加大乡土树种草种采种生产和种苗繁育基地建设力度，科学发展特色经济林果、花卉苗木、林下经济等绿色富民产业，进一步明确苗圃发展方向、种苗繁育重点、对接市场形式，推进苗圃转型发展。那些技术落后、管理粗放的苗圃，势必逐渐被淘汰出局；那些技术含量高、经营基础好的苗圃，必将转型为现代化苗圃。有的持之以恒，繁育造林绿化苗木；有的发展转型，繁育珍稀名贵苗木，或是繁育园林绿化苗木、特色经济林苗木；有的另辟蹊径，打造景观苗圃，满足旅游观光需要。

苗圃影响着造林绿化大局，也是造林绿化大局中的苗圃。不断适应新形势、使用新科技、繁育新品种、满足新要求，实现新蜕变，走出新路子，苗圃发展在多个方面发生了深刻变化。

——理念之变。新中国成立之初，种子苗木匮乏，生产更多种苗就是胜利。1959年，造林绿化要使用良种壮苗成为共识，苗圃经营理念逐渐由增加种苗供应能力向提高种苗质量、繁育良种壮苗转变。最近十年，种苗产能过剩与结构性短缺并存，苗圃发展转型，遵循市场机制，多种经营、融合发展，走上科学、生态、节俭之路。

——主体之变。1953年，全国育苗21.15万亩，其中国营11.4万亩、占54.2%。2019年，全国实有苗圃38.3万家、育苗2130万亩，其中国有0.41万家，仅占苗圃总数的1.1%，育苗106.5万亩，占总面积的5.1%。国有苗圃占有份额越来越少，集体、企业和群众苗圃上升至主导地位。

——面向之变。新中国成立以来的相当长一个时期，苗圃就是单一面向国土造林绿化，满足普遍造林苗木需求。进入21世纪，苗圃呈现三个面向，一是面向生态空间繁育造林绿化苗木，二是面向农业空间繁育经济林苗木，三是面向城镇空间繁育园林绿化苗木。随着经济社会科技的快速发展，苗圃不断转型升级，绝大多数苗圃具有双重或多重面相。

——科技之变。科学技术在苗圃发展中的作用越来越重要，从选址建圃、土壤检测、种子检验、温室育苗、扦插嫁接、灾害除治，到种苗检验等，每一个环节都需要科技支撑；容器育苗技术、组织培养技术、太空育种技术、互联网+种苗销售，等等，每项技术都是科技成果转化。在林业部门，苗圃是科技普及最快、应用程度最高的领域。

——种质之变。20世纪60年代，开始建设母树林、种子园，试验探索良种繁育。2012—2019年，全国建成良种生产单位1500多家，其中国家重点林木良种基地294个；生产林木种子1.7亿千克，苗木2800多亿株，审定认定林木良种3224个、草品种106个，主要造林树种良种使用率提高到65%；建成国家林木种质资源保存库99处、草品种中心库1处、国家种质资源圃17处，保存林草种质资源近10万份。2020年年底，全国持证林木种子生产经营者9.9万家。

——市场之变。改革开放之前，林木种苗供不应求。1999年，全国产苗量300多亿株，年可供造林合格苗180多亿株。"十三五"期间，苗木生产能力基本稳定，全国年育苗2100万亩，年可出圃苗木400亿株。当年实际用苗量，2015年为164亿株，2020年为129亿株。72种主要造林绿化苗木，36种严重过剩、21种相对过剩、10种基本平衡、5种严重不足。

苗圃支撑着国土科学绿化事业，支撑着生态保护修复工程，支撑着人工林、商品林、园林的接续发展，没有现代苗圃就没有现代林业。苗圃占用生态空间的3‰，是名副其实的"关键少数""林之大者"。"十四五"期间，全国国土绿化约4.95亿亩，苗圃高质量发展不可缺位。科技兴林，苗圃先行。盛世兴林，兴林草、兴生态，必先兴种苗、兴苗圃。要深刻认识苗圃在美丽中国建设和乡村振兴中的基础性、战略性作用，准确把握种子苗木发展形势，强化政策引领和科技支撑，建设好采种基地、良种基地，提供丰富而优质的繁育材料；深化种苗体制改革，向生态化、多元化、文旅化、科技化、网络化、立体化转型发展；充分运用"互联网+种苗"，拓宽种苗供求交易和信息渠道，促进种苗生产与需求有效对接。苗圃生产出优质种苗是硬道理，确保每一种、每一苗都能在生态空间、城乡园林、经济果林落地生根，释放出美丽中国建设、乡村振兴中的苗圃之力、种苗之力。

阅读链接：陕西苗圃

1989年12月，陕西省林木种苗工作站成立，承担全省林木种苗管理工作。2018年，新一轮机构改革之后，陕西省林业局增设国有林场和种苗管理处与新组建的陕西省林木种苗与退耕还林工程管理中心，按照职责分工，分别负责全省林木种苗相关管理工作。全省先后印发《陕西省实施〈中华人民共和国种子法〉办法》《陕西省国营苗圃管理办法(试行)》《陕西省种苗工程项目建设管理试行办法》《陕西省种苗工程苗圃项目设计办法》等苗圃建设指导性文件。1998年以来，建设种苗工程258个、苗圃185家，采种基地27处，良种基地16处。2001年，成立三秦林木种子有限责任公司，承担飞播造林用种采购、加工和配送任务，累计提供油松、侧柏、沙蒿等飞播用种1247万千克。

2021年，全省生产各类林木种子607.79万千克，其中良种468.87万千克；实际用种182.96万千克，其中良种23.43万千克。全省建成采种基地37处、54.9万亩，可采种面积25.65万亩，可采种量80.67万千克，实际采种18.14万千克。全省良种基地20处、5.72万亩，其中国家重点林木良种基地12个，在建国家林木种质资源保存库5处，审定认定林木良种254个、草品种1个，主要树种良种使用率55%。全省苗圃6723家、138.15万亩，其中国有苗圃183家、3.64万亩。全省生产苗木26.31亿株，其中容器苗3.99亿株、良种1.34亿株。实际用苗7.98亿株，其中防护林2.37亿株、用材林0.26亿株、经济林1.88亿株，其他3.47亿株。淘汰落后产能，推动发展转型，实现能力升级，已经成为一项急迫任务。

第四章 生态富民

第一节 产业之变

一旦提及林业经济或是林草产业，不少人很快就会联想到"林产四宝"：核桃、花椒、大枣和林麝，有人还会想到板栗、油茶、中药材，以及林下种植业、养殖业……还有人联想到苗木、花卉、盆栽、木艺、草产业、沙产业等，也有人联想到林产品加工制造业，比如板材、软木、家具，等等。上述产业经济活动，皆是因"林"而出的货物经济，可称为"林草产业经济"或"林产经济"。其实，"林产经济"只是我们产业经济中的一小部分。全省森林、草原、湿地、荒漠四大生态系统，加上自然保护地共2.2亿亩生态空间，占国土空间的72%。生态空间是绿色碳库、绿色水库、绿色氧库、生物基因库，在提供生态产品和生态服务的同时，提供经济、文化、社会多种产品和多样化服务，形成生态空间经济体系。

为了维护和增强生态产品和生态服务供给能力，我们推进2.2亿亩生态空间治理，维护四大生态系统健康高效运转，这些都需要投资。建立自然保护地体系，发放天然林、公益林管护补助，公益林生态效益补偿，科学造林绿化，退耕还林还草，森林草原防火，有害生物防控，林地、草地、湿地监管……都是在向生态空间投资。人不负青山，青山定不负人。投资生态空间得到的生态回报是，固碳释氧、调节气候、保持水土、涵养水源、防风固沙、吸尘降霾、生物多样性……生生不息的生态系统服务。生态产品和生态服务是最普惠的公共产品，面向生态空间的投资由公共财政支出主导。仅陕西省而言，公共财政的生态空间投资供养着数万名林政员工、林场职工，提供着数万个公益性岗位，支撑和带动着数千个苗圃、园林、园艺、造林、绿化、景观、设计企业。公共财政投资生态空间治理所带动的经济活动，是促进生态系统健康高效运转的经济活动。面向生态空间治理的投资是"生态保育投资"。绿色是金。绿水青山就是金山银山。生态保育经济就是维护绿色、促进绿色的经济，就是维护绿水青山、促进绿水青山的经济。与国防投入带动国防建设一样，生态保育投资带动生态空间治理。与教育投资带动教育经济一样，生态保育投资带动生态保育经济。在财政支出中生态保育支出占比不大，在国民经济组成中生态保育经济占比不大，但意义非同寻常。

生态保育有其独特规律,如何提高生态保育投资效益,需要发展出专门的生态保育投资学。

生态空间提供的生态产品和生态服务中有相当一部分,只有身临其境,五官并用,才能感受到它是现实的有意义、有价值的消费品。否则,随着四季轮回,其来无影去无踪,白白流失归沧桑。比如,大自然的奥妙、天然森林氧吧、美丽的自然风景,置身其中,才能怡情愉悦,增长知识,陶冶性情,促进健康。有人愿意为探索自然奥秘而投资,有人愿意为森林康养而投资,有人愿意为观赏美丽的风景而投资……于是,投资建设了相应的基础设施,形成了配套的服务系统,以及清晰的游览指导线路,于是,吃住行、游购娱,若干经济要素完美地聚合在优美的生态空间中。于是,在生态空间发展出了彰显人与自然和谐共生新文明特征的自然教育经济、森林康养经济、美丽景观经济。

最优美的生态空间,最健康的生态系统,最优质的生态产品,最本真的生态服务,都归属于以国家公园为主体的自然保护地体系。自然保护地是最适合的观光旅游目的地,也是美丽旅游经济的大本营。自然保护地体系,主体功能是保护自然、保护生态,兼顾生态旅游、自然观光、森林康养、科学探秘需求。各类自然保护地是集自然教育经济、美丽观光经济、生态康养经济为一身的生态经济综合体。世界各国的自然保护地体系,同时也是自然保护经济体系。

生态空间是自然博物馆,也是学习自然的天然课堂。向自然学习,已经成为21世纪新时代新时尚,由此形成自然教育经济。依托生态空间提供的优质生态产品和优美生态服务,创建动物园、植物园,举办自然科普馆、自然课堂、生态学校,面向青少年、在校生提供多样化的研学形式,满足知识性、趣味性需求,诠释自然奥妙,传播生态知识,发展了自然教育经济。自然教育是学习版的生态旅游。也许,在自然中上课并不收取费用,而自然教育的全过程,经历了若干不可回避的经济链条,每一个环节,都有经济内涵。各环节连接成一体,即构成自然教育体系,也是自然教育经济体系。森林、草原、湿地、沙漠,与城市、镇村生境迥异。不少人类疾病，与生境有着密切关联。生境病还要生境医。治疗与生境关联的疾病，就要置换生境。生态康养，就是通过生境置换，医治生境病。从局促而喧嚣的城镇生境，转到辽阔而静谧的森林、草原、湿地、沙漠生境，完全是不一样的烟火。从"五官"到"五脏"，焕然一新。从某种意义上来说，生态康养就是生境康养。如果有康养师悉心教导，疗养的效果自然更好。生态康养是疗养版的生态旅游。长久以来，就有人散漫生栖于优美的生态空间中。原住居民将世代栖居的房舍腾出来，并略加以现代改造，供远道而来的城镇客人暂宿。这就是时兴的现代民宿，由此发展出民宿经济。民宿经济是加长版的康养与观光旅游。

国家储备林建设是一项集木材生产、生态修复、生态经济为一体的制度安排。设立储备林公司或企业制林场组织建设经营活动，农户有偿提供储备林建设林地，有关开发银行提供长期、短期复合贷款，林政部门提供造林部分建设期贴息。储备林投资项目，由长期的造林营林项目与短期的经营谋利项目组成。长期的营造林项目可储备木材、储备绿碳（双储），同时改善当地生态环境。短期的项目，包括林下经济、特色经济林、森林旅游、生态康养、休闲民宿等，形成特色的以短养长投融资机制。全省5000万亩商品林地、2000万亩宜林地，部分可用于建设国家储备林，发展"双储林"经济，助力乡村振兴，前景广阔，潜力巨大。

生态空间，自然有生态，这最本色、最地道。生态空间，也有经济，因生态而经济。不只有初级的林草产业经济，也有高级的生态保育经济，还有更高级的自然教育经济、森林康养经济、美丽景观经济。生态空间生态化，顺理成章，理所当然。生态空间产业化，就是绿水青山向金山银山的价值转化。加快生态空间产业结构调整，构建完整的生态空间产业经济体系，原本就是生态空间高颜值、高效能的题中应有之义，奋力谱写生态空间治理新篇章中的重要篇目。

综上所述，我们的经济是"优生美"经济。"优"即是品质优、产销旺的产业经济;"生"即是提供生态产品和生态服务的生态经济;"美"即是因美而兴、因美而游的美丽经济。我们要有定力,坚持高点起步、高位推动"优生美"经济发展。

阅读链接:陕西林业产业

陕西依托生态空间资源禀赋,健全政策措施,先后出台《关于加快推进核桃等干杂果经济林产业发展的意见》《关于科学利用林地资源 促进木本粮油和林下经济高质量发展的实施意见》等系列政策文件,大力发展林草产业。在产业经济方面,面向市场需求,突出"林产四宝",完善产业链条,基本形成以特色经济林、国家储备林、种苗花卉、中药材、木本油料、林下种植、养殖等为主的林草产业经济体系。在美丽经济方面,坚持林文旅协同,一体推进生态保护、自然观光、科学探秘、生态旅游、森林康养,初步形成以秦岭为主体,巴山、关山、子午岭、黄龙山、毛乌素多片区发展的美丽经济格局。在自然教育经济方面,建立48处自然教育基地,开展形式多样的体验、研学和教育活动,积极培养推动生态文明建设后续力量。2021年,全省林草产业总值达到1538.4亿元(林业产业产值1533.2亿元,草产业产值5.2亿元),其中,一产、二产、三产产值分别为1213.5亿元、166.6亿元、158.3亿元,占比为79∶11∶10。面向未来,陕西将深入践行习近平生态

一产1213.5亿元
林产业产值 1533.20亿元
二产166.60亿元
2021年全省林草产业总值 草产业产值
1538.4亿元 5.20亿元 三产158.30亿元

陕西省林业产业状况图

文明思想，以实现生态美、产业兴、百姓富为目标，坚持生态优先、绿色惠民、优化布局、提质增效，构建全省林草产业发展新格局。同时，科学实施"生态保育投资"，同步发展自然教育经济、森林康养经济、美丽景观经济，健全陕西生态空间经济体系，为社会提供更优质、更多样的生态产品和生态服务。

第二节 木材之变

木材是采伐树木获得的材料，与塑料、水泥、钢铁合称世界四大建设材料。与其他材料相比，木材是生物质材料，性温和、可塑性强，亦可再生。培育森林、采伐木材是典型的林业经营活动。

中华民族对木材情有独钟，不断培育森林，采伐森林，创造了神奇的木材史。构木为巢、钻木取火、斫木为耜、揉木为耒，及至先祖黄帝轩辕拔山通道，做宫室，判弓矢，造舟车，广辟木材之用。春秋战国，木构架走向成熟。秦代"泻巴蜀之材"广营宫殿。东汉灵帝"发太原、河东、狄道诸郡材木"……在创造了灿烂的木质建筑艺术的同时，也造成了对森林生态的破坏。

新中国成立以来，党中央、国务院高度重视植树造林、木材储备，不断推动木材产业发展，走出中国特色木材生产经营道路，大体经历了四个重要阶段：

（一）以材为纲、采育结合

新中国成立初期，面临森林总量不足、木材匮乏的情势，恢复森林、增产木材，成为主要任务。1950年2月，全国林业会议确定"普遍护林，重点造林，合理采伐与利用"的方针，筹备开发大兴安岭林区，整理木材工业。同年11月，全国木材会议决定，统一调配木材，管理木商，合理使用木材。1951年9月，全国林业行政会议提出，停止破坏森林，开发新林区，大规模造林。1952年11月，全国林业会议提出，开发大小兴安岭林区，建设中南、福建和川康采伐基地。同年，政务院财政经济委员会发布《关于自1953年度起全国统一试行木材规格、木材检尺办法、木材材积表的命令》，统一木材检尺办法，结束各种旧的检量方法和计量单位。1953年，政务院《关于发动群众开展造林、育林、护林工作的指示》要求，采伐后更新迹地，造林后加强抚育。1956年5月，成立中华人民共和国森林工业部，管理木材采伐、加工、运销和林产化学工业。同年10月，林业部实施《天然森林禁伐区（自然保护区）划定草案》，划定44个天然森林禁伐区，先后建立广东鼎湖山、浙江天目山自然保护区。同年12月，林业部实施《森林抚育采伐规程》，规范森林主伐更新标准、管理要求。1958年3月，林业部提出，"二五"期间迅速绿化一切可能绿化的荒山荒野，大力开发利用现有森林资源增产木材，发展木材机械加工和化学加工工业。1960年4月，林业部实施《国有林主伐试行规程（修订本）》，规范国有森林主伐技术标准、采伐迹地更新要求。1963年，国务院《森林保护条例》规定，国有林、集体林采伐均须经过批准，国有林采伐严格按计划进行，部分特用林禁止以用材为目的的主伐，自然保护区严禁采伐。"大跃进""文化大革命"时期，森林采伐、木材生产混乱，大量森林遭到了破坏。

"以材为纲"阶段，几乎所有森林皆可伐。1949—1978年，全国累计生产木材9.09亿立方米，并形成"基地化""林场化""丰产化"用材林建设思路，制定全国用材林基地规划，建设速生丰产林基地，为大面积培育速生丰产林积累了经验。

（二）限额采伐、采育平衡

1979年2月，颁布施行《中华人民共和国森林法（试行）》，明确规定"用材林，必须按照国家规定实行合理采伐，保证作业质量""防护林和环境保护林、风景林、母树林，只准进行抚育和更新性质的采伐""自然保护区的森林，严禁任何性质的采伐"。1982年10月，中共中央、国务院发布《关于制止乱砍滥伐森林的紧急指示》，要求采取果断措施，限期制止乱砍滥伐森林的事件。1984年9月，正式颁布《中华人民共和国森林法》，确立了用生长量控制消耗量的原则，执行限额采伐制度、采伐许可证制度、年度木材生产计划制度等。1985年6月，林业部制定实施《制定年森林采伐限额暂行规定》。1987年4月，国务院批准"七五"期间森林采伐限额为1.26亿立方米。1988年4月，国家计委批准林业部《建设一亿亩速生丰产商品用材林基地规划》，用30年时间营造速生丰产用材林3亿亩。到2000年，营造速生丰产用材林1.20亿亩。1990年，国务院批准实施《1989—2000年全国造林绿化规划纲要》，规划造林8.57亿亩，到2000年，新增森林5.94亿亩，其中用材林2.48亿亩、防护林1.86亿亩、薪炭林6174万亩、经济林9030万亩、特用林825万亩。1992年，全国林业工作会议宣布，我国实现了森林资源总生长量和总消耗量持平。

这一阶段，启动了防护林体系、速生丰产林基地建设工程，加大森林培育力度。同时，将森林采伐纳入法制化体系，森林采伐实行限额管理，林木采伐执行许可制度，有效遏制了森林资源过度消耗，恢复森林面积、森林蓄积。木材进口贸易升温，以缓解国内大径级珍稀名贵木材不足的矛盾。

（三）分林而治、商品采伐

1995年，原国家体制改革委员会、林业部《林业经济体制改革总体纲要》，提出将森林按公益林、商品林两大类，实施分类经营管理。防护林、特种用途林归类为公益林，用材林、经济林、薪炭林归类为商品林，商品林以市场为主导，合理采伐；公益林以政府投资为主，保护优先。由此，开启了"分林而治"的新阶段。1998年，中共中央、国务院做出长江上游、黄河上中游天然林禁伐、限伐的决定。四川、陕西等省率先颁布"禁伐令"，停止天然林商业性采伐。1999年1月，国家支持进口木材，放宽木材进口限制，调整木材进口关税政策，原木、锯材、薪材、木片、纸浆和废纸进口税调减到零，胶合板进口税由20%调减到15%。2001年1月，国家林业局、外经贸部、海关总署印发《进口原木加工锯材出口试点管理办法》，全面加强进口原木加工锯材出口的管理。2003年，国务院《中国21世纪初可持续发展行动纲要》要求，制止乱砍滥伐林木、毁林开垦行为，加快发展速生丰产用材林基地。同年，中共中央、国务院《关于加快林业发展的决定》明确，实行差别化森林经营管理体制。2004年1月，国家林业局《关于严格天然林采伐管理的意见》明确，继续全面停止天然林商业性采伐，严格控制天然林采伐改造。2005年9月，国家林业局《关于加快速生丰产用材林基地工程建设的若干意见》明确，进一步完善和强化扶持速丰林基地建设，争取每年营造速丰林1500万亩，到2015年实现建设速丰林基地总量达到2亿亩，提供木材1.33亿立方米。2006年7月，国家林业局《关于加强工业原料林采伐管理的通知》明确，规范工业原料林认定、经营、采伐和经营者权益维护等。2011年6月，全国绿化委员会、国家林业局《全国造林绿化规划纲要（2011—2020年）》确定，2020年全国森林面积达到33.45亿亩、森林覆盖率达到23%以上，森林蓄积150亿立方米以上。

这一阶段，启动实施"天然林保护""退耕还林还草""速生丰产用材林基地建设"等六大重点工程，全面加强森林保护，严格限额采伐制度，森林采伐持续规范，森林面积、森林蓄积量稳步提升。国内木材供需矛盾趋紧，木材进口持续攀升。2011年，进口木材7298万立方米，木材进口依存度达到47.3%。

（四）科学营林、战略储材

党的十八大以来，生态文明被纳入"五位一体"建设总体布局，科学营林、生态采伐成为培育森林、经营森林的关键举措。2013年2月，国家林业局《全国木材战略储备生产基地建设规划（2013—2020年）》提出，到2020年，在25个省区6大区域18片基地，建设木材战略储备基地2.1亿亩，着力培育珍稀大径级用材林，构建结构优化的木材后备资源体系。2014年5月,国家林业局《关于进一步改革和完善集体林采伐管理的意见》明确,完善集体林采伐管理服务方式,简化审批程序,推行采伐限额公示制,调动森林经营者积极性。2015年2月,中共中央、国务院印发《国有林场改革方案》《国有林区改革指导意见》,全面停止东北、内蒙古重点国有林区商业性采伐。2016年2月,国务院批准"十三五"期间全国年森林采伐限额总量2.54亿立方米。2018年4月,国家林草局《国家储备林建设规划(2018—2035年)》确定,到2020年建设国家储备林1.05亿亩,继续划定一批国家储备林,珍稀用材树种结构逐步优化,国家储备林管理制度体系基本建立。到2035年建设国家储备林3亿亩,年平均蓄积净增2亿立方米,年均增加乡土珍稀树种和大径材蓄积6300万立方米,一般用材基本自给。2020年7月,新修订的《森林法》明确规定,在保障生态安全前提下,国家鼓励建设速生丰产、珍贵树种和大径级用材林,增加林木储备,保障木材供给安全。2021年7月,《全国"十四五"林业草原保护发展规划纲要》提出,到2025年完成国土绿化5亿亩,森林覆盖率达到24.1%,森林蓄积量达到190亿立方米。实施森林质量精准提升工程,重点加强东部、南部地区森林抚育和退化林修复,加大人工纯林改造力度,培育复层异龄混交林,建设国家储备林。

这一阶段,以习近平生态文明思想为引领,生态建设由数量扩展向质量提升转变,科学营林、生态采伐成为时代特征。木材进口持续增加,2019年达到11350万立方米,此后两年有所下降。

70多年来,我国森林采伐制度、采伐方式、采伐空间、木材市场发生了深刻变化。

——管理制度之变。1985年以前,实行木材统购统销政策。1985—1995年,建立森林采伐限额管理、采伐许可制度,加强森林资源监管。启动速生丰产林基地建设,森林面积、森林蓄积量稳步增长。1995年以来,实行商品林、公益林分类经营,天然林禁伐制度,建设国家储备林基地,为全面提升森林生态系统质量,破解木材安全问题打下了坚实基础。

——采伐空间之变。1956—1978年，全国建立34处自然保护区，划定44个天然森林禁伐区，限制森林采伐，压缩了采伐空间。1985年实施《森林法》以来，把生产木材为目的的森林采伐限制在用材林、薪炭林，而特种用途林、防护林只准进行抚育和更新性采伐，大幅度压缩采伐空间。1995年以来，把以用材为目的的采伐限制在用材林、能源林等商品林，采伐空间再度缩小。

——采伐方式之变。新中国成立初期，以皆伐为主，靠斧头、弯把子锯，靠人抬肩扛、牛马拉拽。20世纪60年代，引进油锯和机械化集材运材机械，采伐机械化程度越来越高。20世纪80年代，采伐日益走上规范化、科学化道路，实行用材林、成熟林、过熟林主伐，中幼龄树木多的复层异龄林择伐，成过熟单层林、中幼龄树木少的异龄林皆伐，天然更新能力强的成过熟单层林渐伐政策。严格控制特种用途林、防护林抚育和更新采伐。

——木材市场之变。1978年以前，我国木材对外贸易量十分有限。改革开放以来，木材贸易量迅速增加，原木、锯材，特别是新闻纸和中、高档用纸进口量大幅度增长。停止天然林商业性采伐后，国内大径级原木几乎完全依靠进口。2000年进口各种林产品折算原木超过5000万立方米，2021年进口木材(原木材积计)9651.49万立方米，对外依赖度超过50%。

——木材储备之变。新中国成立之初，确定"普遍护林，重点造林，合理采伐与利用"方针；20世纪60年代，开展速生丰产林基地建设探索；20世纪80年代，推进速生丰产林基地建设，1997年速生丰产林基地达到7950万亩。2000年以来，启动速生丰产林建设工程，建设规模2亿亩，投资718亿元。2013年以来，高质量推进国家储备林建设。

第九次森林资源清查数据显示，全国森林32.7亿亩，活立木蓄积量185亿立方米，其中森林(乔木林)蓄积量170亿立方米，占92.18%。全国公益林蓄积量114亿立方米，占森林蓄积量的67.04%，支持着森林生态系统发展；商品林蓄积量56亿立方米，占森林蓄积量的32.96%，支持着木材生产。在商品林中用材林蓄积量54亿立方米，占森林蓄积量的31.75%。每公顷乔木林蓄积量94.83立方米，其中天然林111.36立方米、人工林59.30立方米，人工林为天然林的53.25%。每公顷公益林蓄积量108.17立方米、商品林蓄积75.80立方米，商品林相当于公益林的70.07%。提升商品林地生产力、增加林木蓄积量潜力大。每公顷乔木林年均生长量4.73立方米，其中，天然林4.04立方米、人工林6.15立方米、公益林3.96立方米、商品林5.79立方米；每公顷用材林年生长量6.05立方米，薪炭林5.59立方米，防护林4.10立方米，特用林3.25立方米，经济林2.36立方米。

林草兴则生态兴，生态兴则文明兴。我们要坚持以习近平生态文明思想为指导，立足新发展阶段，贯彻新发展理念，融入新发展格局，科学分析经济社会发展需求，坚持存量、增量并重，数量、质量统一，科学精准精细管理，加快推进造林绿化。要坚持推进国家储备林体系建设，优先使用乡土树种和大径级丰产树种，积极营造储林储碳相结合的混交林。要坚持深化采伐限额管理制度改革，建立健全森林采伐制度，严格落实采伐限额和凭证采伐管理制度。要坚持与时俱进，开拓创新，节约木材使用，让更多森林休养生息，让良好生态环境成为可持续发展支撑，为建设人与自然和谐共生的现代化国家贡献力量。

阅读链接：陕西木材

陕西省森林资源管理局，其前身为林业部西北森林工业局，1953年设立，1954年移交地方，先后归原省农林厅、省林业厅领导，依次更名为省农林厅森林工业局、省森林工业管理局、省森林工业总公司，主要负责陕西秦岭森林采育管理，下设6大林业局和2个林场(马头滩林场、辛家山林场，1972年下放宝鸡市管理)。2001年更名为陕西省森林资源管理局，副厅级全额拨款事业单位，归省林业厅领导。2005年参照公务员管理,2019年加挂大熊猫国家公园宁太管理分局牌子。省森林资源管理局下属林业局大多组建于20世纪50—70年代,总体设计面积1260万亩,经营面积630万亩,森林总蓄积4200万立方米。"五五"期间年木材产量达到最大,年均23.33万立方米,"六五"期间降至17.5万立方米。累计生产木材683万立方米。1981年,秦岭划为水源涵养林区。从1981年开始,实施积极营林、减少森林资源消耗量、发展多种经营和综合利用的方针。天保工程启动后,全面转入森林保护培育阶段,木材生产归零。在先后建立太白山、佛坪、长青等自然保护区的基础上,又建立起多处自然保护地。设立秦岭国家公园,省辖林区96.9%纳入公园。

2019年,陕西省林业局实施《陕西省国家储备林建设规划(2019—2035)》,计划在57个县(市、区)开展国家储备林基地建设。到2025年建成国家储备林168万亩,到2035年达到420万亩。2022年1月,陕西省林业局与国家开发银行陕西省分行形成加快推进"双储林场"国家储备林高质量发展的意见。同年6月,陕西省林业局与农发行陕西省分行签署《政策性金融支持陕西省以"双储林场"为主体的国家储备林体系建设的框架协议》,建立联席会议机制,共同探索政策性金融支持陕西省"双储林场"国家储备林建设新模式,加快推进"双储林场"国家储备林高质量项目落地建设。

第九次森林资源清查数据显示,全省森林1.33亿亩,其中乔木林1.06亿亩,蓄积量4.78亿立方米。全省公益林蓄积量4.1亿立方米,占森林蓄积量的85.78%,支持森林生态系统发展。全省商品林蓄积量0.68亿立方米,其中用材林蓄积量0.56亿方米,是生产木材的主阵地。每公顷乔木林蓄积量67.69立方米,其中天然林77.55立方米、人工林30.07立方米,每公顷公益林蓄积量71.36立方米、商品林51.67立方米，其中用材林 61.97 立方米。每公顷乔木林年生长量 2.79 立方米，其中天然林 2.88 立方米、人工林 2.46 立方米。通过科学经营提升林木蓄积、提升林地潜力的任务十分繁重。

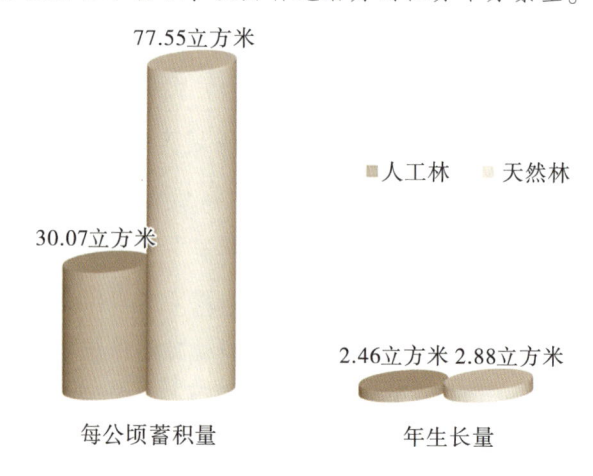

第九次森林资源清查数据显示的陕西省木材蓄积量、年生长量情况图

第五章 生态服务

第一节 旅游之变

旅游是精神引导的户外活动，因为想往所以向往前往。通过旅游活动，满足身心愉悦的精神需求。所以，旅游的基本收入是精神收入。

人类从自然生态系统进化而来，大自然是生命母体，也是原生的精神家园。大自然之美，刻印在人类的基因里，一代一代复制传承，生生不息。人与自然是生命共同体，欣赏大自然之美，就是人类在自我欣赏，是人类与生俱来的能力，是世代相传、与时俱进的能力。置身于健康的生态系统和美丽的环境景观之中，给人和谐安详的生存体验，身心愉悦的精神感受，增强人与自然的信任与理解，激发人的同情心和怜悯心，平复人的社会竞争精神挫败和情感创伤，这是自然生态的美学原理，也是生态旅游发展的深层理论根据。

生态旅游是一连串的远足活动，生态旅游者需要支付一定的成本，包括时间流逝的成本、穿越空间的成本，后者表现为物质成本、金钱费用，这是旅游的基本支出。只有达到一定收入水平，足以支付生态旅游成本，方可实现前往原生精神家园去旅游的梦想。理想很丰满，现实很骨感。无论是缺少时间，还是缺少金钱，生态旅游都无法转化为现实的生态旅游活动。

自然美景是生态旅游的目的地，大自然美丽的景观不在都市，而是在郊外、在生态空间。生态旅游者借助通达的线路载体到达自然美景所在的生态空间，线路载体包括车辆、道路、向导，直至高空、航空路径，这些是人工构筑物而非自然物，是投资者打造的旅游基础设施。生态空间，贵在自然。越是自然，越是生态旅游者向往的精神圣地。而越是自然纯度高的生态旅游目的地，越是需要专用性基础设施，需要专业投资人、专业经理人。专业投资人、专业经理人需要生态旅游者的资金积累，需要生态旅游者人群规模。发展是硬道理，发展需要历史机遇。改革开放，就是中国生态旅游发展的历史机遇。

以自然保护地、森林、草原、湿地、荒漠为主体的陆地生态空间，是林业部门施治施政的"林业空间""林政空间"。生态旅游是生态空间上的旅游活动，与生态保护修复、生态系统管理、生态空间治理密切相关。生态旅游之变是林政之变的重要组成部分。生态旅游古已有之，历朝历代文人墨客就喜欢云游四方，遍访名山大川，留下千古绝唱的诗词歌赋。这是一种散漫式的旅游，并不是典型的林政旅游。林政概念下的生态旅游，是回归大自然、不损害自然景物的绿色旅游，具有保护自然环境和维护当地人民生活双重责任的旅游活动。1993 年，在北京召开第一届东亚地区国家公园和自然保护区会议,通过《东亚保护区行动计划概要》,生态旅游概念在中国确立。之后,生态旅游概念不断丰富发展,泛指以保护生态环境为基础,开展生态体验、生态认知、生态教育等活动并获得身心愉悦的旅游方式。

"人民对美好生活的向往,就是我们的奋斗目标。"我国生态旅游发端于20世纪80年代,至今大体经历了三个重要发展阶段。

(一)迎潮兴起、一区一园发展阶段

1978年,党的十一届三中全会后,改革开放大潮到来,社会流动性增强,逐渐形成旅游之风,生态旅游随之兴起。森林旅游是生态旅游的主体。1980年8月,林业部印发《关于风景名胜地区国营林场保护山林和开展旅游事业的通知》,支持风景名胜区国营林场及有条件的自然保护区开展旅游业,并明确行政审批、设施建设等事宜。1982年,批准建设陕西楼观台森林公园等第一批12个国家森林公园。同年,国务院公布华山、骊山等第一批国家重点风景名胜区。1985年,林业部发布《森林和野生动物类型自然保护区管理办法》,将自然保护区正式纳入生态旅游目的地管理。同年,国务院颁布《风景名胜区管理暂行条例》。1987年,城乡建设部发布《风景名胜区管理暂行条例实施办法》。1991年,林业部批准建立太白山国家森林公园。1992年,林业部印发《关于加快森林公园建设的决定》,并组织召开森林公园建设暨森林旅游工作会议,掀起森林公园建设和森林旅游发展新高潮。1994年,林业部发布《森林公园管理办法》,规范国家森林公园的申报审批程序。同年,国务院发布《自然保护区条例》,明确自然保护区开展生态旅游活动规范。1995年,国务院办公厅印发《关于加强风景名胜区保护管理工作的通知》。同年,地质矿产部发布《地质遗迹保护管理规定》,明确建立地质公园是地质遗迹保护的一种方式。1996年,林业部发布《森林公园总体设计规范》,统一全国新建、扩建和改建的森林公园及其他森林旅游区总体设计要求。1999年,国家林业局等四部门举办"走向自然、认识自然、保护环境"为主题的"中国生态环境游"活动。迎着改革开放大潮，风景名胜区、森林公园，星状兴起。

（二）园区并进、百花齐放发展阶段

2000年，国土资源部印发《关于申报国家地质公园的通知》《关于国家地质遗迹(地质公园)领导机构及人员组成的通知》，成立"国家地质遗迹(地质公园)评审委员会"。2000—2001年，住房和城乡建设部发布《风景名胜区规划规范》《国家重点风景名胜区规划编制审批管理办法》，规范风景名胜区建设。2001年，国家林业局召开全国森林公园工作会议，将森林公园作为生态文化建设重要内容，提出"建绿色生态、办绿色产业、创绿色文明"理念，推动承包、租赁、联营等多样化森林旅游产业发展，要求将森林公园基础设施建设纳入同级政府基本建设投资计划，生态保护和管理经费列入同级政府的财政预算，森林旅游开发项目面向全社会招商引资，建立了"政府主导、市场运作、社会参与"的经营管理机制，开启生态旅游"多种经营"模式。同年，全国旅游发展会议提出建立一批国家生态旅游示范区，国土资源部首次批准翠华山等11个国家地质公园。2003年，建设部印发《国家重点风景名胜区总体规划编制报批管理规定》。2004年6月，国务院办公厅发布《关于加强湿地保护管理的通知》，湿地公园成为生态旅游的生力军。2006年，国务院正式颁布《风景名胜区条例》。同年，国家质监总局发布《自然保护区总体规划技术规程》，进一步明确自然保护区的试验区可划"参观旅游区"。2008年，住房和城乡建设部发布《风景名胜区分类标准》，对风景名胜实行分类科学保护、有效利用。同年，国家林业局发布《国家湿地公园评估标准》，明确国家湿地公园的检查和验收标准。2009年，国家林业局等四部门确定2009年为"中国生态旅游年"，发布《全国生态旅游发展纲要(2008—2015)》。2012年，陕西省颁布实施《森林公园条例》。2013年，国务院批准发布实施《全国防沙治沙规划(2011—2020年)》，提出"有条件的地方建设沙漠公园，发展沙漠景观旅游"。同年，国家林业局印发《关于做好国家沙漠公园建设试点工作的通知》《国家沙漠公园试点建设管理办法》，进一步丰富生态旅游主体。至此，风景名胜区旅游、森林公园旅游、湿地公园旅游、沙漠公园旅游、地质公园旅游、水利风景区旅游等生态旅游形式呈现园区并进、百花齐放发展的态势。

（三）一体化创新发展阶段

2013年，党的十八届三中全会提出"建立国家公园体制"。2015年，国家发改委印发《关于建立国家公园体制试点方案的通知》，全国9省率先试点。2016年，国家发展改革委、国家旅游局发布《全国生态旅游发展规划（2016—2025年）》。同年，国家林业局发布《国家沙漠公园发展规划（2016—2025年）》，规范国家沙漠公园建设和管理，促进国家沙漠公园健康发展。2017年，中共中央办公厅、国务院办公厅印发《建立国家公园体制总体方案》。2018年，新一轮机构改革，组建国家林业和草原局，加挂国家公园管理局牌子，赋予其全部自然保护地+森林生态系统+草原生态系统+湿地生态系统+荒漠生态系统管理职责，形成自然保护地+四大生态系统"五位一体"生态空间治理新格局。至此，生态旅游随着生态空间一起，统一归集林业草原一个部门管理，新的林政覆盖了全部生态旅游空间。2019年，中共中央办公厅、国务院办公厅印发《关于建立以国家公园为主体的自然保护地体系的指导意见》，提出建立以国家公园为主体、自然保护区为基础、各类自然公园为补充的自然保护地体系。2020年，启动草原自然公园建设，首批39处国家草原自然公园开始试点。草原自然公园是自然保护地体系的补充。

自然保护地是生态旅游的主要目的地。以自然保护地为目的地是生态旅游发展的最新阶段。自然保护地是核心生态空间，也是新时代林政的首要阵地。保护自然资源、管理生态系统，提供生态产品和生态服务是自然保护地的主体功能，科学研究、自然教育、森林康养、生态体验、观光旅游是"自然保护地+"。新时代林政要在履行自然保护地主体功能监管职责的同时，履行好"自然保护地+"监管职能，促进自然保护地体系突出主责主业、全面协调发展。

把握新变局，迎接新挑战，在挑战中谋发展，在变局中求先机、开新局。我们正在与时俱进，快马加鞭，抓紧准备，在让自然保护地增加自然纯度的同时，更好地发挥"自然保护地+"作用，不断创造生态旅游新机遇，加快生态旅游新基建，满足生态旅游新需求。林政自我革命永远在路上，艰苦的探索永远不停歇……

阅读链接：陕西旅游

陕西省地处中国内陆腹地，横跨黄河和长江两大流域中部，具有承东启西、连接西部的区位之便。省内既有崎岖的山岳和博大的高原，又有绵延的丘陵和广阔的平原，地跨北亚热带、暖温带和温带三个气候带。独特的地形和多样的气候条件形成了陕西种类齐全、数量丰富的生态旅游资源，总体可以概括为陕北黄土高原生态旅游资源，关中盆地生态旅游资源和陕南秦巴汉水之地生态旅游资源三大部分。

"十二五"时期，陕西大力推进旅游规划体系建设，生态旅游在陕西发展规模不断扩大。全省接待境内外游客 14.14 亿人次，旅游业总收入 1.07 万亿元，旅游人数年均增长 21%，旅游收入年均增长 25%。

"十三五"期间，旅游产品持续优化。临潼区、华阴市、黄陵县、石泉县和柞水县成功创建为国家全域旅游示范区，创建省级全域旅游示范区 17 个，评定省级旅游特色名镇 163 个，省级乡村旅游示范村 300 个。截至 2015 年年底，全省有 A 级旅游景区 312 家，其中 5A 级 7 家、4A 级 82 家；国家级风景名胜区 6 个，国家级森林公园 35 处，国家级自然保护区 19 家，国家级地质公园 9 处。

2021 年，《陕西省"十四五"文化和旅游发展规划》以陕西自然地理和人文景观空间分布为依托，统筹全省文化和旅游资源，提出构建"一核四廊三区"文化和旅游发展新格局。同年10月，陕西省推出观赏红叶、油画森林、"秦岭四宝"寻踪、"东方红宝石"朱鹮、森林康养和生态体验六条生态旅游特色线路，覆盖了太白山国家森林公园、红河谷森林公园、青峰峡国家森林公园、紫柏山国家森林公园、朱雀国家森林公园、汉中南湖省级风景名胜区等20个生态旅游景点，尽显秦岭生态之美、雄奇之美、灵秀之美。2022年4月，陕西省林业局在第一批生态旅游特色线路的基础上，再次确定秦岭印记、黄河湿地、陕北大漠风光、高山杜鹃、畅游草原五条生态旅游特色线路，切实践行绿水青山就是金山银山的理念，培育发展"旅游+"新兴业态，推动全省生态旅游高质量发展。

第二节 自然教育之变

自然教育，极简的定义即是"以自然说自然"。前面一个"自然"是自然场景、自然现象，中间一个"说"字，暗含着说的对象"听"，有"说者"有"听者"，即是教育者与学习者；后面一个"自然"，是从自然场景、自然现象出发，讲述自然原理、自然规律，实现客体自然向主体自然的升华。

中国最早"以自然说自然"的人，当是春秋时期哲学家老子。老子从宇宙的本原、世间万物的永恒法则入手，阐述"道法自然"思想，指出人与自然在本质上是相通的，万事万物遵循自然规律，一切人和事应当遵循自然，遵从自然。庄子以自然为师，阐述"万物与我为一""天与人不相胜"的思想，主张天地万物同体并生，人与自然感通，和谐共生。庄子想象力丰富，文采斐然，通过大海河鱼、高山鲲鹏、花草虫鱼言说微妙难言的哲理，"天人合一"观念得以广泛传播。孟子更进一步，提出"天时不如地利，地利不如人和"，强调在遵循自然规律基础上，发挥人的主观能动性；管子提出"容物多而众得比焉"，强调人要效法自然、顺应自然。《易经》推崇"天人之道"，即天道、地道、人道和谐一致，追求天与人的和谐统一，成为中华民族传承至今的整体思维模式。

中国古代"说自然"的人，多是哲学家、思想家、文学家，是少数中的关键少数。中国的自然诗人、自然诗歌，享誉天下，影响世界。"听自然"的人，也是少数中的关键少数，一类是统治阶层，把自然之道用于国家治理，调和社会关系；另一类是富家子弟，具有一定经济能力，聘老师、当学生、受教育，以山川河流、花前月下的自然场景为媒，吟诗作画，抚琴弄舞，品茶论道，感悟人与自然的关系，交流和表达自然感悟，实现客体自然到主体自然的升华。名山大川，多因人与自然互动，被赋予文化品质、精神内涵和标志意义，也因此而成为久负盛名的"风景名胜"。

在西方，探索自然奥秘始于古希腊的哲学家。后来走向深化，探究宇宙万物规律，形成了系统的物理科学、自然科学，以及伦理学、逻辑学。17世纪以后，教育家提出教育应当遵循自然"秩序"。捷克教育家夸美纽斯认为，人是自然的一部分，应该遵循自然"秩序"。18世纪，法国教育家卢梭提出，教育的目的在于使人成为自然人，儿童教育应回归自然、认识自然、感受自然。19世纪初，瑞士教育家裴斯泰洛齐认为，教育要把人身上的自然潜能激发出来。德国教育家倡导教育要符合自然特点，自然适应性是教育的最高原则，幼儿教育要基于自然法则，像呵护花儿成长一样去保护儿童本性。19—20世纪，美国教育家杜威提出"教育生长论"，促进儿童本能地生长；意大利幼儿教育家蒙台梭利认为，儿童心理发展既不是内部成熟，也不是环境、教育的产物，而是儿童与生态环境交互作用的结果，是探索环境获得的经验。随着自然教育的影响力越来越大，人们探究自然、认识自然、理解自然的意愿越来越强烈，综合性博物学逐步分化为专业性更强的生物学、植物学、动物学、地质学、生态学等学科。

工业化凸显了生态环境问题，催生出自然教育。20世纪30—60年代，先后爆发比利时马斯河谷、美国宾夕法尼亚州多诺拉、洛杉矶光化学烟雾、英国伦敦烟雾、日本熊本县水俣病、九州市爱知县米糠油公害事件，引起人们对人与自然关系的深刻反思。工业化国家率先以生态学观点审视人与自然的关系，意识到生态环境问题的根源是对自然认识的误区，应该进行科学的自然教育，提高生态环境意识。由此，自然教育勃然兴起于人类可持续发展事业之中。

新中国成立之初，解决温饱问题是主要任务，"与天奋斗，其乐无穷"是主流意识。"向自然进军""开发自然"带来物质财富的同时，也助长了洪涝灾害、沙尘天气，促使人们思考经济社会发展与生态环境保护的关系，探寻可持续发展之路。党的十八大以来，在习近平生态文明思想引领下，"绿水青山就是金山银山""人与自然是生命共同体""人与自然和谐共生""尊重自然、顺应自然、保护自然"成为主流意识，建设美丽中国，满足人民对优美生态环境的需要上升为国家战略，自然教育应运而生，乘势而兴。中国自然教育发展，大体经历了四个重要阶段。

（一）初始萌芽

1973年，全国环境保护会议提出"大力发展环境保护的科学研究和宣传教育"。全国开始设立自然保护区、森林公园、草原公园、湿地公园、地质公园、风景名胜区，开展保护生态环境、爱护动植物科普工作。此时，发展科普、科考是自然保护区、自然公园基础建设和旅游活动的需要，虽然没有明确的自然教育概念，但却为后来自然教育发展创造了条件，奠定了基础。

（二）缓慢起步

20世纪90年代，香港、台湾地区依托国家公园、自然公园、郊野公园开展自然教育活动，形成了特色鲜明的管理和运营体系。香港的郊野公园建有家乐径、自然教育径、树木研习径、郊游径、远足径，让游客享受郊野之时加深对自然的认知。1998年长江特大洪灾之后，国家更加重视生态保护修复，实施退耕还林、天然林保护等生态工程，自然教育开始起步。2001年，教育部印发《基础教育课程改革纲要(试行)》，把环境教育作为跨学科主题纳入中小学综合实践课程。2008年，理查德·洛夫《林间最后的小孩——拯救自然缺失症儿童》中文版在国内发行，重建人与自然关系引起强烈反响。自然教育进入公众视野。2009年，国家林业局、教育部、共青团中央《关于开展"国家生态文明教育基地"创建工作的通知》要求，各地林业主管部门联合教育、共青团成立相应组织机构，负责实施生态文明教育基地创建工作。命名生态文明教育基地，开展生态文明宣传工作。

（三）蓬勃发展

党的十八大以后，我国自然教育进入快速发展期。习近平总书记指出，大自然充满乐趣、无比美丽，热爱自然是一种好习惯，保护环境是每一个人的责任，少年儿童要在这方面发挥小主人作用。2012年，教育部启动中小学研学旅行研究项目，在陕西、上海等省(区、市)开展研学旅行试点。2016年，教育部等11个部门《关于推进中小学生研学旅行的意见》明确，将研学旅行纳入中小学教育教学计划。各地创建的森林体验基地、自然教育基地，成为研学旅行的重要目的地。2012年，阿里巴巴基金会开始资助自然教育项目，培养青少年对大自然的敬畏之心。2014年，在厦门举办全国首届自然教育论坛，推动自然教育从业者迅速增加，自然观察、自然体验、生态保育、科普探险等活动蓬勃兴起。2015年，以"推动自然教育的多元、社会参与"为主题，在杭州举办第二届全国自然教育论坛，400多位国内外自然教育专家参加了论坛。论坛得到环境保护部、浙江省人民政府支持。2016年，以"城市化与自然教育"为主题，在深圳举办第三届全国自然教育论坛，在深圳福田红树林生态公园举办自然教育嘉年华活动。2017年，以"为了明天的约定"为主题，在杭州举办第四届全国自然教育论坛，与会专家学者探讨自然教育经典学习法、从业者素养及心态行动，多维度交流自然教育课程设计、场域开发等议题。2018年，以"全球视野，本土行动""扎根本土，回归生活"为主题，在成都举办第五届全国自然教育论坛，近千名专家学者、企业家、基金会代表出席，全方位地探讨中国特色自然教育路径。

（四）高质量发展

2018年4月10日，习近平总书记出席博鳌亚洲论坛年会开幕式，发表题为《开放共创繁荣创新引领未来》主旨演讲时说：坚持绿色低碳，建设一个清洁美丽的世界。我们不能吃祖宗饭、断子孙路，用破坏性方式搞发展。绿水青山就是金山银山。我们应该遵循天人合一、道法自然的理念，寻求永续发展之路。新一轮国家机构改革后，自然保护地统一归国家林草局管理。自然保护地体系是"自然帝的自留地"，也是"以自然说自然"的理想之地。2019年，国家林业和草原局《关于充分发挥各类保护地社会功能大力开展自然教育工作的通知》要求，提高对自然教育工作的认识，建立面向公众开放的自然教育区域，做好自然教育统筹规划，提升自然教育服务能力，加强自然保护地基础设施建设，打造富有特色的自然教育品牌，加强对自然教育工作的组织领导。同年，中国林学会在杭州举办全国自然教育工作会议，全国自然教育总校成立。在武汉举办全国自然教育大会、第六届全国自然教育论坛。中国林学会发布《自然教育标识设置规范》《森林类自然教育基地建设导则》。2020年，全国第四届关注森林活动组委会《全国三亿青少年进森林研学教育活动方案》提出，到2025年全国3亿青少年进森林研学教育活动体系基本建立，绿色营地生态服务功能充分发挥，全国50%以上青少年参与森林研学教育活动。2021年，国家林草局、国家发改委印发《"十四五"林业草原保护发展规划纲要》明确，增强自然公园生态服务功能，提升自然教育体验质量，健全公共服务设施设备，设立访客中心和宣教展示设施。建设野外自然宣教点、露营地等自然教育和生态体验场地，完善自然保护地引导和解说系统,加强自然公园的研学推广。同年,中国林学会发布《湿地类自然教育基地建设导则》《自然教育志愿者规范》《自然教育引导师规范》,全国关注森林活动执委会发布《全国三亿青少年进森林研学教育活动自然引导师培训工作规则》《国家青少年自然教育营地运营发展规划编制导则》,自然教育制度规范建设向前迈出大步。

世间美丽,莫过自然。追求自然美丽,是人类社会发展进入高级阶段的重要标志。优美的生态环境是最普惠的民生福祉,优质的自然教育是最普惠的公众教育。从无到有,从萌芽到蓬勃,再到高质量发展,普及自然教育是中华民族伟大复兴的历史必然。面向未来,创造人类文明新形态,中国自然教育正在发生五个方面的重要变化:一是自然教育场景增加。城市公园、植物园、动物园,以及森林公园、湿地公园、地质公园、博物馆、自然保护区等各类自然保护地,都是"以自然说自然"的场景,走上了探索发展自然教育的道路。二是自然学习者增加。随着自然教育进学校,自然成为大课堂,在校中小学生、青少年成为自然学习者的同时,成年人也加入了向自然学习、接受自然教育、自我陶冶情操的活动当中。三是自然教育课程多样化。自然教育基地根据各自特点,设计开发与自然教育结合的自然观察、博物教育、动植物保护教育课程,包括森林体验、环境保护、亲子教育、农耕体验、自然游学、生态研学、户外艺术教育等。四是自然教育工作者成长。各自然保护地人才结构发生变化,生物学、生态学、林学科班出身的员工增长,自主组织课程研究和教材编写,成长为优秀的自然教育导师。五是从业机构增加。从社会公益组织、民间机构,逐步发展为商业注册机构,旅游、营地、教育、健身、户外等营利机构拥入,借助自然教育,助力转型发展。

不认识自然的人,就像是生命无根。人与自然和谐共生,从心灵开始,从娃娃走起。中国自然教育刚刚迈入高质量发展新阶段,自然教育基地建设、自然教育导师培养、自然学习者成长,自然原理、自然规律内化于心外化于形,面临着新形势、新任务。自然教育是跨部门行动,是一连串事件。让我们一起面向未来，扎实践行新发展理念，兴林草、兴生态，奋力谱写自然教育高质量发展的新篇章。

阅读链接：陕西自然教育

2009年，省林业厅、教育厅、共青团印发《关于开展"陕西省生态文明教育基地"创建工作的通知》，合力开展生态文明教育基地创建工作。同年，授予4家单位"陕西省生态文明教育基地"称号。2013年，省林业厅、教育厅印发《关于开展"中小学生森林体验活动"的通知》，在中小学校推进森林体验活动。2016年，省林业厅等4机构印发《关于积极开展青少年生态文明教育活动的通知》，要求组织开展"中小学生森林体验"活动，完善提高森林体验基地建设，并要求自然保护区、森林公园、林场开展森林体验基地建设，凡基础设施健全，具有体验课程、引导师、接待能力的可申请建设森林体验基地。2020年，森林体验基地更名为自然体验基地。

2021年《陕西省林业发展"十四五"规划》明确，积极发展自然教育经济，加大自然体验基地建设力度。依托国家公园、自然保护区、自然公园、重要湿地、古驿道等载体，打造特点鲜明的自然教育体验基地和生态探秘线路，巩固完善现有生态文明教育基地、自然体验基地、生态探秘线路基础设施，建设自然教育标识、动植物属性解说和互动体验设施。到2025年，新建自然教育体验基地25个。构建多元化自然教育模式。设置富有特色的自然教育课堂，开展参与式、互动式、体验式实践活动，创新多样化研学方式，积极组织开展中小学生自然体验活动，吸收社会组织参与自然教育，让走进自然成为新风尚。着力抓好生态文化传播。完善生态文化基础设施，打造生态文化传播场所和平台。培育一批生态文明建设先进典型，创作底蕴深厚、涵育人心的优秀文艺作品，推出一批思想性、艺术性、观赏性相统一的精品力作。

2022年3月,陕西省林业局、陕西省政协人口环境委员会等8部门印发的《关于推进陕西省自然教育高质量发展指导意见》提出,要高标准建设自然教育基地,高起点提升自然教育能力,高质量打造自然教育特色,高素质培养自然教育人才,高效率推动自然教育合作,到2035年力争实现自然教育全覆盖,建成较为完备的自然教育网络体系,自然教育高质量发展格局基本形成。目前,全省已建自然教育基地48处,其中自然体验基地29处、生态文明教育基地16处、生态探秘线路3条。

第三节　碳汇之变

生态空间提供着诸多的生态产品和生态环境服务,碳汇功能就是其中之一。随着全球气候问题升级,国内"双碳"战略实施,如何建设"绿色碳库",提升生态空间碳汇服务能力,已经成为新时代林政治理的新机遇、新挑战。

生态空间是生态系统载体,也是"生态容器"。生态空间里面有山有水有土壤有空气有阳光,有植物动物微生物,有森林草原湿地荒漠,有多样化的生物体系、生态系统,以及多样化生态功能——固碳释氧、调节气候、净化环境、涵养水源、保持水土、防风固沙、维护生物多样性,等等。生态系统是生态要素在空间上的关系总和。这种关系的内核,即是"碳循环"。绿色植物是"生态容器"的核心装置,绿色植物开启了生物体系,开启了生态系统,开启了生态功能。

生态空间是绿碳空间,也是"绿碳容器"。我们所知的生物都是碳基生物。碳基源自绿色植物光合作用——捕获空气中CO_2合成碳水化合物,完成无机物(CO_2)向有机物的转变,这是生态系统中绿色植物特有的自养自肥、自立自强的能力。这里的有机体即是"绿碳",与岩石黑碳、大气灰碳、海洋蓝碳相对应。"碳循环"分为气相循环和沉积循环。"绿碳"是绿色植物从"气相碳"中捕获无机碳转化为有机碳,并留滞储存生态空间的碳。正是从这种意义说,以森林、草原、湿地、荒野为主体的生态空间即是"绿色碳库",是绿色碳基空间,也是"绿碳空间"。

"绿碳"是生命"骨架",也是生态"骨架"。生物竞争通过食物链、食物网铺展开来,链网的核心架构就是"绿碳"。每一株植物就是一个"生物坝",也是一个"生物捕碳器"——通过光合作用固碳释氧,将"绿碳"储存下来。多种多样的"生物坝"形成"生物池",也是"绿碳池"。"生物池"生产力越高,碳汇功能越强,绿碳容量越大。当生态空间"绿碳"资源被移除,必然导致"绿碳"链网危机,导致生态系统失去平衡。当绿碳空间生物足够繁茂、生物量足够盛大,即达到了生态空间绿碳容量极值,也就是"绿碳饱和"。反之,"绿碳"被掏空,就会出现碳干瘪、碳亏空。

提升绿色碳库生态碳汇能力,对减缓全球气候变化具有重要作用。陆地最大的绿色碳库是森林生态系统,森林每增加 1 立方米蓄积量,可吸收 1.83 吨 CO_2,释放出 1.62 吨 O_2。其次是草原生态系统,再次是湿地生态系统。我国通过推进天然林资源保护、退耕还林还草、京津风沙源治理、防护林体系、国家储备林等重点生态工程建设,使森林资源实现了持续快速增长,绿碳空间的碳贮存和碳吸收能力得到显著提升。以森林为例,20 世纪 80 年代以来,森林面积由 18 亿亩增加到 33 亿亩,森林蓄积量由 90.3 亿立方米增加到 175.6 亿立方米,森林覆盖率由 12%增加到 23.04%。

研究表明,荒野造林可显著提升表层土壤有机碳含量,荒野造林后土壤碳储量增幅显著高于农田造林和草地造林。森林在"幼龄林—中龄林—近熟林—成熟林"生长阶段,林木生物量增长较快,碳汇能力强;当到达"过熟林"上限时,代谢缓慢,碳储量达到峰值,失去碳汇能力。生态系统碳容量呈现时空动态变化,受到外界自然环境和四季气候变换影响，一个生命周期不同阶段差异也很大。《林业和草原碳汇行动方案（2021—2030年）》通过科学开展大规模国土绿化行动、加强森林经营和中幼林抚育与退化林修复，就是增加绿碳资源总量，储藏更多的绿碳。同时，开展打击破坏森林资源行为，加强森林草原防火和有害生物防治，就是降低绿碳排放。因时因地因林制宜，改善植被组成，改进林龄结构，改良管理措施，可有效提升生态空间碳汇功能。

生态空间治理就是"绿色碳库"建设，就是要科学调理"碳捕获、碳排放、碳储存"关系，防御人为的碳排放、碳流失，提升生态空间碳汇、碳储能力。建设"绿色碳库"是解决"全球碳危机"的必然要求。发展中国家森林、草原、湿地、荒漠为主体的生态空间碳汇能力提升潜力大。目前，全国森林生态系统绿碳储量91.86亿吨，只占潜力绿碳储量的44.3%。全国人工林中，中幼龄林占60.9%，碳汇增长潜力较大。研究资料显示，到2030年，全国森林、草原、湿地等生态系统减少CO_2排放潜力约36亿吨/年。

绿色是生命的本色，生态空间治理关键是"绿碳治理"，推进绿碳空间由"干瘪"向"饱和"升级转型。应有效调控捕碳量、储碳量、排碳量三者关系，科学把握"两增一减"，即增加捕碳力、增加储碳力、减少排碳力，实现绿碳空间健康、高效、可持续发展。

首先，增加捕碳力，复现"捕碳饱和"。捕碳力是生态空间基础生产能力，决定着生态空间碳循环的规模量级。修复损伤的生态系统，应大规模推进国土绿化，持续实施退耕还林还草还湿，模仿自然、科学绿化、合理安置"生物捕碳器"，系统保护天然林，加快退化林提质增效，促进生态空间绿色革命。当生态空间实现山清水秀目标时，即可谓是复现了"绿色饱和""捕碳饱和"。

其次，减少排碳力，逼近"绿色排碳"。加强绿碳空间治理，防御人为的碳排放、碳流失。切实做好森林草原防火、有害生物防治，要严格执行封山育林、封山禁牧，严格禁止食用野生动物，禁止天然林商业性采伐，要打击乱砍滥伐、乱捕乱猎，以及非法侵占生态空间资源的行为,极限压减人工碳排放,力求绿色碳库排放不断接近绿色碳排放。

最后,增加储碳力,实现"储碳饱和"。从理论上讲,绿色碳库"捕碳饱和"且"绿色排碳"之时,也是"储碳饱和"之际。也就是说,绿色碳库"储碳饱和"的关键是复现"绿色饱和""捕碳饱和"和逼近"绿色排碳"。湿地捕碳能力并不起眼,但储碳能力非同寻常。要保护好湿地空间,减少人为碳排放,恢复湿地储碳能力,丰盈湿地碳库。

生态空间是多样化空间,治理多样化空间需要多样化方案。陕西省2.2亿亩生态空间,就是2.2亿亩绿碳空间。要从多样化绿色碳库实际出发,着力构建"一山(秦岭)、两河(黄河流域和长江流域)、四区(陕北毛乌素沙地生态修复区、黄土高原水土保持区、关中平原生态协同发展区、秦巴水源涵养区)、五带(白于山区生态修复带、沿黄防护林提质增效示范带、关中北山绿色重建带、秦岭北麓生态保护带、汉江两岸生态经济走廊带)"治理新格局。建设"绿色碳库",要切实遵循生态空间"带、层、区"的基本规律。

山清水秀是生态空间治理的总目标,而山清水秀的生态空间必定具有健康高效的生态系统,必定是绿碳饱和的绿色碳库,这是林政治理的最高境界。林子还是那个林子,当人们发现了林子的生态功能时,划出来了"公益林",给予生态补偿。生态空间还是那个空间,当人们发现了碳汇服务时,就变成"绿碳空间""绿色碳库"。如果有市场机制运作,有人愿意为建设"绿色碳库"投资,自然是推动生态与经济协调发展的一件大好事,林政部门自当奋勇向前,大力支持!一些地方发售"林业碳票",一些地方建设"双储林场",诸多探索,诸多实践,诸多益处。

万变不离其宗。林政部门要科学应对碳库之变,紧紧围绕生态空间山清水秀的总目标,深化林长之治,扎实守绿、护绿、增绿、用绿、活绿,加快挺进深绿,努力提升生态空间产能,生产数量更多的生态产品、质量更优的生态环境服务,为实现"双碳"战略目标贡献"绿碳力量"。

阅读链接：陕西碳汇

陕西生态区位十分重要，祖脉秦岭横穿，黄河、长江支流遍布，是天然的生态空间。陕西省2.2亿亩生态空间，就是2.2亿亩绿碳空间，年吸收二氧化碳约4950万吨。加强森林、草原、湿地、荒漠等"绿色碳库"基地建设，尤其是建设"双储林场"是增加碳汇的最直接、最有效手段，也是实现"碳达峰、碳中和"的战略选择。为绿色碳库提质扩容、推动绿色碳库高质量发展，陕西省将建设五大碳库基地，在西安、宝鸡、咸阳、铜川、渭南、延安、榆林、汉中、安康、商洛等10市42县(市、区)，选择宜林荒山荒野较多、林分退化严重、生态功能较低且集中连片的林地作为示范基地；在榆林、延安、宝鸡等3市8县(市、区)建立草原碳库基地；同时在西安、宝鸡、咸阳、铜川、渭南、榆林、汉中、安康、商洛等10市29县(市、区)建设湿地碳库基地；在榆林、延安、渭南等地建设荒漠碳库基地；在太白山国家级自然保护区、牛背梁国家级自然保护区、省楼观台国有生态实验林场等12个单位辖区内建设自然保护地碳库基地。在五大碳库基地建设过程中同步开展森林提质碳汇工程，草原修复储碳工程，湿地恢复固碳工程，荒漠治理增碳工程，自然保护地捕碳工程。制定《陕西省"百万亩绿色碳库"试点示范基地建设规划(2021—2030年)》，力争到2030年，在巩固提升已建"绿色碳库"示范基地的基础上，新建高标准"绿色碳库"示范基地42个，总面积达到112万亩，森林蓄积量增加320万立方米，吸收二氧化碳585万吨。对实现"碳达峰""碳中和"目标，以及应对气候变化贡献陕西生态碳库力量。

第四节　森林城市之变

森林城市是指在城市管辖范围内形成的以森林和树木为主体、山水林田湖草相融共生的生态系统,且各项指标达到本标准要求的城市。(摘自《国家森林城市评价指标》)

森林是陆地生态系统的主体,也是人类文明的生态主根。从森林生态系统中开辟出农田、牧场,诞生了乡村、城镇。城市是人类文明的政治、经济、文化和社会中心。在农业化、工业化、城市化进程中,生态资源减损,生态承载力下降、生态空间不足、生态服务短缺,以及水、空气等生态环境问题日益突出。一个城市缺林少绿,就像是一棵大树缺少主根,人们越来越憧憬"人在城中、城在林中"的美好生活,希望把楼宇高耸的现代城市与草木葱郁的绿色森林完美结合在一起,创造生态文明新形态。由此,森林城市应运而生,走进21世纪中国人的美好生活。森林城市是一种城市发展模式,就是"让森林走进城市,让城市拥抱森林",形成以森林、园林、绿地为主体的生态系统,且各项指标达到森林城市规定的标准。

中国人的美好生活,一直与森林息息相关。中国人的城市生活,一刻也没有离开林草。西周有"封人"负责国都植树,"掌国"负责全国城郭沟池造林。秦汉时皇家园林兴起,汉高祖"未央宫"、汉文帝"思贤园"、汉武帝"上林苑"、汉宣帝"乐游园"皆是著名苑囿。唐长安城"坊内街曲榆柳成行",城郊"有茂林修竹之胜、园圃之美"。北宋汴梁城中心天街当中的御道与两旁的行道之间以"御沟"分隔,两条御沟"尽植莲荷,近岸植桃、李、梨、杏,杂花相间,望之如绣"。民国时期,初现现代城市绿地雏形。

西方国家率先完成了工业化、城市化,也率先引入城市森林理念。1962年,美国肯尼迪政府在户外娱乐资源调查中,首先使用"城市森林"一词，泛指城市范围内的所有树木。1972年，美国颁布施行《城市森林法》，对城市商务区树冠覆盖度、郊区森林覆盖率做出具体规定。德国、芬兰等国把城市森林定义为城内较大林区和市郊森林。欧洲主要城市绿化率达到50%以上，城区零星细碎空间皆予绿植，营造出宜居宜业的优美生态环境。如今，城市森林已成为衡量城市生态品质的重要指标和城市文化品质的重要标准。

与工业化、城市化起步晚一样，中国森林城市起步较晚。20世纪90年代，"城市森林"理念传入，为了鼓励和推动各省市发展城市森林，改善城市生态环境，进入21世纪，开启了全国创建森林城市的新征程。目前，已建立起较为完善的森林城市评价指标、检查核验、批准授予等标准和程序，在增加城市森林面积、推动城乡绿色发展等方面发挥了重要作用，取得了显著成效。

除"森林城市"外，还有两项有关城市绿化的评选活动——"绿化模范城市""园林城市"。三者的共同之处是绿化美化城市生态环境，而不同有四：一是管理不同。"国家森林城市"由全国关注森林活动的组委会倡导和推动，全国绿化委员会、国家林草局组织实施，"全国绿化模范城市"由全国绿化委员会组织评选，"国家园林城市"由住建部组织评选。二是范围不同。森林城市包括城区、近郊、远郊以及所辖区县，绿化模范城市亦覆盖全部行政区划范围，而园林城市仅指城市建成区。也就是说，前两者包括三大国土空间，而后者局限于城镇空间。三是指标不同。"国家森林城市"执行的《国家森林城市评价指标》（GB/T37342—2019）属于国家标准，地级城市36项指标、县级城市33项指标，"全国绿化模范城市"评选执行《全国绿化模范单位、全国绿化奖章评选条件》，共44项指标，"国家园林城市"执行《国家园林城市申报与评选管理办法》，共18项指标。四是目标不同。森林城市在于改善城乡生态环境、增进居民生态福利，绿化模范城市在于广泛调动各界力量、示范带动城乡绿化，园林城市在于城区植绿造景、增强园林艺术美感效果。截至目前，全国授予193个城市"国家森林城市"称号，136个城市"全国绿化模范城市"称号，半数城市为"国家园林城市"，其中19个城市升级为"国家生态园林城市"。

中国森林城市建设，经历了三个重要发展阶段：

（一）传播理念、探索发展

1999年，全国政协人口资源环境委员会、全国绿化委员会、国家林业局等10家单位联合发起了关注森林活动。2004年，关注森林活动组委会启动中国"城市森林"论坛和创建国家"森林城市"活动。同年11月，首届中国城市森林论坛在贵阳市举办，时任中共中央政治局常委、全国政协主席贾庆林做出"让森林走进城市，让城市拥抱森林"重要批示。这一阶段，重点是扩大宣传，植入植绿、护绿、爱绿的意识和尊重自然、顺应自然、保护自然理念，出台《"国家森林城市"评价指标》和《"国家森林城市"申报办法》，规范创建、推动创建，打造"林在城中、城在林中"的森林城市样板，率先授予贵阳等城市"国家森林城市"称号。

（二）规范创建、蓬勃发展

党的十八大以来，森林城市地位日益凸显。2014年，《国家新型城镇化规划》《国家中长期改革实施规划》明确森林城市建设内容。2015年，国务院将"国家森林城市"列为政府内部审批事项，森林城市工程成为"十三五"165项重大工程项目之一。国家"十三五"经济社会发展规划纲要提出，加快城乡绿道、郊野公园等城乡基础设施建设，发展森林城市，建设森林小镇。2016年1月，习近平总书记在中央财经领导小组第十二次会议上强调："要着力开展森林城市建设，搞好城市内绿化，使城市适宜绿化的地方都绿起来。搞好城市周边绿化，充分利用不适宜耕作的土地开展绿化造林；搞好城市群绿化，扩大城市之间的生态空间。"2016年5月，国家林业局《林业发展"十三五"规划》提出，加快推进国家森林城市群、森林城市、森林乡镇、森林村庄建设，形成类型丰富、各具特色的森林城市格局。同年8月,国家森林城市创建成为国家林业局行政审批事项。9月,国家林业局《关于着力开展森林城市建设的指导意见》明确森林进城、森林环城等8项重点任务,修订评价指标体系,制定技术标准和管理办法。全国有12个省(区)启动了省级森林城镇创建工作,森林城市建设蓬勃发展。

(三)规划引领、转型发展

2018年7月,《全国森林城市发展规划(2018—2025年)》明确"四区、三带、六群"森林城市发展新格局和三步走战略愿景。到2020年,森林城市建设全面推进,森林城市发展格局初步形成,建成6个国家级森林城市群、200个国家森林城市;到2025年,基本建立以森林城市群和森林城市为主的森林城市建设体系,建成300个国家森林城市;到2035年,森林城市群和森林城市建设全面推进,城市森林结构与功能全面优化,森林城市生态服务均等化基本实现。2019年4月,习近平总书记参加首都义务植树时,再次强调要"持续推进森林城市、森林乡村建设,着力改善人居环境"。

2022年,国家林业和草原局制定了《国家森林城市管理办法(试行)》,进一步规范了国家森林城市的申报、批准、管理等,获得称号3年后国家林业和草原局将组织复查,复查整改不合格的将予以撤销,且2年内不允许申报,森林城市建设进入转型发展期。

截至目前,全国共193个城市已获得"国家森林城市"称号,484个城市在创建中。511个城市获得"省级森林城市"称号,179个城市在创建中。

回顾森林城市发展历程,在创建形式、评定标准、分布空间、审批程序、建设范围等方面发生了一系列重要变化。

——机制之变。"森林城市"创建之初,主要是林业宣传实践活动,每年选择城市森林面貌好、市域生态环境佳的省会城市,通过举办"中国城市森林论坛"等形式,邀请国内外专家学者和城市市长介绍情况、交流做法，凝聚森林城市发展共识。随着社会发展和人民生活水平持续提高，森林城市建设重点转向落实各项"创森"指标，为城乡居民提供绿色生态休闲空间和高质量绿色生态产品。

——空间之变。随着城市化进程的加快，城市可绿化地趋紧，森林城市建设从最初增加绿化地向提高空间效率，从平面绿化向立体绿化转变。通过见缝插绿、拆墙透绿、垂直绿化、屋顶绿化、护坡绿化，利用攀缘植物依附或者铺贴于构筑物及其他空间结构，包括立交桥、建筑墙面、坡面、河道堤岸、屋顶、门庭、花架、棚架、阳台、廊、柱、栅栏、枯树及各种假山，形成"植物墙"。立体绿化成为未来森林城市发展新方向，也是减少热岛效应，吸尘、降噪的重要举措。

——标准之变。森林城市标准不断调整、不断优化，逐步趋于科学合理。2007年，国家林业局《国家森林城市评价指标》涉及组织领导、管理制度、森林建设、考核检查4个方面30项指标。2012年，国家林业局发布行业标准——《国家森林城市评价指标》，40项指标以量化指标为主。2019年，国家市场监管总局、国家标准化管委会发布国家标准——《国家森林城市评价指标》，明确地级及以上森林城市指标36项、县级森林城市指标33项，兼顾绿化覆盖率、人均公共绿地等数量指标和森林健康、生态福利、生态文化等质量指标。

——审批之变。"国家森林城市"最初是行业评选，曾一度遭诟病。为着力开展森林城市建设，2015年5月，国务院将"国家森林城市"列为政府内部审批事项。2016年8月，国家森林城市成为国家林业局行政审批事项。2021年12月，全国评比达标表彰工作协调小组向社会公示《全国创建示范活动项目目录》，其中包括"国家森林城市"，推动了"国家森林城市"评选活动规范化、标准化。

——体系之变。2007年，"国家森林城市"创建由地级市扩大到县级市。同时，多省（区）开展省级森林城市创建工作，同步推进城市绿化与乡村绿化，消除城乡人居环境差距，延伸创建至社区（单位）、乡镇、村庄、人家，统筹城乡"看得见山，望得见水，记得住乡愁"。

2016年，从"森林城市"向"森林城市群"转型发展，构建互融互通、共建共享的生态支持系统，形成跨区域、全覆盖的森林城市新体系。

山峦层林尽染，平原蓝绿交融，城乡鸟语花香，人与自然和谐共生。森林城市有初级版、升级版和未来版，只有起点，没有终点。向绿向美的新时代，中国森林城市不断调整发展姿态，践行新发展理念。一是坚持生态为民、环境共享理念。通过"创森"，助力天更蓝、山更绿、水更清，生态环境更美好目标，让森林城市成为改善生态、改善民生的重要载体。二是坚持系统推进、综合治理理念。把森林城市建设纳入林长制，形成长效机制。发挥关注森林组委会、绿化委员会的综合协调作用，健全部门协调、各负其责的落实机制，统筹自然生态各要素，系统治理、综合治理，提升治理效能。三是坚持尊重自然、科学绿化理念。遵循自然和经济规律，坚持因地制宜、经济节俭、科学绿化。杜绝形式主义、铺张浪费、劳民伤财的不当做法，不搞高耗水绿化，不搞奇花异草，不追求一夜成景、一夜成林，确保森林城市健康发展。四是坚持城乡统筹、融合发展理念。推进森林城市、森林社区、森林乡镇、森林乡村、森林人家等系列联创活动，实施规划、建设、管理一体化，为城乡居民提供均等化生态福祉。让我们一起向未来，奋力谱写森林城市发展新篇章，为建设美丽中国、创造人类文明新形态、实现人与自然和谐共生贡献森林城市力量。

阅读链接：陕西森林城市

陕西省着力推进森林城市建设，先后于2011年、2014年制定和修订《陕西省推荐国家森林城市综合评定办法》。自2009年起，宝鸡、西安、延安、安康、榆林、汉中、商洛7市先后成功创建国家森林城市。目前，11个城市(3个地级市、1个计划单列市、7个县级城市)正在开展国家森林城市创建工作。2017年，陕西省出台《省级森林城市评定办法》，全省共48个县区开展了省级森林城市创建活动，其中获批42个，在建6个。同年，启动森林城市群建设工作，计划用五年时间，建成陕北、关中、陕南三大森林城市群。陕北、陕南森林城市群已基本建成，关中森林城市群正在持续创建中。"十四五"期间持续推进森林城市建设，加强森林城市动态管理，稳步推进关中森林城市群建设，实现国家森林城市全覆盖。

全省有宝鸡、安康、铜川、咸阳4市获得"全国绿化模范城市"称号，西安等6市获得"陕西省绿化模范城市"称号，有65个县获得"陕西省绿化模范县"称号。西安、宝鸡、咸阳、延安、汉中5市成功创建为"国家园林城市"。宝鸡市率先创建为西北唯一的"国家生态园林城市"，全省10个地级市和杨凌、韩城全部创建为"省级园林城市"。

第六章 生态安全

第一节 生物灾害之变

自然生态系统原本是经过漫长岁月形成的高度复杂而又十分精巧的生物体系，无数植物、动物、微生物相互利用、相互依存，构建起生生不息的食物链、生物链。生态系统中的各色生物，本无利害善恶之分。生物之"利"或是"害"，是人类"文明"后的价值判断、主观评价，人类把带来积极的、正面影响的生物称之"利"或是"益"，带来消极的、负面影响的称为"灾"或是"害"。林政"生物灾害"，即是生物间冲突所导致的灾害，不包括非生物因素造成的灾害。

资料显示，全国主要林业生物灾害呈高发态势。2021年，林业生物灾害发生面积1.88亿亩，其中虫害1.16亿亩、病害0.43亿亩、鼠兔害0.26亿亩、有害植物0.03亿亩。松材线虫病、美国白蛾等重大外来林业有害生物持续扩散，造成的损失严重。第三次《全国林业有害生物普查情况公告》显示，目前共发现可对林木、种苗等林业植物及其产品造成危害的有害生物6179种，其中面积超过100万亩的58种。截至2018年年底，外来物种近800种，已确认入侵农林生态系统的638种。其中动物179种、植物381种、病原微生物78种。

全面梳理生物灾害演变的历史经纬，从不同时代背景、不同时代内涵出发，可以清晰辨识三个重要发展阶段：

（一）从20世纪50年代初期到90年代中期，"以材为纲"的"森林病虫害"阶段

新中国成立后，全国森林就是"大林场"，木材采伐、运输、加工利用是林业工作的"重头戏"。定义森林病虫害为可危害森林、林木、林木种苗及木材、竹材的病害与虫害。

改革开放前，森林病虫害以本土森林病虫害为主。1951年，对外贸易部发布《输入输出植物病虫害检验暂行办法》，成为我国第一个森林病虫害防治性规范。1952年，林业部确定"治早、治小、治了""及时治、连续治、彻底治"策略，强调"彻底消灭"，以化学防治为主，大量使用有机化学药剂和土农药。1954年，对外贸易部发布《输入输出植物应施检疫种类与检疫对象名单》，将美国白蛾、榆枯萎病、五针松疱锈病、核桃枯萎病4种检疫性林木病虫列为检疫对象。1963年，国务院《森林保护条例》规定，各级林业部门应当在发生森林病害、虫害的重点地区，建立森林病虫害防治站，负责防治技术指导工作。在发生毁灭性病害、虫害时，当地县、乡人民委员会必须立即组织力量，进行抢治。1964年，林业部《国内森林植物检疫暂行办法(草案)》明确19种国内森林植物检疫对象，且确定了应施检疫的森林植物及其产品。

"文革"之后，因天然林、天然次生林面积锐减，森林生态系统极其脆弱，种苗未经检疫的人工林由幼龄林相继进入中龄林，森林病虫害逐年增加。与此同时，开始调整消灭森林病虫害政策和全面使用化学农药的做法。1975年，全国植物保护工作会议，提出"预防为主，综合防治"的方针。1981年，全国林业会议，明确"预防为主，综合防治"为森林病虫害防治工作的指导方针。1979年，林业部《杨树苗木检疫暂行规定》以杨树苗木检疫为突破口，推动国内森林植物检疫工作。1983年，国务院《植物检疫条例》明确了植物检疫对象、疫区、保护区划定，森林植物检疫与植物检疫分离。1979—1983年，林业部启动历时5年的全国森林病虫害普查工作，共记录森林昆虫5086种，森林昆虫天敌1391种，森林病害1500种，绘制出主要森林害虫分布图、主要森林病害分布图，以及检疫对象及疫区、保护区分布图。1989年，国务院《森林病虫害防治条例》确定"预防为主，综合治理"方针，以及"谁经营、谁防治"制度。1992年，林业部《关于对森林病虫害实行目标管理的通知》确立以发生率、防治率、监测覆盖率、种苗产地检疫率为主要内容的目标管理机制。

改革开放后，外来物种入侵蔓延扩散。1979年，美国白蛾由朝鲜传入我国，在辽宁省9个市县发生危害并迅速扩散至其他省份。1982年，江苏南京中山陵首现松材线虫病。同年，在广东珠海邻近澳门的马尾松林发现松突圆蚧。1985年，陕西暴发美国白蛾虫害，国务院办公厅、中央军委办公厅转发农牧渔业部、林业部《关于迅速扑灭陕西境内美国白蛾的报告》。林业部、中央绿化委员会、农牧渔业部、空军后勤部联合工作组赴陕西省调查美国白蛾封锁扑灭情况。1988年，广东省台山县发现从美国佐治亚州传入的湿地松粉蚧。1986年，农牧渔业部修订《中华人民共和国进出口植物检疫对象名单》《中华人民共和国禁止进口植物名单》，确定检疫对象61种，包括松突圆蚧、美洲榆小蠹、美国白蛾、松墨天牛、欧洲榆小蠹、欧洲大榆小蠹、松材线虫、栎枯萎病、榆枯萎病、栗疫病、杨树细菌性溃疡病等11种林木检疫性病虫。确定

6类禁止进口植物名单，包括榆属苗、插条和松属苗、接穗。1989年，林业部、农业部《关于加强松材线虫病检疫防治工作的通知》提出，建立健全防治松材线虫病的责任制，加强检疫，严防松材线虫病扩散。每年3月、10—11月进行两次普查。1989年，林业部发布《国内森林植物检疫技术规程》，规定林木种子、苗木、花卉及木材、竹材、其他林产品的产地和调运检疫程序和技术规范。

这个阶段，森林病虫害防治工作从起步到探索发展，逐渐走上法制化轨道，预防和除治体系初步建立，本土森林病虫害发生面积、危害程度得到有效控制，未出现大面积扩散蔓延。外来物种开始入侵我国，扩散蔓延、局部成灾、埋下了生态隐患。

（二）从20世纪90年代中期到党的十八大以前，以"生态工程"为中心的"林业有害生物"阶段

1995年开始，国家实行"分林政策"，将森林分为公益林和商品林，实行"双轨制"运行。2004年，国家林业局明确"林业有害生物"概念，在原有病虫害基础上增补了鼠兔害、有害植物等。美国白蛾、松材线虫病等外来入侵物种暴发、蔓延、迅速成灾。全国确立"预防为主，科学防控，依法治理，促进健康"的指导方针。

2002年，国务院办公厅《关于进一步加强松材线虫病预防和除治工作的通知》，加大对松材线虫病的治理力度。2004年，国家林业局公布松材线虫病疫区，包括6省54个县（市区）。同年，全国林业有害生物防治工作会议确立林业有害生物防治指导方针，将外来有害生物预防和治理作为防控重点。2005年，经国务院审议通过，国家林业局印发《重大外来林业有害生物灾害应急预案》，林业生物灾害被纳入突发公共事件总体应急预案。2006年，国务院办公厅《关于进一步加强美国白蛾防治工作的通知》要求，贯彻"预防为主，科学防控，依法治理"的防治方针，遵循"突出重点、分区治理、属地负责、联防联治"的原则。2009年，国家林业局《关于进一步加强松材线虫病防治工作的意见》提出，

创新防治机制，实施科学防治，坚持属地管理、政府负责、部门各司其职，落实保护和发展森林资源的责任制。坚持合理区划、分类施策，提高防治成效。

2011年，全国林业有害生物防治工作会议要求，实现"三个安全、一个保障"有害生物防治工作目标，即确保维护国土生态安全、经济贸易安全、森林食品安全和保障林业"双增"目标。会上，国家林业局代表国务院与各省区人民政府签订了《2011—2013年松材线虫病等重大林业有害生物防控目标责任书》。同年，国家林业局与国家发改委发布《全国林业有害生物防治建设规划(2011—2020年)》，明确目标任务、提出以森防检疫机构为依托，建立健全林业有害生物防治体系。同年，国家林业局《关于进一步加强林业有害生物防治工作的意见》确立了以生物防治为主的综合无公害防治手段，明确实行分级管理，建立检疫追溯制度，推进社会化防治。

外来入侵物种逐步成为林业有害生物防治工作的"重中之重"，开启了向可持续发展、森林健康转变的历史进程。然而，外来入侵物种多点暴发、链式扩散、规模成灾的态势加剧，令人深深感受到了生态安全风险。

（三）党的十八大至今，以"人与自然是生命共同体"为指导思想的"生物灾害"防控新阶段

党的十八大将生态文明建设纳入中国特色社会主义建设"五位一体"总体布局，林业部门统一管理林草湿荒四大生态系统，生态保护修复、生态系统管理、生态空间治理成为其主要职能。林政语境下的生物灾害是自然生态系统中的生物在自然变异、人为因素，或自然变异与人为因素相结合的条件下，暴发或流行自然灾害而造成重大危害和损失的现象。践行"绿水青山就是金山银山""人与自然是生命共同体"理念，生物灾害防控进入以"预防为主，科学治理，依法监管，强化责任"的新阶段。

2014年，国务院办公厅《关于进一步加强林业有害生物防治工作的意见》要求，林业有害生物防治工作以减轻林业有害生物灾害损失、促进现代林业发展为目标，通过政府主导，部门协作，社会参与，为实现绿色增长和建设美丽中国提供重要保障。2017年，国家发展改革委、农业部、质检总局、国家林业局《全国动植物保护能力提升工程建设规划(2017—2025年)》明确"早发现、快处置、防扩散、控危害"的工作思路。2019年，新修订的《森林法》规定，重大林业有害生物防治实行地方人民政府负责制，明确地方人民政府在发生暴发性、危险性等重大林业有害生物灾害时的防治责任，要求经营者履行经营范围内林业有害生物防治职责。

2020年，习近平总书记要求"把生物安全纳入国家安全体系，系统规划国家生物安全风险防控和治理体系建设"。2020年颁布的《中华人民共和国生物安全法》，明确动植物疫情、生物多样性等多个领域的生物安全风险防控规制。2021年，国家林业和草原局"林草防治总站"更名为国家林业和草原局"生物灾害防控中心"，新增生物安全、生物灾害防控权能。2022年，全国林草有害生物防治工作会议要求，"坚持政府主导，推进一种一策精准治理，加强重点种类防控，强化预报预警，提升应急防控能力"，林业生物灾害防控体系和治理能力现代化迈出新步伐。

生物灾害防控纳入国家生物安全治理体系，检疫检测体系基本建立，重大林业有害生物蔓延态势得到初步遏制。重大林业有害生物防控是各级政府主体责任，尊重自然、顺应自然、保护自然是生物灾害防控的基本原则，系统化、规范化、精准化、绿色化是防控措施的基本走向。

上述三个阶段是不断丰富、完善、发展的一个整体，是辩证统一的历史过程，凸显出五个方面的重大变化：

——理念之变。从"森林病虫害"到"林业有害生物"再到"林业生物灾害"，从追求经济效益到关注生态效益再到维护生态系统稳定性，体现了从自然主宰者到敬畏自然的重大理念之变。

——策略之变。从"有虫必治,土洋结合,全面消灭,重点肃清""及时治、连续治、彻底治"到"预防为主,综合防治","预防为主,综合治理",再到"预防为主,科学防控,依法治理,促进健康""预防为主,科学治理,依法监管,强化责任",思路越来越清晰,策略越来越精准。

——举措之变。从"以化学防治为主、大量使用有机化学药剂和土农药"到"物理、机械、化学、生物等综合防治"再到"标本兼治、无公害防治""遥感、无人机监测、病源与寄主信息物质调控",持续控制有害生物以维护生态系统平衡。

——清单之变。从1954年公布4种检疫性林木病虫到2020年《生物安全法》"国务院及其有关部门根据生物安全工作需要,对涉及生物安全的材料、设备、技术、活动、重要生物资源数据、传染病、动植物疫病、外来入侵物种等制定、公布名录或者清单,并动态调整"。生物安全名录和清单制度日趋完善,防火墙越来越牢固。

——种类之变。从1983年记录本土森林昆虫5086种、森林昆虫天敌1391种、森林病害1500种,到目前林业有害生物6179种,外来入侵物种800种,已确认入侵农林生态系统的638种,本土森林病虫害已与外来入侵生物联合成为我国林业生物灾害防控的主要对象。

生物灾害防控具有生态性、复杂性、策略性。以自然生态系统演进为时间和空间尺度,带来灾害的生物终将融入自然生态系统,成为其中普通的一员,不可或缺的部分。冲突与和谐,皆是生态系统矛盾运动的形态。在自然生态系统演进过程中,人类自有利益诉求,希望规避、减少有"害"的生物冲突,通过干预形成有"利"的、和谐共生的局面。要秉持人与自然是生命共同体的理念,科学认知、科学防控,以保持自然生态系统稳定、健康、高效。

阅读链接:陕西生物灾害

陕西省历来重视林业生物灾害防控工作,先后颁布实施

《陕西省人民政府办公厅关于加强林业有害生物防治工作的实施意见》《陕西省林业有害生物防治检疫条例》等政策和法规。2021年，全省林业有害生物发生面积567万亩。按轻重程度分，轻度的481万亩、中度的73万亩、重度的14万亩、成灾的59万亩。按种类分，虫害323万亩，病害120万亩，鼠兔害125万亩。20世纪80年代初期，美国白蛾传入陕西省关中地区，2018年卷土重来，2021年有疫情，未成灾。2009年，松材线虫病传入陕西省柞水、略阳、西乡三县。2019年，松材线虫病扩散蔓延至秦岭、巴山25县区。2020年，实施"防输入、防扩散、防反弹、清疫木、清疫情"策略。2021年，实施松材线虫病防控五年攻坚行动，打响松材线虫病疫情围剿战，实现疫区数量、疫点数量、发生面积和病死松树数量"四下降"。2022年，坚持松材线虫病"三防两清"策略，实行"疫木年度清零"的举措，迈出了"彻底遏制松材线虫病扩散"的新步伐。

陕西省林业有害生物分类图

第二节　防火之变

火，触发了人类文明。然而，一旦失去控制，火会反噬文明成果，给生命财产、自然生态和经济社会发展造成巨大灾害，甚至引发重大生态灾难和严重社会危机。森林草原火灾发生在开放的生态空间，突发性强、破坏性大、危险性高，为全球发生最频繁、处置最困难、危害最严重的自然灾害之一。据不完全统计，每年全球森林火灾 22 万余起，过火面积 1.5 亿亩。我国每年森林火灾 1 万多起，火灾面积超过 1500 万亩，给自然生态系统造成重大伤害，给生命财产带来重大损失。因而，森林草原防火成为防灾减灾救灾的重要内容。

发生森林草原火灾时，具备一定的气象条件、可燃物和火源三个基本条件。气象条件是首要条件，没有一定的气象条件，就不可能发生大的火灾。可燃物是森林草原燃烧的物质基础，不同的生态空间结构、地面枯落物载量，直接影响着森林草原燃烧性。火源是引发火灾最直接的因素，按照起火原因，火灾分人为和天然两种。全国森林草原火灾统计显示，最近十年，在已查明火因的森林草原火灾中，人为原因引发的火灾占 97% 以上，其中祭祀用火、农事用火、野外吸烟、炼山造林排名前 4 位。雷击、泥炭自燃、火山暴发等自然火灾比例不足 3%。森林草原防火，关键是防人为火灾。

自古以来，人们就重视森林草原火政管理。历史上曾采用设火官、立火兵、订火禁、修火宪、用火刑、施火政等一整套管理制度和措施预防处置森林草原火灾。五帝时期，订火禁，要求山林草原不得任意烧荒；周代设立"掌行火之政令"的"司烜"，把"修火宪，敬山泽"，于山林田野的禁火视为国策。秦朝《秦律》规定："失火者斩其端。""失火者以为乱者车裂。"明朝律令规定："若于山林地域失火，杖八十，徒二年。延烧林者，杖一百，流二千里。"古代防火，对现代森林草原防火有重要的借鉴意义。

新中国成立以来，林业部门、农业部门分别管理森林、草原防火，气象、公安等部门配合协作。2018 年，新一轮国家机构改革，在新设立的应急部门设立森林草原防灭火指挥部，林业草原部门具体承担森林草原防火职责，森林草原防灭火体制发生重大变化。这次重大变化是以往变化的历史延续。回望过去，我国森林草原防火变化先后经历了三个重要阶段。

（一）艰难探索，曲折向前

新中国成立后，中共中央、国务院不断做出指示、督导检查，推进森林草原防火组织体系、基础设施等建设，森林草原防火体系从无到有、从重点区域到覆盖全国。

1950年，全国林业会议确定普遍护林方针，东北政府率先成立武装护林大队。1951年，政务院发布《关于1951年农林生产的决定》，严禁烧山和滥伐。政务院财政经济委员会发布《东北及内蒙古铁路沿线林区防火办法》，规定林区铁路沿线地方政府、铁路方面防火责任和具体措施。1952年，中共中央发布《关于防止森林火灾问题给各级党委的指示》，政务院发布《关于严防森林火灾的指示》，要求实行按级负责制，发动群众，搞好护林防火。全国18个省、自治区陆续成立森林防火办公室，形成"部门主导、群防群护、专群结合"森林草原防火格局。

1957年，林业部成立护林防火办公室，农业部、农垦部、公安部、林业部发布《农林牧业生产用火管理暂行办法》《关于烧垦烧荒、烧灰积肥和林副业生产安全用火试行办法》，协同推进森林草原防火工作。1960年，中苏政府签订《关于护林防火联防协定》，议定国境线两侧各50千米为双方共同防火区。1963年，国务院发布《森林保护条例》，规定森林防火期防火工作要求，明确林业部门、有关单位和个人的责任义务。1965年，林业部推进东北和西南林区航空护林，加强区域间及国际间护林防火联防活动，森林草原防火事业迈出稳步发展一步。

"文革"期间，不少地方护林防火组织机构陷于瘫痪、规章制度废弃、基础设施损坏，防火事业停滞不前，火灾发生次数、过火面积大幅度增加。

党的十一届三中全会后，森林草原防火事业迅速恢复发展。1979年颁布《森林法》、1985年颁布《草原法》，实现了森林草原防火有法可依。1986年，国务院印发关于加强护林防火的紧急通知，全面部署森林草原防火工作。

这一阶段，我国森林草原防火工作取得一定的成绩，但是防火形势不容乐观。据统计，1950—1986年，全国每年森林火灾1.58万起，受害面积1350多万亩；草原火灾1100余起，受害面积6300多万亩，森林草原火灾受害率居高不下，远高于世界同期平均水平。

（二）凝聚共识，全面发展

1987年，震惊世界的大兴安岭特大森林火灾成为我国森林防火事业的重大转折点。大火持续28天，火灾面积1710万亩，死亡193人，受伤226人，5万多群众流离失所。充分暴露了我国森林草原防火组织体系、法治建设、技术手段等方面的盲点、漏洞和弱项。我国深刻汲取5·6特大森林大火教训，迅速形成森林防火共识，党中央、国务院出台了一系列政策措施，全国森林草原防火工作步入全面发展时期。

1987年7月，中央成立森林防火总指挥部。同年10月，国务院批转林业部《关于加强森林防火工作的报告》，实行森林防火行政首长负责制。1988年，国务院、中央军委批准，森林警察部队受林业部门和公安部门双重领导，以林业部门为主，执行森林防灭火任务。同年1月，国务院发布《森林防火条例》，森林草原防火补助纳入财政预算。1991年，农业部成立草原防火指挥部，内蒙古、黑龙江等12个省（区）和新疆生产建设兵团先后建立草原防火机构。1992年，林业部发布《全国森林火险区划等级》。1993年，国务院机构改革，撤销国家森林防火总指挥部。1998年，开始实施"天然林保护工程"。翌年，国务院、中央军委批准，武警森林指挥部在北京挂牌，实行武警总部和国家林业主管部门双重领导体制。武警总部对森林部队的军事、政治、后勤工作实行统一领导，国家林业主管部门负责其业务工作。

2006年春夏之交，3起特大雷击森林火灾，引起党中央、国务院高度关注。同年，国务院办公厅《关于成立国家森林防火指挥部的通知》明确，国家森林防火指挥部办公室设在国家林业局，并印发《国家处置重、特大森林火灾应急预案》《国家森林防火指挥部工作规则》《森林航空消防管理办法》等规范性文件和部门规章。2007年，启用中国森林防火吉祥物防火虎"威威"，进一步加强森林防火知识普及。同年，国家林业局印发《中国森林防火科学技术研究中长期发展纲要（2006—2020年）》，推进森林防火科研创新体系建设。2008年，国务院同时颁布《森林防火条例》《草原防火条例》。2010年，国务院批准农业部印发《全国草原火灾应急预案》。2011年，中蒙签署《关于边境地区森林、草原防火联防协定实施细则》，议定边界两侧各25千米地带发生森林草原火灾时双方合作预防、扑灭和相互通报。2012年，国务院办公厅印发《国家森林火灾应急预案》，不断增强森林草原防火工作体系。

进入21世纪，森林草原防火进入转型升级时期。国家启动多项森林草原生态保护修复工程，森林草原防火基础设施建设纳入基本建设规划，实施200多个国家级重点火险区综合治理工程，在火灾高发地区和防火重点地区，加强林火预测预报、瞭望监测、信息指挥、林火阻隔、航空消防等基础设施建设。2009年，印发2009—2016年《全国森林防火中长期发展规划》，推进森林火灾预防、扑救、保障三大体系建设。2016年，林业、财政、扶贫部门印发《关于开展建档立卡贫困人口生态护林员选聘工作的通知》，就地选聘贫困人口承担护林护草职责。同年，印发2016—2025年《全国森林防火规划》，重点实施林火预警监测系统、通信和信息指挥系统、森林消防队伍能力、森林航空消防、林火阻隔系统、森林防火应急道路六大建设任务。2017年，农业部印发《"十三五"全国草原防火规划》，加强草原火灾监测预警、预防控制、应急处置三大系统及组织体系建设。不断推进森林草原防火治理体系和治理能力现代化。

这一阶段，我国森林防火事业组织体系、法治体系不断健全，基础设施建设持续增强，防火技术手段愈发先进，中俄、中蒙、中缅达成边境防火共识，森林防火的被动局面逐步得到改变。据统计，1987—2017年，全国年均森林火灾约0.8万起，受害森林约300万亩；草原火灾600多起，受害面积2250多万亩，年森林火灾次数、烧毁森林面积和火灾受害率大幅下降，森林火灾数量、灾害损失维持在较低水平，处于世界领先地位。

（三）转型发展，迈向专业

2018年，国家新一轮机构改革后，草原监管职责转至林业草原部门，森林、草原防火部分职能转至应急部门管理。森林草原防火与灭火相对分家后，林业部门负责森林草原火灾预防相关工作。

2018年，国务院办公厅《关于调整成立国家森林草原防灭火指挥部的通知》明确，国家森林防火指挥部调整为国家森林草原防灭火指挥部，指挥部办公室设在应急部，承担指挥部日常工作。2019年，国务院专题会议确定，应急部门负责综合指导森林草原火灾防控工作，组织指导协调森林草原火灾扑救及应急救援工作；林草部门具体负责森林草原火灾预防相关工作，承担森林草原火情的早期处理任务。2019年，国家林草局设森林草原防火司。同年，中共中央、国务院《关于建立国土空间规划体系并监督实施的若干意见》明确，实行"多规合一"，形成"三区三线"的国土空间规划整体格局。"三区"即是城镇空间、农业空间、生态空间。生态空间与农业空间分离，森林草原防火成为生态空间上的防火。

2020年6月，国务院办公厅印发《关于开展第一次全国自然灾害综合风险普查的通知》，普查森林草原火灾等6大类22种灾害致灾信息，建设森林草原等自然灾害防治科学决策保障平台。同年，国家发改委、自然资源部印发《全国重要生态系统保护和修复重大工程总体规划（2021—2035年）》，加强重点地区停机坪、蓄水池、应急道路等森林草原火灾预防和应急处置基础设施建设，森林草原防火工作向空地结合迈出重要步伐。2020年9月，依托云计算、大数据、物联网、移动互联等新一代信息技术开发的"防火码"App正式上线，"人为火"管控体系全面加强。2020年11月，国务院办公厅《国家森林草原火灾应急预案的通知》要求，把保障人民群众生命财产安全摆在最高位置，坚持统一领导、协调联动、分级负责、属地为主，以人为本、科学扑救，快速反应、安全高效原则，县级以上地方人民政府"上下基本对应"设立森林

(草原)防(灭)火指挥机构,全面建立新时代森林草原防火组织体系。2021年1月,中共中央办公厅、国务院办公厅印发《关于全面推行林长制的意见》,明确地方党政领导干部保护发展森林草原资源目标责任,构建党政同责、属地负责、部门协同、源头治理、全域覆盖的长效机制。2021年年底,建立起省市县镇村五级林长制组织体系。

这一阶段,森林草原防火体制发生重大变化,防火分工精细化,防火责任网格化,防火技术信息化,卫星监测、民航监测、无人机监测技术日渐成熟,加上110多万护林员巡护,森林草原火灾得到有效控制。2018—2020年,全国共发生森林草原火灾5976起,受害森林草原57.45万亩,因灾造成人员伤亡39人,森林草原防火工作取得历史最好成绩。

数十年来,我国经济社会发生翻天覆地的大变化,已经实现了农业化向工业化转型、乡村社会向城镇社会转型。农村人口占比从86.74%降至36.11%,文盲率从80%降至2.67%,农村人口素质大幅上升。在领导重视、政策保障、经济支撑、科技赋能、改革引领的强力推动下,森林草原防火已经成为全社会共识和自觉行动,森林草原防火理念、火情监测、技术手段等发生了显著变化。

——防火理念之变。20世纪60年代,实施"预防为主,积极消灭""预防为主,防消结合"防火方针,保护森林草原资源,实施人海战术积极扑火,人员伤亡大。进入新世纪,坚持"人民至上,生命至上"理念,完善基础设施,科学监测和扑救,火灾伤亡人数大幅度下降。

——防火设施之变。截至2017年,建成南方、北方两个航空护林总站,1.3万座瞭望台、174.5万千米防火公路和隔离带,8个国家森林防火物资储备中心和1.1万多个地方扑火物资储备库。森林草原防火由依靠人力扑救到人工和机械、空中和地面、远程和近距离结合方式扑救。

——火灾起因之变。新中国成立初期,起火主因是烧荒开垦、伐木用火不当。党的十八大以来,起火主因是上坟祭祀烧纸、野外吸烟、小孩和痴呆人群放火、农事生产用火等。

——火源管控之变。火源管控已经由主要依靠设卡盘查、人工巡护检查转变为地面人工巡护、远程电子监控、空中民航卫星遥感为一体的综合火源监测体系，建立防火哨卡，启动"防火码"，野外用火需审批，盯住了火源。

——气象条件之变。全球气候有变暖趋势，20世纪初至今，地表温度增加了0.6℃左右。东北、西北、华北气温变暖趋势更加明显，局部高温、大气、干热、雷电等引发火灾的危险性在增加。有研究预测，2021—2050年我国森林草原火险期气温显著增加，火险指数升高。

——可燃物之变。国土"三调"数据显示，2020年全国森林覆盖率23.04%，天然草原综合植被盖度56.1%。森林、草原生态系统功能日渐恢复，蓄积可燃物越来越多，火灾风险、强度呈增加趋势。

面对森林草原防火新形势，必须牢固树立"人民至上、安全至上"理念，遏制火灾多发态势、防范重特大火灾、杜绝重大伤亡，构建新时代森林草原防火体系，在夯实责任上做"加法"，发挥"林长"作用，健全组织体系，完善法治体系，加强基础设施，强化防火宣传，增强防火意识，压实防火责任，实施联护联控；在火源管控上做"减法"，应用新技术、新手段、新措施，突出关键节点、关键区域、关键人群，严控火源，减少人为火灾发生；在科技赋能上做"乘法"，持续深化防火科研攻关，依托云计算、大数据等新一代信息技术，推进森林草原防火信息化建设转型升级，构建天空地一体化防灭火体系，推进防火工作网格化、精细化管理，提升火灾综合防控能力；在排查隐患上做"除法"，全方位、拉网式排查火灾风险，扎实开展隐患排查整治；积极采取人为干预方式，除去火灾隐患点。加快森林草原防火体系与防火能力现代化，奋力谱写森林草原防火工作高质量发展新篇章。

阅读链接：陕西森林草原防火

1987年成立陕西省护林防火指挥部，1988年更名为陕西省森林防火指挥部，统筹全省森林防火工作。2018年机构改革后，森林草原防火职责与国家同步调整，应急部门负责森林草原火灾应急处置，林业部门负责火灾预防。省、市、县设防火指挥部及其办公室，防火检查站943个，专业、半专业森林消防队717支，15077人，护林防火员19790人，各类护林员7万多人，森林防火组织体系健全。全省建成防火瞭望台104座，防火指挥运输车辆323辆，防火器材6.5万件（台、套），防火物资储备库383座15790平方米，防火隔离带、防火道路2000公里，宝鸡、商洛、延安三市建立航空护林基地。

依据《陕西省森林管理条例》规定，每年10月1日至翌年5月31日为森林防火期，其中2月1日至4月30日为高森林草原火险期。从1950—2000年，全省年均发生森林火灾400余起，受害森林7.5万亩，森林受害率1.2‰。2000年以来，森林火灾次数、受害面积逐年下降，年森林火灾51起，受害面积1402.8亩，森林受害率0.043‰。

第三节 剥离地之变

洪荒而混沌的时代，地球表面是原生的自然生态空间，一切因无序而有序。

文明诞生后，一切似乎导向了人类秩序。起初，人类"居巢穴，积鸟兽之肉，聚草木之实"，以在自然生态系统中采集狩猎为生。这时，从生态系统剥离的物质甚少，对生态系统造成的伤害"微乎其微"，依靠自身元气生态系统可以实现自我修复。之后，人类不仅学会了制造使用木器骨器石器，还学会了制造火源、控制火源，掌握"火技术"，形成"火生产"，由适应自然转变为改造自然，"刀耕火种""斫木为耜，揉木为耒""拔山通道，作宫室，制舟车"，以木材为燃料或者制作工具、构筑房屋。因砍削器效率低，对森林生态系统造成的影响，主要是"生物流失",还算是"微剥离"。森林生态系统丧失了原真性,残存的森林疗养自愈,恢复为功能完整的天然次生林。随着铜器铁器的出现,砍削器效率提高,农业化进程加快,人类已经不满足于从自然生态空间剥离食物药物、木柴薪柴,而是要把食物与种植养殖更紧密联系起来,彻底清除森林草原植被,扩大农耕地面积,栽培作物、驯养动物代替原生植被和野生动物,在剥离了原生植被的裸地上开展农作、建设。农业空间、城镇空间增量,意味着生态空间减量,也意味着生态剥离程度加深,不仅存在"生物流失",而且形成严重的"空间流失",从"微剥离"走向了"重度剥离"(简称"重剥离"),生态系统迫切需要休养生息。工业革命以来,人类生态剥离能力与日俱增,出现了"撕裂式剥离"(简称"裂剥离")。从平原到丘陵、再到深山,从森林、草原、湿地边缘伸进生态系统腹心,从地表资源利用到地层资源开发,交通道路、输水渠道、输油汽管线、电力通信网线,工矿、风电、光伏,线状、星状齐头并进……遍地穿越,纵横交错,以线状、星状空间现代化支撑集中连片农业、城镇空间现代化。"裂剥离"导致生态空间岛屿化、碎片化,曾经浑然天成的自然生态空间千疮百孔、漏洞百出,自愈修复困难重重。

穿古透今,从"微剥离"到"重剥离"再到"裂剥离",是掏挖掏空生态空间的过程,也是文明发展过程。如今的农业空间、城镇空间、线性空间、星状空间,即从生态系统剥离出来的空间,是生态剥离地(本文简称"剥离地")。这是人类文明的生态代价。

进入新世纪,生态剥离仍在持续。联合国《2020年世界森林状况》报告指出,自1990年以来,全球有约63亿亩森林转换为其他用途。过去十年,毁林速度放缓,但每年仍将1.5余亿亩森林剥离开垦为农地或为其他用途。全球森林破碎为3480万片,其中3470万片小于1.5万亩。如何把森林碎片链接起来,已经成为生态保护修复、生态系统管理、生态空间治理重要而紧迫的任务。

与"生态剥离"相对的概念是"生态还原"。在文明发展过程中,一直存在生态剥离与生态还原两种相对而生的力量。生态剥离是人类从生态系统进行剥离,因而也是人工剥离。而生态还原,包括自然还原、人工还原以及人工辅助自然还原。风儿、鸟儿、蜂儿……自然的力量会将生态空间的物质、能量、信息播种到被剥离的空间,不断收复失去的土地,在剥离地上再次形成天然植被,再现森林、草原、湿地,恢复生态系统稳定性和生物多样性,还原自然生态空间本来面貌。实施生态保护修复工程,大规模推进国土绿化,即中国生态还原的特色道路。"还林还草还湿""还自然以宁静和谐美丽",即中国生态还原的最经典表述。

地球表面是有限空间,过度地生态剥离,使生态空间越来越稀少,并由此带来人类文明难以承受的"生态灾难""生态威胁""生态风险"。由此,唤醒了生态文明意识,人们在有意识控制生态剥离向度、量级的同时,把生态保护修复、生态系统管理、生态空间重建提上议程,下大力气建设生态廊道、修复生物体系、还原生态系统、贯通生态空间。联合国《2020年世界森林状况》报告指出,森林损失主要由农业扩张引起,森林增加主要是森林自然扩张(例如在废弃的农田上扩张)或者是通过再造林(包括通过辅助自然再生)或造林扩张。1990年以来,全球人工林增加18.45亿亩,亚欧大陆森林呈净增长态势。

全面认清剥离地之变,科学合理规划利用林地草地湿地,控制生态剥离规模、剥离裂度,已经成为关系生态系统稳定与人类可持续发展的核心议程。据有关资料记载,在上古时期,我国森林覆盖率在60%以上,这是中华文明起源较早的生态根基。随着经济社会发展,不断削减森林资源。大约在3000年前,中国开始了农业化进程,也是一部3000年"森林剥离史",耕地版图扩张,森林版图缩小,从一个"多森林国度"演变为"少森林国家"。2200年前的战国时期,中国森林覆盖率下降到46%。1100年前的唐代,中国森林覆盖率下降为33%。600年前的明代,中国森林覆盖率下降为26%。1840年的清代,中国森林覆盖率下降为17%。1949年,中国森林覆盖率为8.6%,这是历史谷底值,也是生态忍受的极限值。

经历漫长的过度的生态剥离后,中国生态文明意识觉醒,在人工修复、人工重建助力下，自然还原的力量得以释放，大步迈入生态剥离与生态还原的新时代。

（一）以材为纲、无序剥离

新中国成立初期，恢复生产、发展经济是首要任务，向自然界开战，以木材为纲，索取利用多、保护培育少，甚至进一步毁林种粮。虽然采取了"普遍护林，重点造林，合理采伐和合理利用"的林政策略，推进了一系列绿化荒山、植树造林活动，但整体上仍是"无序剥离"态势。1949年，全国森林蓄积量108亿立方米，到改革开放初期减少到86.5亿立方米，生态剥离发生在深山腹地完整优良的生态系统，生态还原发生在边缘地带单一人工生态系统。"以粮为纲""以材为纲"后遗症突显，森林植被严重破坏。全国森林资源清查数据显示，1973—1976年森林面积18.3亿亩，1977—1981年减少到17.25亿亩。针对严峻形势，1986年《森林法实施细则》提出森林采伐限额制度，对勘察设计、修筑工程设施、开采矿藏占用林地按《土地管理法》规定执行。林业部门采取积极补救措施，20世纪90年代先后开展国有林地被占用典型调查、全国林地变化典型调查、林地变非林地核查、重点建设工程征占林地调查等工作，初步掌握剥离地的动态变化，准确判断剥离地面临形势，为后期工作奠定了基础。

（二）建章立制、行政管控

1998年，长江流域暴发特大洪水，人们深刻意识到，过度采伐、过度开垦导致生态系统遭受严重创伤，开启了生态保护事业新征程。我国先后实施了具有世界影响力的天然林资源保护、退耕还林还草、"三北"及长江流域防护林体系建设、京津风沙源治理等重大生态工程，对重要生态区、生态脆弱区等进行持续治理，逐步解决水土流失、荒漠化、损毁土地等生态受损退化问题，推进了大规模国土绿化，创造了举世瞩目的绿色奇迹，基本构筑起国家生态安全骨架。1999—2008年，第六次、第七次森林资源清查间隔期内，林地转为非林地2.4亿亩，非林地转林地3.15亿亩，森林增加7.35亿亩，整体处于"生态还原"阶段。为解决"无序剥离"问题，国务院印发《关于保护森林资源制止毁林开垦和乱占林地的通知》，对禁止开垦、停止矿产开采、林地恢复、从严审批做出制度安排。同年，新修订的《森林法》明确规定，各项建设工程征占用地，须经县级以上人民政府林业主管部门审核同意后依法审批。2001年，国家林业局《占用征用林地审核审批管理办法》就占用征用林地的适用条件、申请程序、步骤、审批权限、植被恢复等进行规范化；2002年，财政部、国家林业局印发《森林植被恢复费征收使用管理暂行办法》，各地相继出台林地、林木补偿和安置补助收费规定，探索建立节约集约利用林地、实现森林植被占补平衡的有偿使用制度。以《森林法》为框架、行业管理办法和技术规范为支撑的林地保护管理制度体系初步形成。但是，林地剥离缺少明确量化指标，只要各类建设工程立项文件齐全，符合相关法律法规，就难以限制约束，是一种"需求—供给"模式，剥离地管理存在盲目性和被动性。

（三）规模限制、综合管控

第六次全国森林资源清查结果显示，1999—2003年全国林地剥离面积达1.52亿亩，林地保护压力进一步加大。为克服"需求—供给"模式弊端，2006年，国家林业局实行征占用林地定额管理，统筹考虑各区域生态承载能力，对各类征占用林地建设项目进行宏观控制。2010年，国务院《全国林地保护利用规划纲要》明确，建立国家、省、县三级规划体系，严格用途管制，限制林地转为建设用地，控制林地转为农用地，规定全国林地保有量为46.8亿亩。2011—2020年，占用林地总额控制在1582.5万亩以内，向下分解到省、市、县，对建设项目征占用林地宏观控制，剥离地由"需求主导"向"供给主导"转变，逐步形成"总量控制、定额管理、合理供地、节约用地"的管控机制。以全国林地保护利用规划为基础，建立统一标准的全国林地"一张图"，实现由以数管地向以图管地的转变,形成以林地保护利用规划管理为框架,以林地档案和地籍管理为基础,以全国林地"一张图"和动态监测为技术支撑,以占用征收林地审核审批和定额管理为手段,以监督检查、行政执法为保障的林地科学管理模式。

(四)空间管制、系统治理

党的十八大以来,进入生态文明建设新时代。2015年,财政部、国家林业局提高森林植被恢复费征收标准,按林地类型采取不同标准,对城市规划区、公益林地、经营性项目按双倍收取,引导节约集约利用林地,健全资源有偿使用和生态补偿制度,建立引导节约集约利用林地的约束机制,确保森林植被面积不减少、质量不降低。2016年,国务院《关于全民所有自然资源资产有偿使用制度改革的指导意见》提出,建立国有森林资源、草原资源有偿使用制度,提升自然资源保护和合理利用水平。2017年,国土资源部、环境保护部、水利部、林业局等九个部门制定《自然生态空间用途管制办法(试行)》,严格控制生态空间开发利用活动,依法实行空间准入和用途转用许可制度,确保生态空间不减少,生态功能不降低。生态保护红线以外的生态空间,原则上按限制开发区管控。按照生态空间用途分区,依法制定准入条件,明确允许、限制、禁止的产业和项目类型清单。2019年,中办、国办《关于在国土空间规划中统筹划定落实三条控制线的指导意见》指出:"生态保护红线是指在生态空间范围内具有特殊重要生态功能、必须强制性严格保护的区域。生态保护红线内,自然保护地核心保护区原则上禁止人为活动,其他区域严格禁止开发性、生产性建设活动,在符合现行法律法规前提下,除国家重大战略项目外,仅允许对生态功能不造成破坏的有限人为活动。"2019年,新修订的《森林法》规定对"占用林地总量控制",形成占用林地总量控制、建设项目占用林地审核、临时占用林地审批、修筑直接为林业生产经营服务工程设施占用林地审批的林地用途管制制度体系。至此,剥离地由森林视野转移到林地视野,再到生态系统视野，确立国土空间系统治理观，在国土三大空间和线性空间中，剥离制度协同一体、程序协调一致、数据动态同步，进入系统治理新阶段。

生态文明新时代是生态还原与生态剥离"力量均衡"的新时代。践行习近平生态文明思想，创造人类文明新形态，落在国土空间上就是推进以生态文明为导向的国土空间治理，建立健全生态空间、农业空间、城镇空间并立并存、相互支撑的治理体系，创建人类永续发展的国土空间大格局。剥离地、造林地均在生态空间边缘，保护生态空间就是科学处理生态剥离与生态还原的关系，严格控制生态剥离，科学推进生态还原，努力实现生态还原与生态剥离、生态修复与生态利用稳态平衡，生态系统健康高效。生态绿军是生态空间的修理工，要用好制度约束、科技驱动和经济杠杆，修复剥离受损生态空间，修补剥离脱轨生态空间，还原生态空间本真气度。用好制度约束，就是遵循国土空间规划和用途管制政策，全面落实林长制，严守生态保护红线，依法实行空间准入和用途转用许可制度；科学编制新一轮林地保护利用规划，优化生态空间布局，完善林地用途管制，严格保护天然林和公益林，优先保障生态用地，合理拓展重点商品林、双储林、能源林用地，保障国家重点建设、基础性公益性设施及改善民生建设项目用地，确保生态空间不减少，生态功能不降低，形成与经济社会高质量发展要求相适应的林地保护利用空间格局。用好科技驱动，就是以森林资源管理"一张图"与国土"三调"融合成果为基础，实行差别化、精细化管理，利用"无人机+激光雷达"、AI（人工智能）技术，全面分析生态空间动态变化，建立以卫星影像为主、实地督查为辅的剥离地智慧监督管理体系，精确对接、科学分析生态系统数据，支撑国土空间用途管制、国土空间生态修复、空间治理能力现代化和国土空间规划体系建设。用好经济杠杆，就是利用生态资源的外部性、公共性和稀缺性，开展生态空间资源价值评估，持续完善有偿使用和生态效益补偿机制，实现以生态价值补偿为主的转变，实施有差别的收费模式和补偿模式，利用市场手段和经济杠杆保护生态，促进节约集约使用林地、草地、湿地，让保护者、节约者得到合理的回报,让污染者、使用者付出应有的成本。

阅读链接:陕西剥离地

第九次森林资源清查数据显示,2009—2014年全省412.5万亩林地转为非林地,其中农民种植结构调整,转入耕地268.65万亩,占65.13%;占用征收林地、依据林地利用保护规划成果调整为非林地81.6万亩,占33.71%;灌木林地毁林开荒4.8万亩,占1.16%。根据《陕西省林地保护利用规划》,2011—2020年全省使用林地定额52.52万亩。2021年全省批准使用林地13.42万亩。

1999年以来,全省退耕还林还草4131万亩。"十三五"期间,全省营造林3879万亩,年造林(包括人工造林、飞播造林、封山育林、退化林修复)576万亩,年森林抚育199.5万亩。

国土三调数据显示,全省林地、草地、湿地面积2.22亿亩,与国土"二调"相比增加1041万亩。"三调"与"二调"成果对比分析,2009—2019年全省农业空间、城镇空间还原生态空间2217万亩,其中还原林地1794万亩(乔木林817.5万亩),还原草地349.5万亩,还原湿地73.5万亩。从生态空间剥离1176万亩,转为耕地558万亩、园地205.5万亩,住宅商业服务、公共管理服务93万亩,交通运输166.5万亩,工矿仓储58.5万亩,水域及水利设施94.5万亩。其中林地剥离721.5万亩,转为耕地333万亩、园地114万亩,住宅、商业服务、公共管理服务64.5万亩,交通运输115.5万亩,工矿仓储33万亩,水域及水利设施61.5万亩;草地剥离454.5万亩,转为耕地225万亩、园地91.5万亩,住宅、商业服务、公共管理服务等28.5万亩,交通运输51万亩,工矿仓储25.5万亩,水域及水利设施33万亩。

第四篇
保障

　　兵无粮草自散，军无保障不行。保障，生态空间治理支持保障体系，包括规划、调查监测、工程项目、国际合作、科技、资金、法治、林长制等内容，对林业发展具有基础性、战略性作用。支持保障体系发生过三次历史性转型升级，日益完善，逐步增强。新中国成立后，建立以支持木材生产为主的保障体系。21世纪初，形成以支持生态建设为主的保障体系。进入新时代，构建以支持生态保护修复为主的保障体系。面向未来，阔步深绿，逐梦山清水秀，一体推进森林、草原、湿地、荒漠生态系统保护修复，持续加强自然保护地体系管理，实行依法治林、科技兴林、网信强林，加快推进支持保障体系和保障能力现代化，加快推动生态空间治理向智理升级转型，已成为历史大趋势。

第一章　调查监测之变

"没有调查，就没有发言权"。调查监测伴随着林政历程，牵动着资源保护管理、发展规划、生态修复、工程管理等多条战线。林政调查监测是对生态空间资源分布、数量、质量、结构和动态变化等数据进行采集、统计、分析和评价的过程。"调查"与"监测"在时间跨度上长短结合，在采集内容上粗细搭配，在分析评价上相辅相成。

调查——查清长周期的宏观现状，分为基础调查和专项调查。基础调查以国土"三调"为底图，查清生态空间森林、草原、湿地、荒漠分布、范围、面积、权属性质，融合形成"一张图"；专项调查是查清生态空间资源数量、质量、结构及生态功能等多维度信息，如森林资源规划设计调查、野生动植物资源调查、退化林调查、林木种质资源调查等。

监测——掌握短周期的具体动态，包括常规监测、专题监测和应急监测。常规监测是定期开展的全覆盖动态遥感监测，及时掌握年度变化等信息，支撑基础调查成果年度更新，也服务年度督察执法以及林长制考核工作等，主要指以图斑监测为主的"一张图"年度更新。专题监测是对某一区域、某一类型生态资源特征指标进行动态跟踪，掌握地表覆盖及资源数量、质量等变化情况，如沙化荒漠化监测、自然保护地生态环境变化监测、生态系统碳汇监测、森林草原火灾风险普查等；应急监测主要指对森林草原火灾、重大林业有害生物及社会关注的焦点和难点问题，第一时间为决策和管理提供第一手的资料和数据支撑。

新时代，创造出人类文明新形态，迈入人与自然和谐共生的现代化之路。通过林政调查监测，获取生态空间治理数据，为生态保护修复、监督管理、林长制督查考核、实施碳达峰碳中和战略提供决策依据，也是全面推行林长制、推动生态空间治理体系和治理能力现代化的强基工程。回顾林政调查监测之路，主要发生了以下五个重要变化：

——阵地之变。从森林资源扩展到生态空间。早期的林政调查监测对象主要是森林资源。20世纪50年代，在东北长白山和小兴安岭林区开展森林资源调查；1973年开始，在全国开展第一次森林资源清查；1984年，农业部门开展草原调查；1994—1999年，分别启动荒漠化沙化监测和湿地资源调查。此外还陆续开展了野生动植物、种质资源、退化林等专项调查。新一轮机构改革将森林、草原、湿地、荒漠和自然保护地统一归集林业部门管理，从体制机制上缝合为一体，林业调查监测阵地也从单一的森林逐步拓展到广阔的生态空间。2021年，国家林业和草原局开展全国林草生态综合监测评价工作，将以往林、草、湿多个条线调查监测业务归并为"综合监测"统一体系，将固定样地抽样调查和图斑监测合二为一，与国土"三调"成果数据对接融合，查清各类资源储量及其质量、结构和动态变化等，并基于图斑、样地监测数据，综合分析评价林草湿荒资源状况，生态系统格局、质量、生物量和碳储量等生态状况以及生态服务功能效益。

——定位之变。从技术工作到制度安排。1973年，全国林业调查工作会议将林业调查分为森林资源清查（简称一类调查）、规划设计调查（简称二类调查）、作业设计调查（简称三类调查）三类。林业调查"跋山涉水搞调查、目测脚量干监测"，获取了长周期的海量数据，形成多个条线，目的不同、方法不同、时点不一，面临无法衔接、数据打架的尴尬状况。党的十九届四中全会明确提出"加快建立自然资源统一调查、评价、监测制度"。2019年，新修订的《森林法》对森林资源调查监测评价做出明确规定。2020年，自然资源部印发《自然资源调查监测体系构建总体方案》，对自然资源调查监测体系进行系统性重构、全面安排。2021年，中共中央办公厅、国务院办公厅印发《关于全面推行林长制的意见》，将"加强森林草原资源监测监管"作为十项任务之一，列入党政领导干部保护发展森林草原资源的目标责任。2022年，自然资源部、国家林业和草原局《关于共同做好森林、草原、湿地调查监测工作的意见》明确，建立和统一森林、草原、湿地调查监测制度，由自然资源部门和林草部门共同组建工作专班。至此，实现了"调查"与"监测"的全面融合，形成了统一部署、统一标准、统一底图、统一发布的制度体系。

——技术之变。从目测踏查到天空地一体化。我国森林资源调查技术经历了目测踏查、航空目测调查、以小斑为基础的抽样调查、以地形图为基础的小斑调查、以高分卫星遥感图像为基础的小斑调查、天空地一体化调查监测六个阶段。1950—1951年，东北林区成立了450多名调查队员组成的全国第一支森林调查队伍，以目测踏查为主开展了区域性、探索性的森林资源调查。20世纪50年代中期，在大兴安岭开展了森林航空调查，采用航拍照片勾绘小斑。1973年，首次开展固定样地抽样方法的第一次森林资源清查，每五年一轮，一直延续至第九次（2018年）。1975年，在全国范围内开展以国有林区为主的第一次森林资源二类调查，以地形图为底图，通过对坡勾绘区划林斑、小斑，之后每10年开展一次。1977年，首次利用遥感技术进行森林资源调查。2000年，引入QuickBird(0.61m)、SPOT5(2.5m)等高分辨率影像资源。2010年后，国产资源三号、高分系列卫星陆续升空，高分辨率影像(最优达0.3m)广泛使用，图像处理技术进一步提升。2016年，广西率先开展了机载激光雷达(ALS)森林资源调查应用试验并在全境推广，完成了全区二类资源调查。随后各地不断探索，利用卫星遥感影像进行小斑属性识别，以激光雷达自动提取小斑环境和管理属性因子，辅以人工样地调查建立森林参数估测模型，实现了天空地一体化监测，逐步应用于各类尺度和精度的森林资源调查监测。

——手段之变。从围尺测绳到云平台。调查工具、调查手段的升级换代不断推进调查监测技术革新，经历了"机械时代""电子时代"和"数字时代"三个阶段。新中国成立之初，调查工具以围尺、测绳为主，逐渐使用森林罗盘仪、经纬仪等。1956年，引进角规和机械求积仪，使调查精度大幅度提高。1984年，第三次森林资源清查时开始应用电子计算器进行数据求算。1990年年初，引入手持GPS导航定位仪，简便精准进行小斑定位，标志着森林资源调查真正进入"电子时代"。进入2000年后，"3S"技术（GPS全球定位系统、RS遥感、GIS地理信息系统）被逐步引入林业并推广，GPS能准确获取具体定位信息，RS能迅速获取大范围信息，GIS对RS和GPS获取的信息进行综合分析管理，建立生长、预测、经营、决策等模型。2005年，启动的二类资源调查全面应用"3S"技术，开启了"数字时代"。2020年后，随着5G网络的应用，大数据平台的构建以及人工智能技术的逐步成熟，利用感知化、智能化的云平台进行实时采集、数据共享、分析汇总、高效应用，调查工作全面迈入"数字时代"。

——底图之变。从无图、多图到一张图。新中国成立之初，技术手段有限，处于"无图作业"阶段。20世纪60年代末，测绘部门陆续生产了5万分之一地形图、万分之一地形图，提供纸质底图。2009年，全国形成第一张基于二类调查的矢量化底图。2010年，以二类调查为基础，编制全国林地保护利用规划，将林地落界作为主要内容，历时一年多建成林地资源图。从2016年起每年更新调查，形成动态更新的"一张图"。2020年完成了国土"三调"，形成国土空间"统一底版"。2021年，国家林草局明确要求，依据"三调"成果"统一底版"，开展"一张图"对接融合，解决地类交叉重叠问题，融合林地、草地、湿地等资源信息，形成与"三调"无缝衔接、数据精准的"一张图""一套数"。2022年，自然资源部、国家林业和草原局《关于共同做好森林、草原、湿地调查监测工作的意见》明确"四统一"，即统一工作部署、统一分类标准、统一调查底图、统一成果发布，由自然资源部门和林草部门共同组建工作专班，林草部门负责组织实施森林、草原、湿地调查监测工作，构建了"一张图"组织体系、制度体系和技术体系。

森林、草原、湿地、荒漠并称为四大陆地生态系统，也是林政调查监测的"生命共同体"。高质量开展林政调查监测工作，要不断建立和完善"一张网"，形成"一张图"，融入"一个平台"，为全面推进生态空间治理、提升生态空间产能、实现生态空间山清水秀做出贡献。第一，要构建严密高效的"一张网"。坚持山水林田湖草沙是一个生命共同体，履行"森林、草原、湿地、荒漠和陆生野生动植物资源动态监测与评价"职能，按照《自然资源调查监测体系构建总体方案》，建立健全统筹组织、部门协同、标准统一、数据衔接、成果共享、务实高效的调查监测组织协调机制，省、市、县三级协同推进，稳定调查监测队伍，任务到单位、责任到人，形成严密有序的林政调查监测工作组织网络体系。第二，要形成高质量的"一张图"。以国土"三调"成果为统一底版，统筹开展森林、草原、湿地、荒漠化沙化监测，统一时点、统一采集、统一处理，调查队伍建立统一完善的调查监测评价指标体系和技术标准规范，组织开展数据模型、算法与数据库建设标准研究，生态空间"一张图"与国土空间"一张图"衔接统一，生态空间林地、草地、湿地数据要相互衔接，形成全省高质量的生态空间"一张图"。第三，要汇聚开放共享的"一个平台"。要充分探索和应用空间信息技术、人工智能、大数据等先进手段，建立基础地理信息库、遥感数据库、林草数据库的动态监测与管理平台系统，依托生态云平台，整合静态调查与动态监测成果数据，实现生态空间资源数据集中管理、协同高效，为统筹推进生态空间系统治理、构建生态网络感知系统、服务林长制督查考核、实施碳达峰、碳中和战略等重点工作提供数据支撑。

阅读链接：陕西调查监测

陕西处在全国生态C位，林政经略2.2亿亩生态空间，秦岭、黄河、长江，每一寸生态空间都非同凡响。"五大阵地""六条战线""五项保障"需要调查监测数据支撑。陕西已经初步构建了省级统筹指导、市级协调组织、县级负责承担的三级调查监测组织体系，并将各级林长、护林员纳入体系，建构完备的调查监测体系。

陕西省林业调查规划院担纲林政调查监测工作，负责调查监测方案编制、人员培训、技术指导、质量检查和汇总分析。1950年，陕西成立林业勘查队，之后几经调整，先后有陕西省林业调查队、陕西省农林牧工作大队、陕西林业厅调查设计院、陕西省林业设计院、陕西省林业勘察设计院、陕西省林业调查规划院之名。2003年加挂陕西省森林资源监测中心牌子，2022年授牌"生态空间数据中心"。在职214人，其中二级教授2人、教授级高工14人、高级工程师70人。近年来，规划院聚焦林政调查监测、碳汇计量监测体系建设、生态云平台及数据中心建设等重点工作，初步构建起"天空地一体化"监测体系。

陕西已开展多轮不同类别调查监测，其中针对森林资源的清查工作从1975—1976年起，先后开展九次。2004年开展全省森林资源规划设计调查，2010年调查工作基本结束。2011年开展林地年度变更调查，2016年固定为每年1次变更调查。1994年开启荒漠化和沙化监测，已连续开展六次。开展两次湿地资源调查，第一次2000年完成，第二次2012年完成。1984年农业部门开展了草地资源调查，2020年启动草原资源基况监测与评价工作。

2021年，按照国家林业和草原局要求开展林草生态综合监测工作。选取1133个固定样地和138个遥感判读变化样地、386个草地样地、25个湿地样地进行实测，将林草湿数据与国土"三调"数据对接融合，对上年度林地一张图数据进行变更，对全省国家级公益林进行优化，形成林草湿生态综合监测数据库、林地年度变更数据库和国家级公益林优化成果库。

第二章　规划之变

"凡事预则立，不预则废"。规划是提出战略目标，并转化为战略行动的"时间表""路线图"，具有行动约束性、预期性、指导性。规划引领发展是中国特色之治。

我国国家规划分为四大类：国家发展规划、国家空间规划、国家专项规划和国家区域规划。国家发展规划是国家发展战略阶段性"总规划"，自1953年开始实行发展国民经济的第一个五年计划，先后制定了14个五年规划；国家空间规划是国土空间用途管制和生态保护修复的重要依据，2010年国务院印发了第一个国土空间规划《全国主体功能区规划》，2019年中共中央、国务院印发《关于建立国土空间规划体系并监督实施的若干意见》，将主体功能区规划、土地利用规划、城乡规划等空间规划融合为统一的国土空间规划；国家专项规划是国家制定实施的特定领域发展规划；国家区域规划是国家制定实施的特定区域发展的规划。目前，从国家规划层面来看，我国已经形成以国家发展规划为统领，以空间规划为基础，以专项规划、区域规划为支撑，国家、省、市、县规划共同支撑的国家规划体系。

森林是绿色宝库，是陆地生态系统的主体。森林宝库中蓄养着支持地球生命系统的资源，提供着人类永续发展所需要的生态产品和生态服务。森林绿色宝库具有公共性、战略性、基础性。21世纪以来，森林绿色宝库引发全球高度关注，制定森林发展规划成为全球治理的一大趋势。2017年，第71届联合国大会通过《联合国森林战略规划（2017—2030年）》，塑形了全球森林发展战略，明确了实现全球森林目标的监测、评估和报告体系。

林政规划是国家规划体系中的专项规划，由林业主管部门按照国家发展总战略、国家发展规划、国家空间规划框架，协同性、针对性地对生态保护修复目标任务进行深化、细化和补充，覆盖了森林、草原、湿地、荒漠四大生态系统，囊括了资源保护、国土绿化、生态修复、产业发展、生态空间治理能力提升等任务。我国林政规划主要经历了四个阶段：

（一）计划起步，服务于"材"

1950年，政务院《关于全国林业工作的指示》强调，为恢复建设，需用大批木材，应制定森林合理采伐计划。1953年，林业部提出对国有林进行调查设计和通盘规划。1957年，林业部发布实施《山区林业规划纲要》。1958年，毛泽东主席《工作方法六十条（草案）》指出："林业要计算覆盖面积，算出各省、各专区、各县的覆盖面积比例，做出森林覆盖面积规划。"同年，中共中央、国务院关于在全国大规模造林的指示要求做好规划。1961年，林业部发布实施《开展国有速生林造林规划设计提纲》。1964年，林业部南方11省（区）林业工作会议要求制定林业建设规划，统一山林管理，大力增产木材。这一阶段，林业部直属6个规划院和各地规划单位相继成立，林业部制定了5个全国林业发展"五年计划"及有关绿化造林专项规划，重在发展木材生产，实行计划供应，为国家工业和经济建设服务。

（二）拓展范围，分类规划

1980年，中共中央、国务院关于大力开展植树造林的指示要求，各地要做出植树造林和森林覆盖率的规划，提出五年、十年和20世纪末的目标。同年，林业部全面部署调查规划工作。1982年，林业部部署全国林木种子生产基地建设规划工作。1984年，中共中央、国务院关于深入扎实地开展绿化祖国运动的指示要求，各地制定长期绿化规划，提出五年、十五年奋斗目标。1988 年，国家计委批复《建设一亿亩速生丰产商品用材林基地规划》。1990 年，国务院批复《1989—2000 年全国造林绿化规划纲要》。1992 年，林业部印发《沿海防护林体系建设"八五"计划》。1995 年，国家计委批复辽河流域、淮河太湖流域、珠江流域、黄河中游等四大区域防护林工程规划。这一阶段，随着计划经济向市场经济转轨，国家颁布实施《林业经济体制改革总体纲要》，对公益林和商品林实施分类经营，先后制定了四个全国林业发展"五年计划"和以防护林、特用林为主的公益林类，以用材林、经济林、薪炭林为主的商品林类专项规划，以及全国主要流域区域林业规划，规划辐射范围持续拓宽，规划分类趋于合理。

（三）健全体系，生态为重

2001 年，发布《全国林业发展第十个五年计划》，确定了实施天然林保护、退耕还林还草等主要目标和新造林面积、森林覆盖率等相关指标；同期发布了湿地保护、林业产业等专项规划和重点地区速生丰产用材林等区域规划。2006 年，发布《林业发展"十一五"和中长期规划》，确定了遏制生态恶化、森林覆盖率、森林面积、林业总产值等主要目标及 14 个相关指标；同期发布了自然保护区、森林防火研究等专项规划。2011 年，发布《林业发展"十二五"规划》，确定了新造林、森林抚育、森林覆盖率、森林蓄积量、森林植被总碳储量等主要目标和 17 个相关指标，同期发布了造林绿化、林下经济等专项规划和各重点流域防护林建设等区域规划。2016 年，发布《林业发展"十三五"规划》，确定了生态安全、生态服务、民生保障、治理能力等主要目标和 22 个相关指标，同期发布了湿地保护、国家储备林、森林城市等专项规划。这一阶段，不断调整和优化规划目标体系，确立了以生态保护修复为中心任务，制定了 4 个全国林业发展五年规划，并以此为轴，辐射编制了各个重要领域专项规划、重点流域山系区域规划、重要生态系统保护修复工程规划。

（四）统一体系，系统治理

2018年，中共中央、国务院印发《关于统一规划体系更好发挥国家发展规划战略导向作用的意见》，着力解决规划体系不统一、规划目标与政策工具不协调等问题，建立了制度健全、科学规范、运行有效的规划体制。新一轮机构改革后，森林、草原、湿地、荒漠和自然保护地管理等职责归集林业部门，从规划体制机制上缝合为一体。"双重规划"整合国土绿化、湿地与河湖保护修复、防沙治沙、水土保持、生物多样性保护等生态工程于一体。林长制着力构建五级林长体系，将党政领导保护发展生态资源的责任一体化，推动人与自然生命共同体系统性、原真性、完整性保护和统筹治理。2021年，国家林草局发布《"十四五"林业草原保护发展规划纲要》，确定了森林覆盖率、森林蓄积量、草原综合植被盖度、湿地保护率、自然保护地面积占比、沙化土地治理等主要目标和12个相关指标，按照国土空间规划和全国重要生态系统保护与修复重大工程总体布局，以国家重点生态功能区、生态保护红线、国家级自然保护地等为重点，布局重要生态系统保护和修复重大工程，加快推进"三区四带"生态屏障建设，加快构建以国家公园为主体的自然保护地体系。同时，还编制了13个重点领域专项规划和9个重要生态系统保护修复工程规划，初步构建了多规合一、系统治理的规划体系。

回顾林政规划发展历程，在内涵、指标、体系、规范、审批、效能等方面发生了一系列变化。

——规划内涵之变。林政发展规划内涵随国家发展规划的内涵变化而变化。从"十一五"开始，林业发展"五年计划"更名为林业发展"五年规划"，一字之差，体现了由计划经济体制向市场经济体制的深刻转变，规划内涵和理念随之变化。"计划"时代，林业部制定全国木材总产量、人造板产量等计划，指令逐级分解下达各地执行。"规划"时代减少了实物指标，增设了反映结构变化的预期性和宏观性指标，规划涉及面更广、系统性更全，战略性和指导性进一步增强。规划重在定目标、定规模、定前景，原则性展示发展蓝图；计划比规划要单一些、具体一些，重在定任务、定指标、定时间，提出具体方法、步骤、措施。2006年之后，全国多数林业规划单位名称由之前的"设计院"变为"规划院"，国家林草局规划主管机构也由"发展计划与资金管理司"变为"规划财务司"。

——目标指标之变。林政发展规划目标指标与国民经济和社会发展息息相关。新中国成立之初，国家建设急需大量木材。从全国林业"一五"计划至"五五"计划，均将木材生产等经济指标作为主要发展目标，辅以植树造林、封山育林等生态指标。"六五"计划，森林覆盖率开始进入规划目标。自"十五"计划起，生态指标比重持续提升，森林覆盖率被列入可持续发展的主要预期目标。"十一五"规划，生态类、经济类、保障和其他类目标指标占比为43∶29∶28，首次将森林覆盖率作为约束性指标。"十二五"规划，生态类、经济类、保障和其他类目标指标占比为47∶29∶24，确定森林覆盖率和森林蓄积量为约束性指标。"十三五"规划，生态类、经济类、保障和其他类目标指标占比为50∶23∶27，确定森林覆盖率、森林蓄积量、林地保有量、湿地保有量、重点保护野生动植物保护率、治沙面积、自然保护区占比、混交林占比等8个指标为约束性指标。"十四五"规划，生态类、经济类、保障和其他类目标指标占比为75∶8∶17，确定森林覆盖率、森林蓄积量为约束性指标。不同时期规划目标指标的变化，既体现了国家林业重心由重经济效益，到经济和生态兼顾，再到生态优先、绿色发展的变化，也体现了目标指标体系的不断调整和优化。

——规划体系之变。林政发展规划围绕和服务于国家发展规划，经历了从无到有、从局部到整体、从零散到系统的变化。新中国成立之初，边建设边摸索边规划。随着国家各项政策的建立健全和各级规划机构的相继创建，林政规划由最初的林业发展五年计划及少量单项、局部专项规划发展到现在，初步形成以林草保护发展五年规划为统领，以重要生态系统保护修复工程规划为基础，以自然保护地体系、国土绿化、防沙治沙、林地保护利用、草原保护修复、林业草原防火、林草产业、林草科技、国家储备林建设等专项规划和主要流域山系区域规划为支撑，由国家与地方规划共同组成的国家林业草原规划体系。

——编制规范之变。初期的林政发展规划，无规可依、无章可循，编制的规划可谓五花八门、良莠不齐。进入 21 世纪以来，随着《国家级森林公园总体规划规范》（LY/T2005—2012）、《自然保护区总体规划规程》（GB/T 20399—2006）、《森林经营方案编制与实施规范》（LY/T 2007—2012）、《国家森林步道建设规范》（(LY/T 2790—2017)）、《国家公园总体规划技术规范》（LY/T 3188—2020）、《林业调查规划设计单位资格认证管理办法》等行业规范相继出台，规划的内容更规范、布局更合理、目标更精准、"图文表"更齐全，规划整体的前瞻性、战略性和可操作性更强，有效推进了林业规划的规范化、制度化、科学化。

——规划审批之变。改革开放之前，规划审批制度不健全。随着有关法律法规和制度的相继颁布，规划审批进一步规范。《森林法实施条例》规定，全国林业长远规划由国务院林业主管部门会同其他有关部门编制，报国务院批准后施行；2012 年以来，国家林草局（国家林业局）先后出台了《国家林业局规划管理暂行办法》《关于加快推进县级林地保护利用规划审查审批工作的通知》《国家级自然保护区总体规划审批管理办法》《国家级森林公园总体规划审批管理办法》等林业规划审批管理制度，对规划涉及的重点领域、目标任务、保障措施提出明确要求，对规划起草、论证评审、审查审核、意见反馈、批复下达、实施监督等做出了明确规定，林业规划审批程序更加规范和严谨。

——实施效能之变。早期的林政发展规划，由于缺乏对落实情况和实施效能的监督与约束，有些规划往往是"规划、规划，墙上一挂"，落实不到位，实施效果不佳。进入新世纪，特别是党的十八大以来，国家加大了对规划执行效能的监督和检查力度。2018 年，中共中央、国务院发布了《关于统一规划体系更好发挥国家发展规划战略导向作用的意见》，要求按照谁牵头编制谁组织实施的原则，落实规划实施责任，完善监测评估，提升规划实施效能。此后，各级各类规划的可操作性进一步增强，实施效能明显提升。

进入新发展阶段，我国生态文明建设进入以降碳为重点战略方向的关键期，林政理念进入以科学绿化为根本遵循，以全面推行林长制为总抓手的转型期，林政目标进入以山清水秀为愿景、以挺进深绿色为阶段目标的爬坡期，林政规划也要同步进入统一体系、系统治理的新阶段，不断建立和完善兴林草兴生态的行动纲领及发展指南，擘画生态空间山清水秀画卷。要加强规划的"融合度"。以国家发展规划为统领，以空间规划为基础，把林业发展放进国民经济和社会发展的大战略，把生态空间放进国土空间的大盘子，全面对接"十四五"规划、国土空间规划、"双重"规划等上位规划，同时衔接好城镇、农业、水利、交通等平行规划，做好省、市、县林业战略性发展规划，确保林业发展规划与其他相关规划相互融合、相互支撑。要提升规划的"战略性"。打破传统思维，敢于革新、敢于创新，坚持山水林田湖草沙是生命共同体理念，聚焦生态系统稳定健康、产能高效，加快推进"三区四带"生态屏障建设，加快构建以国家公园为主体的自然保护地体系，融入生态空间治理先进理论和实践技术，形成一系列全新理念的科学规划。要提高规划的"精准度"。坚持"挂图作战"，以国土"三调"成果为基准，以融合后的林地"一张图"为底版，科学准确地将项目区、作业区落到图上、落到地块，持续推进落地上图管理，提高生态空间治理精细管理水平，使规划设计内容更科学、措施更合理、目标更精准、可操作性更强。严格履行规划编制和审批程序，建立健全规划实施评估和目标考核机制，确保规划科学、实施可行、落地见效。

阅读链接：陕西规划

陕西省林业局主管全省林政规划，局规划财务处负责规划立项、组织编制、衔接和论证、报批等管理工作，组织编制中长期规划；各相关处室、局直属单位依据各自职能负责编制有关专项规划。陕西省林业调查规划院承担各类规划技术支撑和数据服务。全省各级林业规划编制机构健全，有资质的林业规划单位132家(其中甲级资质7家)。2021年，省林业局发布规划管理暂行办法，进一步规范规划管理工作。目前，已初步形成以五年规划为统领，以森林、草原、湿地、荒野沙地、自然保护地规划为基础，以国土绿化、森林草原防火、有害生物防治、林草产业、林草科技等专项规划和天然林保护修复、退耕还林、"三北"防护林、野生动植物保护等工程规划及陕西秦岭、黄河流域、长江流域生态空间治理行动为支撑的陕西林政规划体系。

陕西省林业发展"十四五"规划。按照"一山、两河、四区、五带"的发展新格局，确定25项发展指标和10项生态保护修复工程，提出三步走发展愿景：2025年，初步建成"深绿陕西"，森林覆盖率增加1.5个百分点，达到46.5%，森林蓄积量达到6.3亿立方米；2035年，初步实现生态空间山清水秀；2050年基本建成高质量的山清水秀陕西。同时，制定了"十四五"全省自然保护地、国土绿化、防沙治沙、三北六期工程、天然林保护修复、林地保护利用、草原保护修复利用、湿地保护、林草产业发展、森林草原防火、草原有害生物防治、林草科技创新等12个专项规划。

陕西省"绿色碳库"建设规划。打造森林、草原、湿地、沙地荒漠、自然保护地五种类型"绿色碳库"，推动基于碳增储的生态空间高效能治理。2025年，初步建成覆盖全省、类型多样的"绿色碳库"示范基地70个、面积70万亩，森林蓄积量增加185万立方米，吸收二氧化碳338万吨；2030年，在巩固提升已建"绿色碳库"示范基地基础上，新建"绿色碳库"示范基地42个，总面积达到112万亩，森林蓄积量增加320万立方米，吸收二氧化碳585万吨，带动全省生态空间汇碳储碳能力显著增长。

陕西省国家储备林建设规划。以"陕北增绿、关中增景、陕南增效"为总目标，按照"统一规划、集中连片、规模经营、一县一策"原则，确定国家储备林建设基地县，通过人工林集约栽培、现有林改培方式，培育储备乡土树种，发展工业原料林，营造珍稀树种和大径级用材林，建成一批集约化经营、高标准管理的储备林基地。2025年，建成国家储备林基地168万亩；2035年，全省储备林达到420万亩，现代森林经营技术模式有效运用，树种结构逐步优化，储备林管理制度体系基本建立。

第三章　工程项目之变

生态建设工程是生态保护修复的硬举措，也是各级林政的硬任务。数十年来，我国先后实施了若干具有世界影响力的重大生态工程，推动了生态空间绿色革命，数万亿巨额投资转化为今日之绿水青山、江河安澜。回顾我国生态工程历程，从中可以感受由生态修复为主向生态保护修复并重发展，从注重数量向数量、质量并重发展，从单项工程向复合工程发展的历史之变。

改革开放之初，我国面对的生态环境问题极为严峻复杂。土地沙化、水土流失、生物多样性减少，沙灾、旱灾、水灾频发，严重的生态危机就像一把悬头利剑。党中央、国务院从中华民族生存与发展的根本利益出发，做出重大战略决策，克服财政紧张、物质匮乏等困难，投入大量资金，启动实施大型防护林工程。这些大型防护林工程，既是生态建设工程，也是环境保护工程。

1978年是我国生态建设工程元年。这一年，国务院批准国家林业总局《关于在"三北"风沙危害、水土流失的重点地区建设大型防护林的规划》，"三北"工程以"防风固沙，蓄水保土"为宗旨。工程区覆盖西北、华北、东北13省551县406.9万平方千米，占国土面积的42.4%。工程规划期70年，造林5.35亿亩，构筑一道坚实的绿色屏障。1988年，国家计委批复《全国沿海防护林体系建设工程总体规划》，北起辽宁鸭绿江口，南至广西北仑河口，覆盖11省261县8000千米，规划营造防护林5700万亩。1989年，国家计委批复《长江中上游防护林体系建设一期工程总体规划》，以恢复植被为重点，覆盖长江中上游12省271县。1991年，国务院批复全国绿化委员会、林业部《1991—2000年全国治沙工程规划要点》，将荒漠化防治列为专项工程，涉及27省599县沙区1.1亿亩。1994年，启动太行山绿化工程，覆盖4省110县营造林4400万亩。1995年，启动淮河太湖流域防护林体系建设工程和黄河中游防护林体系建设工程。1996年，启动珠江流域防护林体系建设工程和辽河流域防护林体系建设工程。

陆续实施的生态建设工程，促进了森林资源增长，改善了"三农"生态环境。但是，森林资源不足、质量不高，水土流失严重、生态环境恶化趋势远未根本好转。1998年，长江、松花江暴发特大洪涝灾害，给国家和人民生命财产造成巨大损失。党中央、国务院及时果断决策，实施以生态建设为主的林业发展战略。2001年将前述生态工程系统整合为"六大工程"，覆盖全国97%以上县域。

（一）天然林资源保护工程

这是中国自然资源保护史上的"天字号"工程。1998年开始试点，2000年正式启动。工程覆盖长江上游、黄河上中游、重点国有林区，涉及陕西等17省724县、160个重点企业、14个自然保护区。全面停止长江上游、黄河上中游天然林商业性采伐，调减木材产量，强化森林资源培育，分流安置富余职工。2011年，实施天保二期工程，增加丹江口库区11个县，继续停止长江上游、黄河上中游天然林商业性采伐，调减东北、内蒙古等重点国有林区木材生产，继续对国有职工社会保险、政社性支出给予补助。经过20余年，国家投入5000多亿元，有效保护天然乔木林19.44亿亩，建设公益林3亿亩，抚育森林2.73亿亩，培育后备资源1651万亩。

（二）退耕还林还草工程

1999年，陕西、四川、甘肃三省开展退耕还林还草试点，2002年全面推开。涉及水土流失严重的耕地，沙化、盐碱化、石漠化严重的耕地，以及粮食产量低而不稳的耕地，覆盖陕西等25省1897县，其中长江上游、黄河上中游、京津风沙源区856县是工程重点县。2014年，国务院同意国家林业局等五部委启动新一轮退耕还林还草工程。跨越20年时间，两轮退耕还林还草工程，中央财政累计投入5000多亿元，在25省和新疆生产建设兵团2435县还林还草5亿多亩，4100万农户1.58亿农民直接受益，加快了国土绿化进程，维护了国家生态安全。

（三）"三北"及长江流域等防护林体系建设工程

2001年，国家计委批复"三北"工程四期规划，覆盖"三北"13省590县405.39万平方千米，占国土面积的42.2%。2011年，"三北"五期工程规划，覆盖"三北"13省600县。40多年来，"三北"工程造林保存4.52亿亩，工程区森林覆盖率由5.05%提高到13.57%，实现了"沙进人退"到"绿进沙退"的历史性转变。2001—2010年，实施长江、珠江防护林体系建设，平原绿化、太行山绿化二期工程。2011年，国家林业局《长江流域防护林体系建设三期工程规划（2011—2020年）》，覆盖1959个县，总投资2128.7亿元。

（四）京津风沙源治理工程

2000年，国务院《2001—2010年环北京地区防沙治沙工程规划》，覆盖北京、天津、河北、山西、内蒙古5省75县，总面积46万平方千米。2012年，国务院《京津风沙源治理二期工程规划（2013—2022年）》，扩大至陕西6省138县。工程实施20年，森林覆盖率由10.59%增加到18.67%，综合植被盖度由39.8%提高到45.5%。

（五）野生动植物保护和自然保护区建设工程

2001年，国家计委批准《全国野生动植物保护及自然保护区建设工程总体规划(2001—2050)》。2003年，国务院批准《全国湿地保护工程规划(2002—2030)》，在东北、黄河中下游、长江中下游、滨海、青藏高原等8个湿地区布局保护、恢复、示范和能力建设工程。至2021年，全国建立自然保护地近万处，约占陆域国土面积的18%。90%的陆地生态系统类型，65%的高等植物群落和71%的国家重点保护野生动植物种类得到有效保护。

（六）重点地区速生丰产用材林基地建设工程

工程布局于400毫米等雨量线以东18省886县114林业局、林场，在2001—2015年间分三期建立速生丰产用材林2亿亩。

六大工程并立实施20年，全国森林资源恢复增长，林地面积扩大，水土流失面积收缩，生态环境恶化趋势得到遏制，基本构筑了国家生态安全骨架。

党的十八大以来，在习近平生态文明思想指引下，各地各部门践行"绿水青山就是金山银山"和"山水林田湖草沙是生命共同体"理念，探索"生命共同体"生态保护修复路径。2017年以来，国家相继出台了天然林保护修复、草原保护修复、湿地保护修复制度方案。2020年，天然林资源保护进入制度化、常态化阶段。同年，国家发改委、自然资源部印发《全国重要生态系统保护和修复重大工程总体规划(2021—2035年)》(简称"双重规划"),这是中国生态工程进入"生命共同体"时代的重要标志。2021年,财政部、自然资源部、生态环境部实施第二批山水林田湖草沙一体化保护和修复工程(简称"山水工程")。同年,财政部、林业草原局启动中央财政国土绿化试点示范项目(简称"试点项目"),覆盖20省20市。至此,我国生态工程建设进入以"双重规划"为主体,以"山水工程""试点项目"为补充的"生命共同体"保护修复新时代,由部分区域、专项工程转入了全方位、全过程工程建设。重要变化表现在以下几个方面:

——规划理念之变。新时期重大生态工程建设,体现"山水林田湖草沙是生命共同体"理念,突出生态系统的整体性和系统性。"双重规划"首次将森林、草原、湿地、荒漠和海洋五大自然生态系统一体布局,整合了分散在多个部门的国土绿化、湿地与河湖保护修复、防沙治沙、水土保持、生物多样性保护、土地综合整治等生态工程。"山水工程"着力于改变治山、治水、护田各自为战,生态保护修复条块分割问题,采用基于自然的解决方案。

——建设目标之变。经过40年,我国生态工程保护和修复目标从追求自然生态空间扩张、自然资源总量增长,逐步转向量质并重、以质为先,在增加森林面积、湿地保护面积、水土流失和沙化土地治理面积的同时,注重改善森林、草原、荒漠、湿地等生态系统状况,增强生态系统稳定性和优质生态产品供给能力。"双重规划"将目标锁定为全国生态系统质量明显改善,生态服务功能显著提高,国家生态安全屏障质量全面提升,为基本实现社会主义现代化和美丽中国奠定坚实的生态基础。

——空间布局之变。"双重规划"为国家重大战略提供生态支撑,以国家生态安全战略格局为基础,以国家重点生态功能区、生态保护红线、国家自然保护地为重点,布局青藏高原生态屏障区、黄河重点生态区(含黄土高原生态屏障)、长江重点生态区(含川滇生态屏障)、东北森林带、北方防沙带、南方丘陵山地带、海岸带等重点区域,围绕重点区域、重点领域部署重大工程和重点任务,不追求全域覆盖,着力于构筑国家生态安全体系。

——组织方式之变。以往的重大生态工程多采取地方政府分包制,跨区域跨部门协同治理。"双重规划""山水工程"以区域为基本单元,以"条块结合、以块为主"方式安排工程,改变了以生态要素为主设置生态工程、以条线为主推进工程的治理模式。同时,要求工程项目落地上图,逐步精准化,改变同一区域、同一地块项目交叉、重复实施,地方政府集中调动部门力量共同推进山水林田湖草沙一体保护修复。

人不负青山,青山定不负人。生态工程已经历史性地从"六大工程"时代转入以"双重规划"为主体,"山水工程""试点项目"为补充的时代。我们要解放思想,直面现实,深刻认识生态工程变局,顺应变局,把握变局,努力破局、解局,开创新局面。善于用系统观念谋生态保护修复项目,专注做好黄土高原水土流失综合治理、秦岭生态保护与修复和大巴山区生物多样性保护与修复项目,精准开展生态空间分带治理、分层治理、分区治理,推动生态空间绿色革命蹄疾步稳,促进生态系统稳定健康高效运转。

阅读链接:陕西工程项目

陕西省天保工程分为二期。一期工程时限为1998—2010年,二期工程时限为2011—2020年,二期工程在一期工程范围上进行了调整,范围包括陕西省除西安市5区以外的102个县(市、区)、12个重点森工、4个国有林场和1个国家级自然保护区,共119个实施单位。工程区总面积30870.00万亩,林地面积21489.67万亩,其中有林地12167.93万亩(其中天然林9101.12万亩)、灌木林地3391.99万亩、疏林地312.6万亩、未成林造林地1752.43万亩、苗圃地5.77万亩、无林地3621.83万亩、其他林地237.12万亩。主要任务包括继续停止天然林商品性采伐、森林管护、公益林建设、中幼龄林抚育、保障和改善民生。1998—2020年,国家累计投资陕西省天保工程中央资金251.02亿元。其中,中央基本建设资金40.28亿元,中央财政专项资金200.86亿元,中央财政转移支付9.88亿元。省级地方财政实际配套资金13.4亿元。其中,基本建设5.77亿元,财政资金7.64亿元。

陕西是退耕还林还草的策源地。1999年,陕西省率先启动退耕还林还草工程试点。2002年,退耕还林还草工程在全省全面铺开。截至2014年,上一轮全省共完成退耕还林计划任务3695万亩,其中退耕地还林1528.8万亩,荒山造林1926.7万亩,封山育林239.5万亩。工程涉及全省10个市102个县级单位。截至目前,国家累计下拨上一轮退耕还林兑现补助资金340亿元。2014年新一轮退耕还林还草工程启动以来,陕西省累计实施退耕还林还草411万亩,其中退耕地还林399万亩,还草6万亩,荒山造林6万亩。国家累计下达新一轮退耕还林还草种苗造林费14亿元,拨付政策兑现补助资金33亿元。20年来,陕西省累计完成国家下达的退耕还林还草建设任务4106万亩,其中退耕地还林还草1933.8万亩,兑现政策补助资金373亿元,建设规模和投资额度均居全国前列。工程涉及全省10个市102个县级单位。惠及300万农户1000余万农民,退耕农民人均获得补助资金3730元。

陕西"三北"防护林体系建设工程始于1978年,截至目前共实施五期工程,一期工程时限为1978—1985年,建设范围包括长城沿线风沙区、陕北黄土高原丘陵沟壑区、渭北黄土高原沟壑区的榆林、延安、铜川、宝鸡、咸阳、渭南地、市的49个县(市、区),规划建设任务1404万亩,实际完成建设任务1377万亩,完成投资6571.8万元,其中国家投资4776万元,地方投资投劳1795.8万元。二期工程时限为1986—1990

年，建设范围和一期相同，规划建设任务1224万亩，实际完成建设任务2039万亩，完成投资10836万元，其中国家投资7877万元，地方投资投劳2959万元。三期工程时限为1991—2000年，建设范围增加至60个县(市、区)，总面积11.63万平方千米，规划建设任务738万亩，实际完成建设任务738万亩，完成投资5526万元，其中国家投资4016万元，地方投资投劳1510万元。四期工程时限为2001—2010年，建设范围包括65个县(市、区)，区域面积12.07万平方千米，规划建设任务1260万亩，完成建设任务581.3万亩。完成投资91793.8万元，其中国家投资66506.6万元，地方投资投劳25287.2万元。五期工程时限为2011—2020年，建设范围面积12.19万平方千米，规划建设任务2300万亩，2011—2016实际完成国家下达建设任务495万亩，完成投资119299.7万元，其中国家投资97098万元，地方投资22201.7万元。工程实施40年以来，建设范围从最初的49个县、区扩大到现在的68个县、区，陕西省"三北"防护林体系建设工程历经了"生态型""生态经济型""质量效益型"的发展历程，取得了明显的经济、社会和生态效益。

陕西京津风沙源治理二期工程始于1993年，建设范围涉及陕西榆林的榆阳区、神木市、府谷县、横山区、定边县、靖边县6个县区。工程区总国土面积为5034.52万亩，该区域沙化土地面积2020万亩，占全省沙化土地的99.5%。2013—2022年，陕西省京津风沙源治理二期工程规划中央预算内投资19.4亿元、中央财政补贴7.8亿元，地方配套15.9亿元，规划安排人工造乔木林92.55万亩、人工造灌木林58.65万亩、封山(沙)育林380.85万亩、飞播造林82.65万亩、现有林管护870万亩、飞播牧草4.8万亩、围栏封育14.55万亩、工程固沙82.35万亩、水源工程5500处、节水灌溉3300处、小流域综合治理 400 平方千米、人工饲草基地 39 万亩、草种基地 9.9 万亩、暖棚 68 万平方米、饲料机械 1 万台、青贮窖 20 万立方米、异地搬迁 2.54 万人。自京津风沙源治理二期工程启动实施以来，陕西省防沙治沙迈入了整体好转、局部良性循环的新阶段，实现了由"沙进人退"到"绿进沙固"的历史性巨变。

第四章　国际合作之变

当前，百年变局和世纪疫情相互叠加、交织影响，世界进入新的动荡变革期，各种传统和非传统安全威胁层出不穷，粮食安全、能源安全、生态安全，以及就业、教育科技、医疗卫生等领域面临的风险挑战前所未有。发展是人类进步的永恒主题，合作是国际社会应对风险的最佳途径。"凝聚共识""合作共赢""维护多边主义"是当今世界国际合作的主旋律。国际林政合作是国际合作的重要组成部分，也是我国林政的重要内容之一。本文所称国际林政合作，即是以"林"打头，涵盖森林、草原、湿地、荒漠四大陆地生态系统和自然保护地体系的国际合作。国际林政合作在全球防治荒漠化、保护修复森林草原湿地生态系统、维持碳氧平衡、维护生物多样性、应对气候变化，以及促进人类可持续发展中发挥着极为重要的作用。

回望过去，我国林政国际合作紧扣历史脉搏，围绕国家发展大局，积极开展国际科技交流、引进国外资金、参与国际多边活动，经历了接受国际援助、一般技术交流、跟踪国际发展，到全面参与、引导国际生态治理的重大历史性转变。

（一）1949—1978年，双边合作阶段

新中国成立初期，国际合作渠道窄、范围小、程度低，以技术交流和援助第三世界国家为主。原林业部聘请了一批苏联及东欧国家林业专家，在林经管理、林区开发、森林调查、造林设计、教学科研等领域提供服务和指导。1952年开始，聘请50多名苏联专家，在雷州半岛、海南岛以及广西和云南的热带地区建设华南橡胶垦殖基地。1954年开始，陆续聘请200多名苏联专家指导东北、西南、西北等国有林区森林航空测量和调查，为我国培训了森林航测、航调队伍。1957—1958年，聘请苏联专家指导北方山地、黄土高原、铁路沿线、南方用材林作业设计，为22个省（区）编制造林典型设计，为各省（区）培训了200多名造林设计技术人员。1957年后，聘请苏联专家指导编制大兴安岭林区开发总体规划和新建森林工业局总体设计，指导热带林和特种林森林经理。1951—1957年，聘请苏联教师在东北林学院、北京林学院和南京林学院从事森林学、森林经理、林业经济、造林学、森林采伐、木材运输机械化、木材加工、林产化工课程教学任务。1954年，第四届世界林业大会在印度举行，我国派代表团参加，这是我国首次参加世界林业大会。此后由于其他原因一度中断参加。

20世纪60—70年代，国际合作重点转移到执行国家对外经济技术援助项目上。先后派林业专家组赴缅甸、柬埔寨、越南、朝鲜等国工作，提供林业经营管理技术咨询和林业生产技术指导。1961—1963年我国援助柬埔寨建设的金边胶合板厂、援助缅甸建设的斯瓦胶合板厂先后投产。1962—1963年，林业部派出技术专家组，对越南孝江林区进行森林资源调查和总体设计，专家组指导越方人员完成了孝江林区测树编表工作，协助越南林业总局创建了森林调查总队和规划设计院，培训了数百名越南技术人员，奠定了越南林业技术基础。1968年，我国援助阿尔巴尼亚建成阿尔巴桑纤维板厂、斯库台纤维板厂、斯库台纤维板厂油漆车间和地拉那刨花板厂，初步建立了阿尔巴尼亚人造板工业体

系。向朝鲜提供成套设备，援助建成渭渊橡胶厂，开发鞣质原料。1970年后，我国援助坦桑尼亚在桑给巴尔岛开展森林采伐，并提供成套设备建成了木材加工厂。在提供经济技术援助的同时，持续开展国际交流。1971年，中国恢复联合国合法席位。1972年，恢复参加在阿根廷首都布宜诺斯艾利斯召开的第七届世界林业大会，加强与国际组织联系。"文化大革命"时期，对外交流与合作基本上处于停顿、维持状态。

（二）1978—2012年，多边合作阶段

党的十一届三中全会后，党和国家工作重心转移到经济建设上，对外开放成为基本国策。积极广泛地开展国际合作和交流，各项事业在国际交流、国际经济技术合作、利用外资、进出口贸易等领域快速发展，形成多形式、多渠道、多层次、多领域、科经贸全方位国际合作格局。

——科技合作。20世纪80—90年代，大量引进林业科学技术、动植物资源。引进加拿大利用杨树生产华夫板技术，建立华夫板厂，解决了我国杨木加工利用问题；引进种苗培育技术，解决了我国兴安落叶松繁殖过程中种子芽伸长难题；引进杨树深栽技术，在我国北方地区推广，在干旱地区造林绿化中发挥了重要作用；借鉴泰国经验，我国人工繁殖扬子鳄获得成功，幼鳄保存率由原来的30%提高到90%；常州林业机械厂突破装载机生产技术，信阳木工机械厂获得跑车大带锯生产关键技术。从意大利引进意杨树，从澳大利亚和巴西引进桉树，从美国引进湿地松和火炬松，为我国建设速生丰产用材林基地提供了重要树种；引进核桃属树种8个、品种38个、杂交种1个，丰富了种质资源；引进了松突圆蚧天敌——花角蚜小蜂，生物防治取得成功；引回在我国已灭绝的野马、麋鹿重新进行繁殖发展。

进入20世纪90年代，我国林业科技人才、技术和产品开始走出国门。我国泡桐专家多次应邀到美国、澳大利亚进行讲学和技术指导；ABT植物生长调节剂系列产品推广到30多个国家，并建立起以亚太地区为中心的国际合作网络；木工机械进入东南亚市场。

——人才合作。20世纪80—90年代,高等林业院校聘请来自50个国家或地区的专家4000余人次,有4人获得国家外国专家局颁发的"友谊奖",1人获得林业部颁发的"中国林业国际合作奖",多人被授予名誉教授、名誉博士称号;通过聘请外国专家,促成国际合作项目200多项,培养各类人才1800多人次,建立国际性培训中心2个;向美国、加拿大、德国、日本、泰国、瑞典、芬兰、意大利、英国、法国、奥地利、荷兰、新西兰、韩国、澳大利亚等国家派出留学和进修人员180多人次,涉及林业经济、森林资源监测、林木育种、森林保护、水土保持、森林生态、森林采伐、林区道路设计、木材加工、林产化工、林业机械、人体工程和计算机应用等多个领域。

——项目合作。1980年5月15日,中国正式恢复在世界银行合法席位,开始建立合作关系。1985年,原林业部首次利用世行贷款5000多万美元,在黑龙江等14个省(区、市)组织实施"林业发展项目",拉开了我国林业与国际金融组织项目合作的序幕。1990—2001年,我国引进实施世行贷款"国家造林项目(NAP)"和"森林资源发展和保护项目(FRDPP)"。"国家造林项目"是世行在全球最大规模的造林项目之一,总投资5亿美元,规划营造高标准人工林1477.5万亩;"森林资源发展和保护项目"总投资3.34亿美元,建设集约经营人工林和多功能长江防护林1350万亩。1988年,世行贷款大兴安岭森林火灾恢复项目获得世行贷款5620万美元。1994年,实施世行贷款"贫困地区林业发展项目(FDPA)"。该项目总投资3.64亿美元,其中世行贷款2亿美元,共营造用材林、经济林、竹林996.75万亩,261万贫困人口从中受益。1998年,启动实施世行贷款"林业持续发展项目(SFDP)",有效缓解了天保工程实施后我国日益尖锐的木材供需矛盾。21世纪初,中德合作森林可持续经营项目开始实施,在我国20多个省(自治区、直辖市)开展森林可持续经营,发挥森林的多种效益和功能,探索森林经营模式、经验并提供示范。2010年,世行贷款"林业综合发展项目(IFDP)"启动实施,项目通过深入发挥森林生态系统的多种功能,实现森林以生态效益为主的综合效益，为具有重大公共利益功能的森林管理提供示范。除引进外资项目外，我国还积极拓展海外开发项目，涉及林木采伐及加工、花卉培育、林机修配、承包劳务等领域，项目分布在巴西、俄罗斯、赤道几内亚、巴布亚新几内亚、斐济、加蓬、喀麦隆等国。1984年，原林业部下属企业中国林业集团公司在巴西投资400万美元成立巴西华西木材工商股份有限公司，年产5万立方米胶合板，为促进同南美国家经贸技术合作做出了历史贡献。

——入约履约。1992年后，世界环境与发展大会通过了《里约环境与发展宣言》《21世纪议程》《关于森林问题的原则声明》，并签署了联合国《气候变化框架公约》《生物多样性公约》《联合国防治荒漠化公约》。我国政府履行环境与发展的义务和责任，加紧落实后续行动，1994年率先制定了《中国21世纪议程》《中国21世纪议程林业行动计划》，系统提出了21世纪林业发展的总体规划和对策，有力推动中国林业国际化进程。1992年，我国加入《生物多样性公约》，在珍稀物种保护等方面履约，每年5月22日开展"国际生物多样性日"宣传活动。同年，加入《湿地公约》，在应对湿地面积减少、生态功能退化等方面采取积极行动，每年2月2日开展"世界湿地日"宣传活动。1996年，加入《联合国防治荒漠化公约》，2001年出台《中华人民共和国防沙治沙法》，为履约提供重要法律保障，每年6月17日开展"世界防治荒漠化和干旱日"宣传活动。1998年，中国签署《京都议定书》，承诺大力开展植树造林活动，为缓解和适应气候变化做出贡献。2012年，原国家林业局选定12个单位作为履行《联合国森林文书》示范单位，每年3月21日开展"国际森林日"宣传活动。

——国际组织。我国与联合国粮农组织林业委员会、国际竹藤组织（INBAR）等国际机构及几十个政府间或非政府间的国际组织建立了工作联系和合作关系。1979年我国加入世界粮食计划署（WFP）。从1979—2005年，先后获得了联合国粮食计划署约10亿美元的援助，用于"三北"防护林、长江中上游防护林、太行山绿化、速生丰产林、油茶低产林改造等领域的合作项目,总金额超过1.2亿美元。2006年开始,联合国粮食计划署携手中国政府致力于帮助其他发展中国家。1997年11月,由我国政府牵头筹建的政府间国际组织——国际竹藤组织在北京正式成立。这是第一个将总部设在中国的政府间国际组织,标志着我国林业对外开放新突破。世界自然基金会(WWF)是第一个受中国政府邀请来华开展保护工作的国际非政府组织,在中国的工作始于1980年的大熊猫及其栖息地的保护,1996年,正式成立北京办事处,此后陆续在全国建立了8个项目组。2007年9月,中方与美国和澳大利亚共同提出建立亚太森林组织设想,并写入《关于气候变化、能源安全与清洁发展的悉尼宣言》及行动计划。

——国际会议。1992年联合国环境与发展大会之后,联合国牵头在全球范围内举办了一系列的国际活动,促进世界林业的发展。我国派代表团参加了"联合国环境与发展大会""世界林业大会""粮农组织林业部长会议""国际草地会议"等重要会议,阐明了我国在森林、草原、湿地等问题上的一系列原则、立场,宣传了我国生态建设取得的可喜成就,受到了国际社会关注和好评。1981年,我国首次参加第十四届国际草地会议。1992年起,我国参加了历届《湿地公约》缔约方大会。2011年,我国举办首届亚太经合组织林业部长级会议,通过了《北京林业宣言》,内容包括建立和完善林业法规法律体系,加强林业机构能力建设,开展务实的林业经济技术合作,保护、恢复和发展森林资源,增加森林面积,提高森林质量,促进绿色增长,实现亚太林业可持续发展。

(三)2012年至今,高质量合作阶段

党的十八大以来,习近平总书记在国内提出"要加快生态文明体制改革、建设美丽中国"要求,在国际上提出"一带一路"、建设美丽地球、构建人类命运共同体的倡议。我国践行大国外交,参与全球生态治理,国际合作不断提升层次、拓展渠道,交流合作成果突出,进入高质

量合作阶段。

2013年"一带一路"倡议提出以来，我国已经与56个沿线国家签署了双边林业合作协议，加强林业政策对话与务实合作。2013年，中国林业集团秉承"走出去"战略，收购我国原木进口第一来源国新西兰16.5万亩林地，成立中国林业集团新西兰有限公司，从事境外林地开发与国际木材经营。"十三五"期间，林业利用国际金融组织贷款8.9亿美元，涉及14个省（区、市），新造和改造林草面积7425万亩。2017年9月，《联合国防治荒漠化公约》第十三次缔约方大会高级别会议在内蒙古鄂尔多斯市召开，国家主席习近平在贺信中指出，中国将坚定不移履行公约义务，一如既往加强同各成员国和国际组织的交流合作，共同为建设一个更加美好的世界而努力。2019年10月，联合国召开在华四十周年庆典，联合国世界粮食计划署（WFP）回顾与中国政府长达40多年的合作历程，回顾了中国政府从1979年首次接受WFP捐赠，到逐步由粮食受援国转变为粮食支援大国的历程，双方表示要为打造"一个没有饥饿的世界"继续深入合作。2020年9月，习近平主席在第七十五届联合国大会上宣布，中国力争2030年前实现碳达峰、2060年前实现碳中和。2021年10月，我国承办《生物多样性公约》第十五次缔约方大会，承诺率先出资15亿元人民币成立昆明生物多样性基金，支持发展中国家生物多样性保护事业，推动全球生物多样性治理迈上新台阶。

国际合作是国内发展的需要，国际合作促进国内发展，国内发展提升国际合作。国际合作深刻影响着中国，中国是发展中大国，从国际合作中引入发展理念，引进科技、资金和管理经验，实现与国际接轨、合作共赢。国际林政合作主要呈现了以下重要变化：

——地位之变：从"引进来"到"走出去"。新中国成立初期，主要与东欧国家、部分西方友好国家开展合作。改革开放后，从西方友好国家引进技术、设备和经验，争取赠款和优惠贷款。随着我国综合国力持续提升，在应对气候变化、防沙治沙、野生动植物保护等方面创造了令世人瞩目的生态奇迹。党的十八大以来，我国发展中国特色大国外交，积极参与全球森林治理，对国际林业事务的支持不断加大。国际社会不断看重我国的立场和地位，更加注重与我国合作，希望我国提供更多的全球公共产品，在全球治理中发挥更大作用、承担更大责任。

——形式之变：从单一到丰富。改革开放前，仅签署1个政府间和部门间林业合作协议。到2018年，中国同63个国家签署121个林业合作协议。目前，我国已加入《联合国气候变化框架公约》《生物多样性公约》《濒危野生动植物国际贸易公约》《防治沙漠化公约》《湿地公约》等一系列政府间公约和组织，与世界自然基金会、自然保护联盟、大自然保护协会、湿地国际、国际林联等非政府国际组织或机构建立联系。

——内容之变：从单向工作到全方位多样化转变。国际合作内容从以技术交流和援助为主，拓宽至国际贷款、外商投资等方面。20世纪80年代，我国开始对外投资，2014年年底，中资企业在俄罗斯、非洲、东南亚、美洲等18个国家和地区投资中型、大型合作项目178个，约20亿美元。2018年年底，援外培训林业官员和技术人员6400余人次，培训国家123个。

——项目之变：从20世纪80年代的"国家造林项目（NAP）"和"森林资源发展和保护项目（FRDPP）"，到20世纪末"贫困地区林业发展项目（FDPA）""林业持续发展项目（SFDP）"，再到21世纪初"林业综合发展项目（IFDP）"，项目目标从注重发挥森林经济效益向发挥森林生态效益为主的多种效益转变，从满足社会对木材和林产品的需求向提供生态公共产品转变。项目内容不断丰富完善，以用材林和经济林建设为主，向涵盖森林、草原、湿地、荒漠化和自然保护地体系的全部生态空间拓展。项目资金来源从单一的世界银行扩展到多个国际金融机构，呈现出多元并举、协同并进的发展格局。

中国是联合国安理会常任理事国，伟大复兴中的大国，在制定世界规则、建设美丽世界、共建人类命运共同体中彰显大国担当，与各国共享发展理念、发展经验、发展成果，在构建人类命运共同体的伟大进程中突出中国实践、做出中国贡献。

阅读链接：陕西国际项目

陕西林业国际合作开始于20世纪90年代，积极实施国际项目、履行公约、国际会议和国际交流，在国际合作中贡献了陕西智慧。

国际项目：1991年引入德国政府无偿援助中国合作造林项目，标志着陕西林业对外合作之门开启。30年来，陕西共引进实施林业国际合作项目11个、资金11.4亿元人民币，并呈逐年增长的趋势。项目主要涉及生态修复、产业发展、生物多样性保护等。生态修复类有中德合作陕西西部恢复生态造林、中德合作陕西延安造林、全球环境基金中国防治土地退化、日本小渊基金造林、中韩合作荒漠化防治与示范等项目。产业发展类有中国比利时合作陕西贫困地区社会经济综合发展、日元贷款陕西植树造林、亚行贷款西北三省区陕西林业生态发展等项目。生物多样性保护类有秦岭自然保护区群全球环境基金（GEF）、世界自然基金会（WWF）秦岭生物多样性保护合作、亚行贷款陕西秦岭生态和生物资源保护等项目。这些项目在生态环境修复、林业产业发展、生物多样性保护等方面发挥了重要的支撑和助推作用。"十四五"期间，陕西省筹备了一批投资大、覆盖面广的林业国际合作项目，主要有亚行贷款丝路沿线地区生态治理与保护、欧洲投资银行贷款陕西生态造林、欧洲投资银行贷款沙化土地治理等项目，总投资达35亿元人民币，其中使用外资2.7亿美元，重点支持陕西省秦岭生态修复和保护、黄河流域生态保护和高质量发展、乡村振兴等重要领域。

履行公约：陕西每年定期开展"世界湿地日""世界野生动植物日""国际森林日""国际生物多样性日""世界防治荒漠化和干旱日"宣传活动。2012年，陕西省延安市黄龙山国有林管理局成为我国首批12家履行《联合国森林文书》的示范单位之一，在森林自然经营等方面贡献了中国经验。2021年6月，第27个世界防治荒漠化与干旱日纪念活动暨荒漠化防治高质量发展学术论坛在陕西西安举办，联合国防治荒漠化公约执行秘书易卜拉欣·迪奥为大会发来视频致辞，中国治沙暨沙业学会发出防治荒漠化倡议书。2021年10月，陕西省参加《生物多样性公约》缔约方大会第十五次会议及生态文明论坛，宝鸡市渭滨区、麟游县，汉中市宁强县和安康市石泉县被命名为第五批国家生态文明示范区，宝鸡市凤县、汉中市佛坪县和商洛市柞水县被命名为第五批"绿水青山就是金山银山"实践创新基地，在生态文明论坛开幕式授牌仪式上获得授牌。

国际会议：中国杨凌农业高新科技成果博览会(简称杨凌农高会)是国际展览业协会(UFI)认证展会，1994年由科技部、农业农村部、商务部、中国科学院、国家林业和草原局、国家知识产权局和陕西省人民政府共同创办，到2021年已经连续举办28届。是"国际知名、国内一流、市场认可、农民喜爱"的农科盛会，成为中国与世界各国农林业领域深入合作交流的广阔平台。2011年4—10月，第41届世界园艺博览会在西安成功举办，此次博览会属A2+B1级别国际性园艺博览会，由陕西省政府、国家林业局、中国贸促会、中国花卉协会共同举办，共有105个国内外城市和机构参展。西安丝绸之路国际旅游博览会(简称丝博会)响应国家"一带一路"倡议，以入境旅游、出境旅游和丝绸之路旅游项目国际交流合作、形象展示、产品宣传、项目洽谈等为主要内容，是国内首个以"丝绸之路"为主题的国际性大型旅游博览会。2014—2021年，丝博会已连续在西安举办6届，吸引40余个国家和地区及港澳台地区的旅游机构参展，在推进丝绸之路旅游合作，促进文化交流方面发挥了重要作用。

国际交流。2013年，2只朱鹮作为中韩友好使者，落户韩国。2018年5月，首届朱鹮国际论坛在洋县开幕。2011年5月，由国家林业局和陕西省政府共同举办的"朱鹮保护30周年国际研讨会"在陕西洋县召开。朱鹮作为陕西文化符号，日益成为中日韩地方政府合作和民间交流的友好使者和合作载体，这既为世界拯救濒危物种树立了榜样，又为深化中日韩三国合作和东北亚地区区域合作奠定了坚实的民意和社会基础，成为中日韩三国彼此信任合作的一个精彩亮点。2018年5月，陕西省林业局局长党双忍到美国考察期间，在耶鲁大学发表生态建设主旨演讲，其所著《中国树文化》一书被耶鲁大学图书馆永久收藏。

第五章　科技之变

科学技术是第一生产力，科技创新是第一驱动力，是生态空间绿色革命的关键力量。"林草兴则生态兴""生态兴则文明兴"。兴林草兴生态，必先兴科技强科技。

早在新石器时代，西安半坡的彩陶器上就出现了象征植物生长的花纹。至夏时，出现了保护森林的记载。《周书·大聚篇》"禹之禁，春三月，山林不登斧，以成草木之长"。《尔雅·释木》出现灌木、丛木、乔木概念。秦驰道营造边境林，汉上林苑营造园林。除《齐民要术》《农政全书》外，还有林业专著《种树书》《南方草木状》《竹谱》《桐谱》。得益于宗法一体、天人合一理念，中国传统林业技术保持世界领先地位。

近代以来，西方现代生物科学传入中国，与传统林学交融发展，分立出树木学、造林学、苗圃学、森林经理学、测树学、木材学，相继成立北京农事试验场（1906）、林务研究所（1916）、中国科学社生物研究所植物部（1922）、中央林业实验所（1941）等林业科研机构，创建《森林》《林学》等专业刊物。1948年胡先骕、郑万钧发表《水杉新种及生存之水杉新种》，宣告科学发现"活化石"水杉，被誉为20世纪植物学领域最大的科学发现之一。但是，中国林业科技落后于世界潮流，是中国落后于世界大趋势的一部分。

新中国成立以后，中国林业科技大步追赶世界潮流，与时俱进、克服艰难、砥砺奋进，推进科技兴林，完善科技体系，提升创新能力，走上高质量发展之路。大体历经四个重要阶段：

（一）创业创新、构筑基础

在机构建设方面，1951年筹建、1953年成立中央林业科学研究所。1954年林业部设科技司负责科研管理、科技发展工作，归口管理林业标准、计量和质量工作。1958年，在中央林业研究所基础上成立中国林业科学研究院，并陆续设立林业经济、木材工业、林业机械、林产化学工业、紫胶等研究所，逐步发展成为综合性科学研究机构。各省、市、自治区陆续成立林业科学研究机构，林业科技研究体系逐步建立。在资源调查方面，1953年在苏联援助下，林垦部应用航空摄影与航空测量制图技术调查森林资源，至1964年全国主要林区第一轮航空摄影结束，完成1∶2.5万比例尺摄影71万平方千米，河道带状摄影7805千米，航空视察带状摄影29187千米。在科学研究方面，以梁希为代表，科技工作者开展了重要树种特性、全国林型、造林立地条件及造林技术、重要树种种子特性、育苗技术及树木引种育种、主要森林病虫害及森林防火技术、森林主伐方式及天然更新、森林抚育科学原理、森林经营组织原则、主要木材和竹材构造及材性、木材采运技术的提高及工艺过程机械化、林产化学加工技术及工艺过程等方面的研究，解决了全国造林绿化和森林工业生产中的主要技术问题。1954年，林业部颁布

《木材规格》《木材检尺办法》《木材材积表》，标志着木材生产向标准化迈出重要步伐。在高等教育方面，走出一条独立发展的林业教育之路。1950年，林垦部与教育部召开全国林业教育会议，南京大学、金陵大学、中山大学等14所大学、农学院开办2年制林业专修科，招收本专科学生1615人。1952年，教育部合并7所大学森林系，成立北京、东北、南京三所林学院。1954年林业部成立教育司，北京、东北、南京林学院归林业部领导。到1957年，全国高等林业院校(系)在校本专科学生6065人。"文化大革命"开始后，林业院校停止招生。1970年，部分林业院校恢复招生。1978年，在恢复北京、南京、东北、中南林学院的同时，组建西南林学院。1979年，从西北农学院分出西北林学院。1985年，全国高等林业院校本专科在校学生20126人。1999年，高等林业院校逐步调整合并，西北林学院并入西北农林科技大学。在专业设置上，1950年有造林、森林经营、林产利用3个专业。1954年发展到造林、森林经营、森林采伐运输机械化、木材加工4个专业。之后，先后增设森林培育、森林环境治理、森林资源管理、森林和野生动植物保护、森林利用工程、林业经济管理专业，开设理学、法学、教育学专业，形成多学科发展的态势。

（二）科教兴林、壮大发展

1978年隆重召开全国科技大会，邓小平做出"科学技术是生产力"的重要论断。1985年，中共中央《关于科学技术体制改革的决定》提出"经济建设必须依靠科学技术，科学技术必须面向经济建设"的科技发展指导方针。1995年，国务院《关于加速科学技术进步的决定》提出"科教兴国"，中国迎来"科学的春天"。《1978—1985年全国科学技术发展规划纲要》指出，林业科技要研究我国森林资源少、生长量低、木材浪费大，综合利用率低，以及重采伐、轻造轻抚等问题。《1986—2000年林业科技发展规划(草案)》提出6个方面18个科技发展项目。1985年，林业部要求科研机构"把科技力量推向林业建设的主战场"，逐步建成专业配套、布局合理、分工协作的全国科研体系。1990年，林业部明确"科技兴林"方针，把促进科技成果转化作为林业科技工作的首要任务。1995年，林业部《关于贯彻〈中共中央国务院关于加速科学技术进步的决定〉的意见》明确"科教兴林"主要任务。1997年，国务院《中华人民共和国植物新品种保护条例》规定林业部门负责林木、竹、果树（干果部分）等植物新品种权申请受理、审查和授权工作。在基础科学方面，树木学研究不断丰富，《中国树木志》第1卷、第2卷分别在1983年、1985年出版；《陕西树木志》《山东树木志》《云南树木志（上卷）》等地方树木志陆续出版；《红松林》（1980年）、《杉木》（1984年）、《杨树》（1988年）、《中国油茶》（1988年）等树种专著相继推出；树木生理生化研究全面启动，从水分生理、营养生理研究发展到光合作用、代谢生理、种子生理、组织培养、实验技术等研究；森林土壤研究起步，形成森林土壤分类和生产力评价、森林生态系统中矿质营养元素和水分循环、土壤诊断系统论述。到1998年，在生态工程区、荒漠化地区陆续建立多个生态系统功能定位检测站。在森林培育保护方面，确认了杉木等优良树种种源区，应用组织培养、容器育苗等新技术，培育林木新品种2000多个。推动立地造林、盐碱地造林技术进步，有力支撑了防护林营建。通过种子处理、播期选择、飞行导航、播后经营管理多方面研究，陕西成功掌握了飞播造林技术，引领全国飞播造林事业。在森林病虫害防治方面，更加注重可持续治理，从综合防治到关注病理研究。1995年，植物生长调节剂——ABT生根粉研制荣获国家科技进步特等奖，并广泛应用于播种育苗、扦插育苗和苗木移栽等生产活动，如今已覆盖全国80%的县（市）并推广到30多个国家。

（三）生态优先、创新发展

1999年，中共中央做出《关于加强技术创新，发展高技术，实现产业化的决定》。2006年，国务院发布《国家中长期科学和技术发展规划纲要》，建设国家创新体系上升为国家战略。1998年，中国林业向"生态建设"转型，先后实施天然林保护、退耕还林还草等六大林业重点工程。国家林业局以"增加林业资源总量，提高生态建设水平，提升产业竞争力"为目标，先后印发《关于加强重点林业建设工程科技支撑的指导意见》(1999年)、《长江上游、黄河上中游地区 2000 年退耕还林(草)试点示范科技支撑实施方案》(2000年)、《中国森林防火科学技术研究中长期规划(2006—2020年)》(2007年)、《南方雨雪冰冻灾害地区林业科技救灾减灾技术要点》(2008年)、《陆地生态系统定位研究网络中长期发展规划(2008—2020年)》(2009年)。数字技术、生物技术、航天育种等高新技术，在新品种培育、野生动植物保护、森林病虫害防治、森林防火、信息技术、应对气候变化等方面的应用取得重大突破。在基础科学方面，2001 年，历时 22 年、260 多位专家编写的 4 卷《中国森林》全部出版，涵盖五千年中华森林历史变迁和中国森林类型、地理分布、生态环境、组成结构、生长发育等内容，成为中国林业基础研究的重要里程碑。2008 年，历时 5 年、数百名专家编制的《中国植物保护战略》中英文本公布。瞄准世界高技术发展前沿，林业"863"计划在优良林木种质资源培育、新型木基复合材料制造、高效植物体胚快繁技术建立、森林生物灾害防治、综合节水技术集成等领域取得重大进展。2003 年，成立中国森林生态系统定位观测研究网络，陆续建设草原、湿地、荒漠、竹林生态站，形成陆地自然生态系统定位观测站网络化发展格局。在工程建设方面，设置"林业生态工程技术研究与示范"科研项目，连续 20 年在黄土高原、太行山、长江流域典型区域，开展"树种选择、结构配置、效益监测、模式优化"等技术研究，支撑生态工程质量提升。在遗传育种方面，建立林木种质资源库 222 处，保存 204 科 866 属 3550 种的林木种质 13.5 万份。突破了松树、杉木、杨树、桉树、楸树等用材树种大径材优质高效培育技术，使我国成为世界四大林木育种中心之一。在荒漠化防治方面，加强沙漠基础信息调查、荒漠化发生机制、退化植被恢复与重建机理等基础研究，开展荒漠化治理关键技术攻关，陕西榆林创制沙障固沙、引水拉沙等多项实用治沙技术，构建封沙育林(草)、农田防护林网建设等多种综合治理模式，成为科技治沙的"中国样板"。在珍稀濒危野生动植物保护方面，开展栖息地保护、恢复与重建，拯救繁育以及野生植物就地迁地保护和回归自然等技术研究，有效保护了90%的植被类型和陆地生态系统、65%的高等植物群落、85%的重点保护野生动物种群。大熊猫、朱鹮、羚牛、金丝猴、藏羚羊、红豆杉、珙桐、苏铁等野生动植物种群实现恢复性增长。

（四）创新驱动、高质量发展

进入新发展阶段，推进高质量发展成为硬道理。党的十八大提出创新驱动发展战略，将创新置于国家发展战略核心。党的十九大提出创新是引领发展的第一动力，党的十九届五中全会提出"把科技自立自强作为国家发展的战略支撑"。新一轮党和国家机构改革中组建国家林业和草原局，集中统一管理自然保护地体系和森林、草原、湿地、荒漠四大生态系统保护修复。在国土空间规划出生态空间、农业空间、城镇空间。生态空间即是林政空间，林政科技创新大步走向生态空间治理，推动生态空间修复，兴林草兴生态方向。基因技术、信息技术等高新技术被应用，银白杨、鹅掌楸、杜仲、文冠果、山苍子等基因组测序已经完成，构建了杨树高效遗传转化体系，创制出能够在降雨量300毫米以下、含盐量4‰困难立地条件正常生长的"抗逆1号杨"等转基因杨树新品种；基于高分辨率遥感的森林资源天空地一体化协同监测技术体系的创建，实现了森林资源高频次、高精度、全覆盖调查监测。航空飞机和无人机等先进技术手段的应用，提高了森林防火和病虫害防治工作效率。在科技成果展示方面，中国杨凌农业高新科技成果博览会（简称"杨凌农高会"）与北京科博会、深圳高交会、上海工博会齐名，成为中国四大科技展会之一，被誉为"中国农业奥林匹克盛会"。1994年创办至今，杨凌农高会已连续举办28届，在以高新技术推动生态空间绿色革命方面发挥了重要作用。"绿水青山就是金山银山"，科技将绿水青山与金山银山紧密相连。2012年，世界自然保护联盟提出生态系统生产总值（GEP）概念，即一个区域内，生态系统为人类提供的最终产品与服务价值的总和。中国生态经济学家探索 GEP 核算路径，并演算出 GEP 具体数据，可以评估生态系统功能状况与生态效益，分析评价生态保护成效，以及区域之间的生态关联，为评估生态文明建设进展和完善生态补偿政策提供数据支撑。"十三五"期末，全国制定林业国家标准 533 项、行业标准 1907 项，涉及林木种苗、造林、森林经营、野生动植物保护等各个领域。科技进步在林业发展中的贡献率达到 58%，科技成果转化率达到 62%。

林政科技进步支撑着生态空间绿色革命，支撑着中国增绿引领全球，支撑着生态保护修复事业进入世界前沿，支撑着大踏步创造人类文明新形态。70 多年来，中国林业科技在百废待兴中昂首起步，在改革开放中踏浪前行，在世纪开局中振翅高飞，在新时代奠基伟大复兴，始终坚持问题导向、目标导向、结果导向，做出了历史性贡献，发生了历史性巨变：

——目标之变。从新中国成立初期主要面向林木资源调查开发，到改革开放后转向开发与保护并重，再到新世纪面向生态建设，继而发展到新时代森林、草原、湿地、荒漠四大生态系统保护修复、自然保护地体系建设，不断与时俱进，深化研究、更新主题。林政科技已经从"向自然进军""向自然索取"转型为"向自然投资""兴林草兴生态"。

——方法之变。从新中国成立初期主要运用传统测量、栽植、育种方法，到改革开放后应用生根粉、人工温室、飞播等现代技术，再到新世纪发展基因工程、信息技术、工程技术、智能制造等新技术新材料，继而深化全球科技合作，紧跟世界林业科技发展大势。

——人才之变。新中国成立初期，专业人才从 200 多人发展到如今的 1.5 万人，两院院士 14 人，科普人员 5.8 万人。从科技创新、到科技推广、到标准应用，再到科学普及，逐步形成以科研院所（校）为主体，专业协会、乡土专家、科技特派员等广泛参与的多元化人才发展机制。

——体系之变。从新中国成立初期建立科研机构，到单独设立林业科技机构，设立科技推广机构，再到建设国家重点实验室、工程技术研究中心等科技创新平台。目前，全国已有 470 个科研推广机构、90 个国家重点实验室、100 个工程技术中心、110 个长期科研基地和 210 个生态定位研究站，406 个国家级、省级科普基地。

工欲善其事，必先利其器。未来一个时期，国土绿化空间收窄，生态空间治理、美丽中国建设处于由量变到质变的关键时期，也是林政科技创新驱动发展的重要战略机遇期。科学技术是创造人类文明新形态、实现"人与自然和谐共生"的关键力量。要以"兴林草兴生态"为出发点，以"生态保护修复、生态系统管理、生态空间治理"为着力点，以"提供更多优质生态产品以满足人民日益增长的优美生态环境需要"为落脚点，加快推进林政科技创新体系和创新能力建设。力争到 2025 年，基本建成林草科技创新体系，科技进步贡献率达到 63%，科技成果转化率达到 70%；到 2035 年，全面建成林草科技创新体系，科技进步贡献率达到 65%，科技成果转化率达到 75%，跨入林草科技创新强国行列。功成不必在我，功成必定有我。让我们一起"兴林草兴生态"，为生态空间山清水秀、为美丽中国建设提供科技驱动力。

阅读链接：陕西林业科技

陕西省有省、市林业科研机构 10 个，专业技术人员 456 人，其中二级教授 3 人、正高级工程师 28 人、高级工程师 153 人。陕西省林业科学院、陕西省林业调查规划院是全省林政科技"双轮"。陕西省林业科学院建有大秦岭研究院、秦岭大熊猫繁育研究中心、生态修复研究所、湿地研究所、治沙研究所、森林保护研究所和 4 个外协研究机构，开展森林资源保护评价、特色经济林选育开发、防沙治沙、生态修复、珍稀野生动物救护繁育、湿地与草原管护等基础和应用研究。陕西省林业调查规划院是科技实践创新的"窗口"，承担生态空间调查监测、规划设计、数据支撑和碳汇计量任务，构建"天空地一体化"监测体系，助推全省生态空间治理"系统化""数字化""智能化"。在生态空间治理理论创新上走在前列。2020年，陕西省林业局《陕西省生态空间治理十大创新行动》设立54个科研专项、46个社科专项，10余个黄土高原、秦巴山地生态保护修复等国家和省级重点研发项目。全省四级技术推广机构795个，推广人员5887人。拥有国家和省级科技创新平台18个，其中生态系统定位观测研究站3个、工程技术研究中心4个、重点实验室3个、长期科研基地2个、国家创新联盟4个和科技协同创新中心1个、科技创新联盟1个，"产、学、研、用"相结合的创新平台体系初步形成。先后获得全国科学大会奖4项、国家科学技术进步奖11项、省部级科技进步奖76项，全省林业科技贡献率43%，林业科技成果推广应用率60%，林木良种使用率55%。朱鹮由7只到7000只的故事、秦岭中央公园的故事、黄土高原变绿的故事，皆构成世界生态保护故事的经典章节，也是陕西林政科技的传奇故事。

第六章　资金之变

林政管理着森林、草原、湿地、荒漠四大陆地生态系统和全部自然保护地事业，在国家可持续发展中具有战略性、基础性作用。林政以"林"打头，涵盖"五大阵地"——林地、草地、湿地、荒漠化土地、自然保护地。林政资金，既包括补偿补助补贴资金，又包括生态保护修复投资、金融信贷贴息等。林政资金目的是促进向自然投资，推动自然资源增长和自然资本增值，增加生态产品生产和生态环境服务。林政资金，取之于公共财政，用之于公共利益，"补"之于林权所有人或实际控制人。

新中国成立以来，林政资金逐渐增加。"一五"时期7.69亿元，"十三五"时期22952.56亿元。改革开放后，林政资金快速增长，1978年10.57亿元，2020年4300亿元，增长400倍。持续大幅度增加资金投入，换来了绿染山川，大地新颜。全国森林覆盖率从20世纪50年代的12%上升到2021年的23%以上。由此，中国夯筑了伟大复兴的生态根脉，创造了世界绿色奇迹，成就了全球绿色增长中心。

回顾70年发展历程，林政资金随着经济发展和经济体制改革逐步演变，从仅覆盖森林到包含森林、草原、湿地、荒漠和自然保护地"五位一体"生态空间，从预算外补充到全部预算内安排，从服务木材生产到服务生态文明建设，为生态空间治理"六条战线"——生态保护、生态重建、生态修复、生态富民、生态服务和生态安全提供了有力保障。大体经历了四个重要阶段。

（一）"以材为纲""一业为主"阶段

从1949—1977年，"以材为纲"决定了森林工业的地位，林政资金高度集中在森林资源培育和发展上，表现为"重取"的特点，主要采用无偿拨款方式进行基础建设投资。同时，专门设立育林基金和维简费，"以林养林"，用于恢复、培育和保护森林资源。

——预算内投资。这一时期的预算内投入由基本建设投资、造林补助费和林业种子周转金等组成。一是基本建设投资。1950年，全国林业业务会议强调合理采伐利用林木，并准备开发大兴安岭林区。同年，全国农林计划会议明确将林业经费拟定为小米一亿四千万斤，以工作开展程度多少，进行区域分配。依照计划，各林业部门建设森林工业企业，开发新林区，采伐原始森林，实行政企合一。林业基本建设投资根据指令安排，实行无偿拨款。二是造林补助费。1963年，财政部、林业部《关于社队造林补助费使用的暂行规定(草案)》明确,设立社队造林补助费,重点用于造林任务大、需用投资多,资金确有困难的社队。1976 年,政府实施专项补助用于支持南方地区用材林基地建设。三是林木种子周转金。1964 年,为满足森工企业林木种子的需求,财政部应林业部要求,无偿拨付资金,作为林木种子周转金由种子公司自行管理和使用。

——预算外投资。预算外投资是由林业部门提取的育林基金和维简费。1951 年,政务院财政经济委员会发布《关于育林费的征收及使用办法之补充规定》,明确育林费用于积累森林建设资金,加强林木抚育更新,扩大森林资源,专用于造林育苗及护林工作经费开支,按一定比例奖励给管理人员。1954 年,政务院财政经济委员会发布《关于征收私有林木的育林费作为育林基金的决定》,明确私有林育林费按照 5% 进行征收,用于资助林农营造防护林。同年,林业部在总结各地经验的基础上,颁发《育林基金管理办法》,对育林基金的征收、使用范围做出了统一规定。随后,林业部、财政部发出《关于征收私有林育林费问题的联合通知》,实现育林费从国有林到私有林全覆盖。1962 年,财政部、林业部颁发《国有林区育林基金使用管理暂行办法》《国有林区采伐企业更新改造资金管理试行办法》,明确育林资金和更新改造资金专款专用。1961 年,财政部、林业部首先在东北、内蒙古国有林区的森林工业企业建立更新改造资金,在收取育林基金的基础上,从每立方米原木成本中再提取 5 元作为更新改造资金,用于伐区延伸、转移的线路和相应的工程设施建设等。1963 年,经国务院农林办公室、财贸办公室批准,财政部、林业部、人民银行总行发布《关于竹子、油茶、油桐长期无息贷款使用的暂行规定(修正草案)》,垦复和抚育竹子、油茶、油桐所必需的生产资金,可以从长期农业贷款中适当解决。1964 年,财政部、林业部、农业银行发出《关于建立集体林育林基金的联合通知》,明确分甲、乙两种育林基金,甲种育林基金由省级林业部门管理,在全省范围内安排使用。乙种育林基金由县级林业部门管理,主要用于补助集体林、社队、国社合作更新、造林、育林、护林。1972年，农林部、财政部《育林基金管理暂行办法》规定：育林基金由省、市、自治区革命委员会统筹安排，用于发展林业，年度收支计划和会计决算抄送农林部、财政部备案。由此，育林基金从国家下放到地方。

这一时期高度集中的统收统支政策的执行促进了林业的基本建设，育林基金和维简费两种规费的实施，为森林资源的培育和保护提供了较为充足的资金保障。

（二）经济与生态并重阶段

1978—1998年，十一届三中全会后，大规模推进经济体制改革，林政资金内涵逐渐丰富，基本建设投资是林政资金来源的主渠道，出现了税收优惠政策、信贷扶持政策。

——预算内投资。主要是四部分。一是基建投资。1982年，国家下放林业中小项目设计审批权。1995年，推进分类经营改革，明确分类投资政策。二是补助政策。1983年，财政部将社队造林补助费调整为农村造林补助费，同年扩大享受飞播造林补助费的省份。增加森林病虫害防治补助、重点防护林建设补助等。三是周转金政策。在林木种子周转金的基础上，增设国营林场周转金和国营苗圃周转金。四是贴息政策。1983年，林业部、中国农业银行《关于发放林业贷款、促进林业发展的联合通知》明确，林业贷款主要用于营造用材林，建立商品材基地、抚育中幼林、增加苗木生产以及国营和社队林场开展多种经营、综合利用等。1990年，世界银行通过中国造林项目，国际开发协会提供3亿美元信贷，用于建设1477.5万亩速生丰产用材林基地。同年，中国农业银行发放治沙贴息贷款，主要用于营造速生丰产林、治沙造田、沙区资源开发利用，促进沙化和荒漠化土地治理。

——预算外投资。以育林基金为主，出台税费减免政策。育林基金出现两大变化。一是提高了提取标准。1982年，林业部、财政部明确，国有林区和集体林区育林基金和更改资金在现行基础上每立方米原木增加5元。1984年，颁布《中华人民共和国森林法》明确，根据国家和地方人民政府有关规定，对集体和个人造林、育林给予经济扶持或者长期贷款，征收育林费专门用于造林育林，以及建立林业基金制度等内容。二是从材积改为以售价为标准征收。1987年，财政部、林业部《关于国有林区森工企业财务改革若干问题的补充规定》，首次将育林基金称为林价，明确育林基金提取标准和使用范围，包括病虫害防治、护林防火等森林保护；种子园、母树林经营；林场、苗圃营林生产设施费用支出及营林调查设计和二类森林资源调查补助费支出共9项内容。此外，还减免林业税收。1986年，国务院办公厅转发《关于研究解决国有林区森林工业问题的会议纪要》指出，今后一个相当长的时期内，对林业要适当增加投入，逐步调整木材价格，增加的收入，除缴纳产品税外，全部用于林业，免征调节税，每年给森林工业贴息贷款2亿元等。1993年，国务院决定适当下调农林特产税税率，原木的农林特产税税率由8%降为7%。国有林区森工企业，凡上交计划木材和利润任务的，仍暂缓征收。对开发荒山、荒野、滩涂、水面从事农林特产生产的，1—3年给予免税照顾。同年，国务院宣布第一批取消中央国家机关各有关部门涉及农民负担的37个集资、基金、收费项目。涉及林业的有：取消向农村集体和农民收取林政管理费、林区管理建设费、绿化费；取消预留森林资源更新费。同年，启动中德财政合作造林项目，两国签署陕西西部生态造林工程项目赠款协议，德方提供无偿援助金额，中方各级政府配套和农民劳务折抵，用于支持营造林。

这一时期是有计划的商品经济时期，林政资金更加突出扶持性，投入逐渐加大，启动重点工程并开展林业体系建设，森工企业改革同步推进。

（三）生态优先，体系全面构建阶段

1998—2014年，随着社会主义市场经济和国家经济体制改革，社会资源配置方式、所有制结构、收入分配等方面发生重大变化，要求重建财政收支机制。随着公共财政框架的逐步确立，对林业支持范围不断扩大，投入力度不断加强，林政资金体系全面构建。

——预算内投资。林政资金重点由森林工业转向营造林事业，并彻底转向以生态建设为主。一是基建投资。拨改贷改革，将基建项目分为保护、建设两类，并将国债资金纳入，扩大资金来源。二是整合并出台新政。2001年，国务院整合六大重点工程，列入"十五"规划，纳入预算管理，进行大规模投资。同年，启动全国森林生态效益补助资金试点。2002年，财政部出台《退耕还林工程现金补助资金管理办法》。2003年，中共中央、国务院《关于加快林业发展的决定》提出，按照主要用途，将林业分为公益林业和商品林业。2004年，财政部、国家林业局《重点生态公益林区划界定办法》《中央森林生态效益补偿基金管理办法》，确立国家森林生态效益补偿基金制度。2004年，国务院办公厅印发《关于完善退耕还林粮食补助办法的通知》。2005年颁布《林业有害生物防治补助费管理办法》《国有贫困林场扶贫资金管理办法》。2007年颁布《森林防火项目资金管理办法》，启动有害生物防治专项补助资金。2009年颁布《中央财政林业科技推广示范资金管理暂行办法》《林业国家级自然保护区补助资金管理暂行办法》；同年，财政部、国家林业局《关于开展2009年森林抚育补贴试点工作的意见》《森林抚育补贴试点管理办法》，对承担森林抚育任务的国有林场、村集体、林业职工和农民给予森林抚育补贴。2011年颁布《天然林资源保护工程财政专项资金管理办法》《林业生产救灾资金管理暂行办法》《中央财政森林公安转移支付资金管理暂行办法》《中央财政湿地保护补助资金管理暂行办法》。2012年颁布《中央财政林业补贴资金管理办法》。2013年，中央财政启动林下经济中药材种植补贴试点。三是贴息政策改革。1999年，总投资为30亿元世行贷款项目——"贫困地区林业发展项目"正式启动实施。其中，世行贷款2亿美元。2001年，日援造林项目启动，日本政府提供14.7亿日元无偿资金，用于治理黄河中游流域宁夏沙漠化土地。2003年，财政部印发《林业治沙贷款财政贴息资金管理规定》。2005

年,财政部、国家林业局印发《林业贷款中央财政贴息资金管理规定》。2008年,中共中央、国务院《关于全面推进集体林权制度改革的意见》要求,加快建立政策性森林保险制度,提高农户抵御自然灾害的能力。2009年颁布《林业贷款中央财政贴息资金管理规定》。

——预算外投资。预算外财政投资政策进行了较大改革。2003年《加快林业发展的决定》要求,对育林基金提取、管理和使用进行改革,保障育林基金用于林业生产经营,解决基层林业单位经费缺口问题。2009年,财政部、国家林业局《育林基金征收使用管理办法》规定,育林基金将以不多于林产品销售收入10%的比例予以征收。与此同时,支持林业的财税政策也日益丰富完善。2000年,财政部、国家税务总局《关于林业税收问题的通知》明确,对林业部分事业减征或者免征农业特产税和企业所得税。2001年,财政部、国家税务总局印发《关于对采伐国有林区原木的企业减免农业特产税问题的通知》。2006年,财政部、国家税务总局印发《关于以三剩物和次小薪材为原料生产加工的综合利用产品增值税即征即退政策的通知》。同年,国家林业局联合四部委《关于发展生物能源和生物化工财税扶持政策的实施意见》,明确实施弹性亏损补贴、原料基地补助、示范补助和税收优惠政策。2011年,财政部、国家税务总局《关于天然林保护工程(二期)实施企业和单位房产税、城镇土地使用税政策的通知》明确,对国有林区天然林二期工程实施企业和单位专门用于天然林保护工程的房产、土地免征房产税、城镇土地使用税。

这一时期的财政政策强化对林业扶持性,在公共财政框架下加大林业投入,林业生态建设体系、森林资源保护能力得到加强,基础设施、产业体系更趋于完善。

(四)整合优化,高质量发展阶段

2014年至今,进入生态文明建设新时代,紧跟财政政策调整,林政资金开启全面整合、完善与规范,投资渠道向多方面扩展,以政府投资为主，市场投资为辅，多元主体并存的新格局。

2014年，修订的《中华人民共和国预算法》，将预算外资金全部纳入预算管理。林政资金主要为三部分：一是基建投资。主要是营林基建和森工基建投资。营林基建投资主要用于防护林工程、森林保护工程、教育科技以及基础设施建设。森工基建主要投资森工管理局和森工企业的非经营性项目建设。2017年以来，相继出台天然林保护修复、草原保护修复、湿地保护修复制度方案，天然林资源保护进入制度化、常态化阶段。2020年，国家发改委、自然资源部印发《全国重要生态系统保护和修复重大工程总体规划（2021—2035年）》（简称"双重规划"），六大工程整合进入"双重规划"。2021年，财政部、林业草原局启动中央财政国土绿化试点示范项目。二是补助资金。2014年，财政部、国家林业局《中央财政林业补助资金管理办法》明确，将森林生态效益补偿、林业补贴、森林公安、国有林场改革等补助资金统一整合为中央财政林业补助资金。随着财政政策调整、会计科目整合规范，林业补助资金优化为林业改革发展资金和林草生态保护恢复资金两部分。2016年，财政部、国家林业局《林业改革发展资金管理办法》明确，林业改革发展资金是指中央财政预算安排的用于森林资源管护、森林资源培育、生态保护体系建设、国有林场改革、林业产业发展等支出方向的专项资金。2018年，财政部、国家林草局联合印发《林业生态保护恢复资金管理办法》明确，林业生态保护恢复资金是指中央财政预算安排的用于天然林资源保护工程（以下简称天保工程）社会保险、天保工程政策性社会性支出、全面停止天然林商业性采伐、完善退耕还林政策、新一轮退耕还林还草等方向的专项转移支付资金，2020年修订为《林业草原生态保护恢复资金管理办法》。三是乡村振兴衔接资金。2017年，财政部等五部门《中央财政专项扶贫资金管理办法》明确，中央财政专项扶贫资金是中央财政通过一般公共预算安排，主要用于精准扶贫、精准脱贫的资金，支出方向包括：扶贫发展、以工代赈、国有贫困林场扶贫等。2021年财政部等五部门《中央财政衔接推进乡村振兴补助资金管理办法》明确，衔接资金用于支持各省巩固拓展脱贫攻坚成果同乡村振兴有效衔接。2021年，中共中央办公厅、国务院办公厅《关于深化生态保护补偿制度改革的意见》，明确了生态保护纵向补偿、横向补偿和分类补偿的具体方式。

这一时期的林政资金以服务生态文明建设为主，突出生命共同体理念，以大工程带动大项目、大投资，资金量逐年加大，补助体系更加完善。全国生态系统质量和稳定性得到提高，自然生态系统总体稳定向好。

随着我国综合国力攀升，财政支持林政力度随之加大。林政资金的政策理念、资金来源、预算管理、补偿对象，也发生了深刻变化。

——政策理念之变。经济基础决定上层建筑，林政资金跟随社会发展，从以服务木材生产为中心跨越到以服务生态建设为中心。特别是党的十八大做出了"大力推进生态文明建设"战略决策，使林政资金以生态建设为导向，从生态系统整体性出发，涵盖天然林保护、湿地保护、风沙源治理等重点工程，以国家公园为主的自然保护地体系建设、森林草原防火和有害生物防治等内容，支持范围从种苗、造林到抚育、保护、管理每个环节，助推山水林田湖草沙系统治理，促进对生态环境的整体保护。

——资金来源之变。改革开放以后，对生态建设日益重视，开辟了新的政策渠道，主要分为国债资金、预算内林业基本建设投资、财政资金、农发资金和信贷资金等。1985年，首次引进世界银行贷款，实施"国家造林项目"，丰富了资金来源。2009年，取消了国债投入，大幅度增加财政投入。2021年，国务院办公厅关于鼓励和支持社会资本参与生态保护修复的意见，鼓励和支持社会资本参与生态保护修复项目投资、设计、修复、管护等全过程。

——预算管理之变。新一轮的国家机构改革，将原农业、国土、住建、水利等部门的草原监管、自然保护区、风景名胜区、自然遗产、地质公园等管理职责，与原林业部门的职责整合，组建了新的林业部门。森林、草原、湿地、荒漠，陆地四大生态系统并入一个机构。林业部门以加强生态空间管制，推进生态空间治理，增加生态空间产能，以亩产论英雄，更侧重于自然资源管理。归口上，林业部门从"大农口"转归"资源口"，财政预算上，林业部门从"农财口"划入"资财口"。

——补助（补偿）对象之变。中央财政造林补贴的对象仅限于营造林面积大于等于1亩的国有林场、农民和林业职工（含林区人员）、农业专业合作社等三大类造林主体。退耕还林工程面向退耕农户无偿提供粮食和生活补助。《中央森林生态效益补偿基金管理办法》明确，按公益林权属不同实行相应的补偿补助，包括国有林业单位、集体和个人。《关于深化生态保护补偿制度改革的意见》，健全以生态环境要素为实施对象的分类补偿制度，明确生态受益者要给保护者补偿，补助补偿对象更加具体，涵盖了所有的生态保护者。

——补助标准之变。"十三五"末，中央预算内补助人工造乔木林300元/亩，2021年《重点区域生态保护和修复中央预算内投资专项管理办法》明确，根据不同气候区项目性质和特点、中央和地方事权划分原则、所在区域经济社会发展水平等情况，实施差别化的中央预算内投资政策，以天然林保护与营造林为例，人工造乔木林支持标准为东、中、西、东北地区分别为700元/亩、800元/亩、900元/亩、900元/亩，相比"十三五"有了大幅度提高。

——分配方式之变。2020年，中央财政林业改革发展资金、林业草原生态保护恢复资金均采取因素法分配，其中承担相关改革或试点任务的可以采取定额补助。2019年，国务院《政府投资条例》明确，政府投资是指使用预算安排的资金进行固定资产投资建设活动，政府投资资金按项目安排，以直接投资方式为主，改变以往打捆申报、切块下达的方式。目前，重点区域生态保护和修复、支撑体系建设中央预算内投资按项目下达投资。

人不负青山，青山定不负人。人与自然是生命共同体，投入林政资金就是投资自然，让自然受益，使人类收益。生态文明建设，本质上就是投资自然，让自然资本增值。林草兴则生态兴，生态兴则文明兴。要加快构建与兴林草兴生态相适应的林政资金体系，创建山水林田湖草沙一体化的林政投入机制，以提升生态系统产品产出和服务提供为主导的精准投入模式，加强林政资金监管，扎实做好预算执行，积极探索更加科学完善的分配和管理制度，发挥林政资金最大效益，为实现人与自然和谐共生的美好未来提供坚实保障。

阅读链接：陕西林政资金

2021年，陕西省落实中央和省级资金合计660193万元。

按照资金来源划分，中央资金合计为588863万元，占89.20%，其中中央财政资金402295万元，占中央资金的68.32%，中央预算内投资186568万元，占中央资金的31.68%；省级资金71330万元，占10.80%，省级财政资金69280万元，占省级资金的97.13%，省级预算内投资2050万元，占省级资金的2.87%。

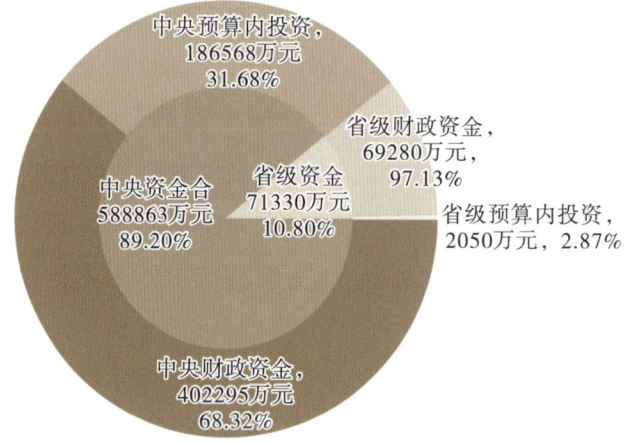

陕西省林政资金情况图

按照资金类型划分，财政资金471575万元，占71.43%，其中中央财政资金402295万元，占财政资金的85.31%，省级财政资金69280万元，占财政资金的14.69%；预算内投资

188618万元，占28.57%，中央预算内投资186568万元，占预算内投资的98.91%，省级预算内投资2050万元，占预算内投资的1.09%。

按照补偿主体划分，到人到户的资金合计228137.7万元，占34.56%，包括天保工程社会保险补助、政策性社会性补助、完善退耕还林政策补助、新一轮退耕还林还草第二和第三次补助、生态护林员补助、森林生态效益补偿、省级生态效益补偿补助等资金。其他事业发展补助资金合计432055.3万元，占65.44%。

第七章　法治之变

林政法治，即是"依法治林"，建立健全法制体系，全面推行依法行政，让各项林政在法治轨道运行。

新中国成立以来，林政法治经历了从零起步、初步创建、调整优化、日益完善四个阶段，逐步形成以森林法、草原法、湿地保护法、防沙治沙法、野生动物保护法、种子法为基础，有关法律、法规和规章为补充，覆盖林政各领域的法治体系，为"五大阵地""六条战线"提供了根本遵循和行动指南。

（一）政策主导

1950年，第一次全国林业会议确定"普遍护林，重点造林，合理采伐和合理利用"建设总方针。在实际工作中，推行以速生丰产林为主，森林皆伐的政策。1955年，林业部国有林区森林工业局长会议明确，既要保证国民经济建设所需的木材,又要为森林更新、森林扩大再生产创造良好条件。1958年,中共中央、国务院发出《关于在全国大规模地开展植树造林的指示》。1959年,林业部全国林业计划会议明确"增产原木和大搞人造板同时并举,木材采伐和森林更新同时并举,综合利用森林资源,以林为主,多种经营"方针。1961年,中共中央制定《关于确定林权、保护山林和发展林业的若干政策规定(试行草案)》。1967年,毛主席批示,中共中央、国务院颁布《关于加强山林保护管理、制止破坏山林树木的通知》。

这一时期,我国没有制定单行林业法律,在其他法律法规中对森林资源权属、保护管理、植树造林等工作进行规范。1950年,《中华人民共和国土地改革法》明确,大森林、大荒山的权属均归国家所有,由人民政府管理经营。1954年《宪法》规定,国有的森林、荒野和其他资源,都属于全民所有。1963年,国务院颁布第一部林业行政法规《森林保护条例》,设置护林造林、森林管理、预防扑救火灾、防治森林病虫害等系统规范,初步建立森林林木权属制度、森林经营制度、林木采伐定额管理和运输制度、奖励和惩罚制度,有了"砍一棵,至少必须栽植三棵,并且保证成活""自然保护区的林木禁止采伐"等硬性规定。《森林保护条例》对这一时期森林保护和林业发展发挥了重要作用,为颁布施行《中华人民共和国森林法》奠定了基础。

这一时期,实行计划经济体制,林业部门名称机构频繁变化,"条块结合,以条为主"体制基本建立。1949年,设立中央人民政府林垦部,主管全国林业经营和林政工作。1951年,中央人民政府林垦部改为中央人民政府林业部,垦务移交农业部主管。1954年,中央人民政府林业部改称为中华人民共和国林业部。1956年,成立中华人民共和国森林工业部。1958年,森林工业部和林业部合并,仍称林业部。1970年,农业部、林业部、水产部合并成立农林部。1978年,成立国家林业总局。

（二）走向法治

改革开放后，国家做出一系列重大决策，植树造林、绿化祖国成为基本导向，森林资源进入持续恢复期。1978年，国家启动实施"三北"防护林体系建设工程，拉开以生态建设重大工程推进国土绿化的历史序幕。1980年，中共中央、国务院发出《关于大力开展植树造林的指示》。1981年，党中央国务院做出《关于保护森林发展林业若干问题的决定》，明确保护森林发展林业的方针政策。1982年，中共中央、国务院发出《关于制止乱砍滥伐森林的紧急指示》，要求各地党委、县委和县人民政府采取果断措施，限期制止乱砍滥伐森林的事件。1983年，国务院发出《关于严格保护珍贵稀有野生动物的通知》。1984年，中共中央、国务院发出《关于深入扎实地开展绿化祖国运动的指示》。1990年，国务院批复《1989—2000年全国造林绿化规划纲要》。1995年，全国林业厅（局）长会议明确"九五"林业发展基本思路，提出建立比较完备的林业生态体系和比较发达的林业产业体系。1996年，林业部发出《关于开展林业分类经营改革试点工作的通知》。1996年，林业部发出《关于国有林场深化改革加快发展若干问题的决定》。

这一时期，国家高度重视社会主义法治建设，《中华人民共和国森林法》《中华人民共和国野生动物保护法》应运而生，相关配套行政法规、部门规章加快制定，林业法治体系初步创立。1979年，五届全国人大常委会第六次会议原则通过《中华人民共和国森林法（试行）》，这是我国第一部森林法，也是改革开放后制定的第一部单行法律，明确了林业建设方针、基本任务、森林分类，建立了林业机构和林业企业制度、森林采伐利用制度、奖励和惩罚制度等，把林业具体工作路线、方针政策和重要管理制度，用法律形式固定下来。1981年，五届全国人大第四次会议通过《关于开展全民义务植树运动的决议》。1981年，国务院制定《关于开展全民义务植树运动的实施办法》。1983年，国务院发布《植物检疫条例》。1984年，六届全国人大常委会第七次会议正式通过了《中华人民共和国森林法》，在总结《森林法（试行）》实施五年来的经验教训基础上，突出"保护、培育、合理利用森林资源，发挥生态功能，实现永续利用"导向，建设方针调整为"以营林为基础，普遍护林，大力造林，采育结合，永续利用"，明确规定"全民所有的和集体所有的森林、林木和林地，个人所有的林木和使用的林地，由县级以上地方人民政府登记造册，核发证书，确认所有权或者使用权，并受法律保护，任何单位和个人不得侵犯"。明确实行限额采伐和林木采伐许可制度。1985年，林业部公布《森林和野生动物类型自然保护区管理办法》，1986年发布《中华人民共和国森林法实施细则》。1988年，国务院发布《森林防火条例》。1988年，第七届全国人大常委会第四次会议通过《中华人民共和国野生动物保护法》。1989年，国务院发布《中华人民共和国种子管理条例》《森林病虫害防治条例》。1992年，国务院批准林业部发布《中华人民共和国陆生野生动物保护实施条例》。1996年，国务院发布《中华人民共和国野生植物保护条例》。同一时期，林业部制定或者与其他部门联合制定部门规章60多种，涉及造林绿化、森林资源保护管理、野生动植物保护、林木种子管理等各个方面。

这一时期，林业形势和任务发生了深刻变化，机构发生三次重大改革，执法力量不断加强，国际合作交流逐步扩大。1979年，中共中央、国务院决定撤销农林部，成立农业部、林业部。1980年，我国加入《濒危野生动植物种国际贸易公约》，在林业部设立中国濒危动植物种进出口办公室，负责全国濒危物种进出口管理工作。1980年，林业部、公安部、司法部、最高人民检察院发出《关于在重点林区建立和健全林业公安、检察、法院机构的通知》，全国20多个省、自治区建立了林业公安局、林区检察院和森林法院。1987年，中央森林防火总指挥部成立。1992年，我国加入《国际重要湿地公约》。1996年，我国加入《联合国防止荒漠化公约》。1994年，国务院办公厅《林业部职能配置、内设机构和人员编制方案》规定，林业部是国务院主管林业行政的职能部门，负责林业生态环境建设、事业管理和林业产业行业管理，行使林业行政执法职权。1996年，林业部发布《林业行政执法监督办法》《林业行政处罚程序规定》《林木林地权属争议处理办法》，规范行政处罚，提高执法水平。1997年，林业部公布《林业行政执法证件管理办法》。1998年，林业部改为国务院直属国家林业局。1999年，我国加入《国际植物新品种保护公约》，并成为国际植物新品种保护联盟（UPOV）成员国。

这一时期，林政走上法治之路，并从保障资源开发利用转向加强资源保护和合理利用，初步实现有法可依。

（三）依法治林

世纪之初，承上启下，可持续发展成为国家战略，国家对林业发展做出重大调整，生态建设成为林业部门的主责，生态优先、可持续发展成为林业政策的基本导向。1998年，中共中央、国务院决定"停止长江上游、黄河上中游地区天然林采伐，森工企业转向营林管护""实施天然林资源保护工程"，拉开了林业发展转型的大幕。2003年，中共中央、国务院做出《关于加快林业发展的决定》，标志着我国林业转向加强生态建设、实现可持续发展的历史新阶段。2008年，中共中央、国务院发布《关于全面推进集体林权制度改革的意见》，解放和发展林业生产力。2012年，国务院办公厅《关于加快林下经济发展的意见》，推动"一县一业，一村一品"发展。

这一时期，党中央提出"依法治国，建设社会主义法治国家"，"依法治林"成为林业基本方略，林业法治体系不断丰富扩展。1998年，九届全国人大常委会第二次会议通过"森林法修正案"，突出生态环境保护、可持续发展宗旨，首次将林地管理纳入法律范畴，明确建立森林生态效益补偿制度和森林植被恢复费制度，森林、林木、林地使用权流转制度。2000年，国务院发布《中华人民共和国森林法实施条例》，九届全国人大常委会第十六次会议通过《中华人民共和国种子法》。2001年，九届全国人大常委会第二十三次会议通过《中华人民共和国防沙治沙法》，我国防沙治沙事业步入法治轨道。2002年，国务院发布《退耕还林条例》。2005 年，国务院发布《关于进一步加强防沙治沙工作的决定》，全国 13 个沙化严重省（区）先后颁布实施防沙治沙地方性法规，基本形成以防沙治沙法为主体、防沙治沙地方性法规为补充的防沙治沙法制体系。2004 年、2009 年，全国人大常委会两次修改《中华人民共和国野生动物保护法》。2006 年 4 月，国务院发布《中华人民共和国濒危野生动植物进出口管理条例》。2008 年 11 月，国务院第 36 次常务会议修订《森林防火条例》。2011 年 1 月，国务院修订《中华人民共和国陆生野生动物保护实施条例》。同时国家林业局依法制定《森林资源监督工作管理办法》《林木种子质量管理办法》等部门规章，各地制定配套地方性法规规章 400 余部。

这一时期，林政任务发生重大转变，突出"严管林、慎用钱、质为先"，林业部门由专业经济部门转变为公益事业管理部门，职能由专业经济管理转变为公共服务和执法监管。2000 年，最高人民法院公布《关于审理破坏森林资源刑事案件具体应用法律若干问题的解释》《关于审理破坏野生动物资源刑事案件具体应用法律若干问题的解释》。2001 年，国家林业局、公安部印发《森林和陆生野生动物刑事案件管辖及立案标准》，为林业资源案件刑事立案和量刑提供依据。

这一时期，依法治林成效显著，从注重依靠行政手段管理向注重法律手段管理转变，基本实现有法可依。

（四）法治林政

党的十八大以来，以习近平同志为核心的党中央高度重视生态文明建设，新一轮国家机构改革后，生态空间治理成为新林业部门主责主业，加强生态保护修复，促进生态系统健康高效，提高生态空间生产力、承载力和支持力成为林政根本。2012 年，国务院办公厅印发《国家森林火灾应急预案》。2013 年，国家林业局印发《推进生态文明建设规划纲要》。2015 年，中共中央、国务院印发《国有林场改革方案》和《国有林区改革指导意见》，明确实施以生态建设为主的林业发展战略，推进政事企分开，推动生态保护修复。2015 年，中共中央、国务院《生态文明体制改革总体方案》明确，建立国家公园体制，建立天然林、草原、湿地、沙化土地等保护制度。2016 年，国务院办公厅印发《湿地保护修复制度方案》。2016 年，国家林业局印发《沙化土地封禁保护修复制度方案》。2017 年，中央办公厅、国务院办公厅印发《东北虎豹国家公园体制试点方案》《大熊猫国家公园体制试点方案》。2017 年，中共中央办公厅、国务院办公厅印发《建立国家公园体制总体方案》。2019 年，中共中央、国务院《关于建立国土空间规划体系并监督实施的若干意见》明确，到 2035 年，基本形成生产空间集约高效、生活空间宜居适度、生态空间山清水秀的国土空间格局。2019 年，中共中央办公厅、国务院办公厅印发《关于建立以国家公园为主体的自然保护地体系的指导意见》，标志着我国自然保护地进入全面深化改革新阶段。2019 年，中共中央办公厅、国务院办公厅印发《天然林保护修复制度方案》。2021 年，中共中央办公厅、国务院办公厅印发《关于全面推行林长制的意见》。2021 年，国务院办公厅印发《关于加强草原保护修复的若干意见》。2021 年，中共中央办公厅、国务院办公厅印发《关于进一步加强生物多样性保护的意见》。2021 年，国务院办公厅印发《关于科学绿化的指导意见》。2021 年，国家发展改革委、自然资源部印发《全国重要生态系统保护和修复重大工程总体规划（2021—2035 年）》，生态保护修复进入系统治理新阶段，生态空间治理进入战略机遇期。

　　这一时期，进入"新时代中国特色社会主义法治"阶段，统筹推进山水林田湖草沙系统治理，促进人与自然和谐共生成为林业法治鲜明导向，国家林业局制定实施《关于全面推进林业法治建设的实施意见》，森林、草原、湿地、荒漠陆地四大生态系统都有了专门法律，生态空间治理全面步入法制化轨道。2019 年，十三届全国人大常委会第十五次会议审议通过森林法修订草案。新修订森林法深入贯彻习近平生态文明思想，践行绿水青山就是金山银山理念，充分吸收集体林权制度改革、国有林场和国有林区改革等林业改革发展实践经验，建立森林分类经营管理制度，完善森林权属制度和林木采伐等林业管理制度，健全森林生态效益补偿制度，实行天然林全面保护制度，加大森林资源保护和造林绿化力度，"建立林长制""推动森林城市建设""三月十二日植树节"等被写入《森林法》。《中华人民共和国草原法》逐渐由保障畜牧业发展转向生态建设，1985年颁布后历经2002年、2009年、2013年、2021年四次修改，在承包经营、草原保护、建设、利用规划，以及监督检查和法律责任等方面进行了修改、补充和完善，让草原保护修复和科学利用更加规范具体，可操作性更强。《中华人民共和国湿地保护法》成为我国第一部关于湿地保护的专门法律。2021年，十三届全国人大常委会第三十二次会议表决通过。湿地保护法以维护湿地生态功能及生物多样性为立法目的，建立了湿地资源调查评价制度、总量管控制度、分级管理制度、生态保护补偿制度、湿地修复制度等，确定了林业部门的湿地资源监督管理法定职责，填补了湿地生态系统法律空白，为湿地保护治理提供了基本遵循。《中华人民共和国防沙治沙法》《中华人民共和国野生动物保护法》于2018年第十三届全国人民代表大会常务委员会第六次会议审议通过。新修正的防沙治沙法、野生动物保护法，主要是对应新一轮机构改革，国务院机构名称、职能等发生变化做出相应法律条文的调整和修订，确保相关行政主体行使权限有法可依，充分体现依法行政法治要求。《国家公园管理暂行办法》正式实施。2022年，国家林业和草原局（国家公园管理局）印发《国家公园管理暂行办法》，为国家公园保护、建设和管理工作在相关法律法规正式颁布前提供了规范和准则。同时，国家林业主管部门陆续制定出台了《湿地保护管理规定》《国家级公益林管理办法》《陆生野生动物收容救护管理规定》《国家沙化土地封禁保护区管理办法》《中国森林旅游节管理办法》等部门规章和规范性文件，对相关法律制度进行了有效补充。

　　这一时期，林政发生历史性变化。2018年，组建国家林业和草原局，将原国家林业局的职责、农业部的草原监督管理职责，以及国土资源部、住房和城乡建设部、水利部、农业部、国家海洋局等部门的自然保护区、风景名胜区、自然遗产、地质公园等管理职责整合，并加挂国家公园管理局牌子。2018年，中办、国办印发《行业公安机关管理体制调整工作方案》，森林公安全面转隶。2020年，国务院办公厅印发《关于生态环境保护综合行政执法有关事项的通知》，"在自然保护地内进行非法开矿、修路、筑坝、建设造成生态破坏的行政处罚"被纳入生态环境保护综合行政执法事项。2020年，国家林业和草原局办公室印发《关于做好林草行政执法与生态环境保护综合行政执法衔接的通知》。2021年，国家林业和草原局印发《国家林业和草原局行政许可工作管理办法》。2022年，最高人民法院发布《关于审理森林资源民事纠纷案件适用法律若干问题的解释》，进一步规范森林资源民事案件受理、林地林木交易、森林生态环境损害修复和赔偿等问题。

新时代林业法治以习近平法治思想为指导，深入践行绿水青山就是金山银山的理念，从生态空间治理的实际需求出发，建立起法治体系、法治思维和法治能力。

回顾总结新中国成立以来林业法治建设历程，林业法治建设拾级而上，不断完善，发生了四个方面的深刻变化：

——从"服务生产"到"保障生态"。林业法治导向逐步从服务生产、保障经济建设向服务生态、保障生态文明建设转变，尊重自然、顺应自然，生态优先、保护优先、可持续发展成为新时代林业法治建设的根本原则。

——从"森林系统"到"生态空间"。林业法治从以森林生态系统为主，逐步扩展到草原、湿地、荒漠、自然保护地，形成以森林法、草原法、湿地保护法、防沙治沙法、野生动物保护法为主体的法治体系。

——从"依靠行政"到"依法行政"。林业法治由主要依靠行政手段向注重运用法律手段转变，行政权力依法设置，合法权益依法维护，违法行为依法打击，全面推进生态空间治理体系和治理能力现代化。

——从"依靠公安"到"自我强大"。林业执法从主要依靠森林公安到加强自身建设转变，执法力量积极整合，执法机构创新建立，执法水平不断提高，行政执法队伍建设在森林公安转隶后稳步恢复、逐步加强。

奉法者强则国强，奉法者弱则国弱。新时代，我国生态文明建设进入以降碳为重点战略方向、推动减污降碳协同增效、促进经济社会发展全面绿色转型、实现生态环境质量改善由量变到质变的关键时期，对法治林业建设提出了新的更高要求，要以习近平法治思想为引领，高举"依法治林"旗帜，加快构建职责明确、依法行政的林业治理体系，全面建设职能科学、权责法定、执法严明、公开公正、智能高效、廉洁诚信、人民满意的法治林业，以"依法治林"高质量护航"美丽中国"新征程。

阅读链接：陕西林业法治

陕西已颁布实施以林业部门为行政管理主体的地方性法规15部，分别是《陕西省森林管理条例》《陕西省实施〈中华人民共和国草原法〉办法》《陕西省湿地保护条例》《陕西省实施〈中华人民共和国防沙治沙法〉办法》《陕西省森林公园条例》《陕西省风景名胜区管理条例》《陕西省实施〈中华人民共和国野生动物保护法〉办法》《陕西省野生植物保护条例》《陕西省秦岭生态环境保护条例》《陕西省古树名木保护条例》《陕西省封山禁牧条例》《陕西省实施〈中华人民共和国种子法〉办法》《陕西省林业有害生物防治检疫条例》《陕西省天然林保护修复条例》《陕西省人民代表大会常务委员会关于贯彻〈全国人民代表大会常务委员会关于全面禁止非法野生动物交易、革除滥食野生动物陋习、切实保障人民群众生命健康安全的决定〉的实施意见》，陕西生态空间治理地方法治体系基本形成。

2018年，撤销陕西省林业厅，组建陕西省林业局，为省政府直属机构。全省9个设区市、75个县(区)组建独立的林业行政机构，秦岭沿线临潼、长安、鄠邑、蓝田、周至5个县(区)组建了秦岭生态环境保护和综合执法局，加挂林业局牌子。2022年，商洛市成立林政执法支队，榆林市成立林草资源管护中心。靖边县成立林草稽查大队，神木市、绥德县、丹凤县、洋县、勉县、三原县、旬邑县成立综合执法大队。全省形成以林业行政主管部门执法监管为主，委托具备管理公共事务的事业组织执法为补充的行政执法监督体系。陕西省林业局制定《林业行政执法权责清单》《林业行政处罚自由裁量权细化指导基准》《林业行政执法人员基本行为规范》《林业行政执法案卷评查办法》《加强林业行政执法工作的指导意见》。联合省法院、省检察院、省公安厅出台《陕西省林业行政执法与刑事司法衔接工作办法》。

第八章　林长制之变

盛世林长兴林草兴生态。林长制是新时代中国特色的制度安排，是各种"兴林草兴生态"制度升级版，蕴含厚重历史印迹，承载新发展理念，具有鲜明时代特征。

据《虞书·舜典》记载："帝曰：畴若予上下草木鸟兽？佥曰：益哉！帝曰：俞，咨！益，汝作朕虞。"这里"虞"是古代掌管山泽鸟兽的官职，"益"是第一个"林长"。《周礼》记载"山虞掌山林之政令""林衡掌巡林麓之禁令"。山虞、林衡两职清晰，分工明确，共管森林。汉时，因地制宜设置"林长"。《汉书·地理志》载，蜀郡设"木官"，江夏郡设"云梦官"，巴郡设"橘官"。北宋时，"林木可养斧斤，可耕山荒，可种植之类，县并置丞一员，以掌其事"。县丞是县副官，管理林木。明清时，地方府、州、县长官逐渐承担荒山治理、造林绿化的职能。今日之"林长制"传承了历史上"虞衡制"的血脉。

新中国成立后，从中央到地方建立体系完整的林业行政管理机构。1964年，在黑龙江大兴安岭、伊春林区，实行"政企合一"管理体制，国有林业局局长是"林长"。改革开放后，森林管理逐渐由部门负责提升到政府负责。1981年，全国人大通过《关于开展全民义务植树运动的决议》，植树造林、绿化祖国成为每一位适龄公民的法定义务。1982年，县级以上政府成立绿化委员会，由政府主要领导同志，以及有关部门和人民团体负责同志组成，统一领导义务植树运动和造林绿化工作。1987年成立中央森林防火总指挥部（1988年更名国家森林防火总指挥部，1993年撤销），2006年成立国家森林防火指挥部，2018年调整为国家森林草原防灭火指挥部，政府分管领导担任总指挥，负责森林草原防灭火工作。部分地方政府成立重大林业有害生物防控指挥部，政府分管领导担任指挥或指挥长。同时，法律法规相继规定森林草原管理的政府职责。《森林防火条例》规定，"森林防火工作实行地方各级人民政府行政首长负责制"。《防沙治沙法》规定，"国家在沙化土地所在地区，建立政府行政领导防沙治沙任期目标责任考核奖惩制度"。《草原法》规定，"各级人民政府应当建立草原防火责任制"。《退耕还林条例》规定，"国家对退耕还林实行省、自治区、直辖市人民政府负责制"。

一些省份，结合实际制定地方性法规，规定森林草原管理的政府责任。《内蒙古自治区草原管理条例》规定："各级人民政府应当对草原保护和建设实行目标管理责任制。"《黑龙江省草原条例》规定："县以上人民政府应当将草原保护、管理和建设纳入国土整治和国民经济发展总体规划，并实行各级人民政府领导负责制和责任追究制。"《新疆维吾尔自治区实施〈中华人民共和国草原法〉办法》规定："各级人民政府应当将草原保护、建设和利用规划纳入国民经济和社会发展规划，实行目标管理责任制。"《甘肃省自然保护区条例》规定："自然保护区所在地县级以上人民政府应当加强对自然保护区工作的领导，承担自然保护区生态环境保护和修复的主体责任。"《湖北省林业有害生物防治条例》规定:"将林业有害生物防治工作纳入目标责任制考核内容。"《福建省林业有害生物防治条例》规定:"建立重大林业有害生物防治目标责任制,建立和完善政府考核评价指标体系。"《陕西省林业有害生物防治检疫条例》规定:"县级以上人民政府对林业有害生物防治检疫工作负总责。""重大林业有害生物防治实行地方政府负责制。"《陕西省封山禁牧条例》规定:"县级以上人民政府负责本行政区域内的封山禁牧工作。"《内蒙古自治区草畜平衡和禁牧休牧条例》规定,"自治区建立落实草畜平衡和禁牧休牧制度政府监管责任机制",等等。

党的十八大以来,把生态文明建设融入经济、政治、文化、社会建设全过程,开启创造人类文明新形态、新征程。2018年新一轮政府机构改革,将原农业、国土、住建、水利等部门的草原监管、自然保护区、风景名胜区、自然遗产、地质公园等管理职责划归新组建的林业草原部门,由一个部门统筹治理自然保护地和森林、草原、湿地、荒漠"五大阵地"。2020年新修订的《森林法》规定:"国家实行森林资源保护发展目标责任制和考核评价制度。""地方各级人民政府负责本行政区域的森林防火工作。""重大林业有害生物灾害防治实行地方人民政府负责制。"2021年《湿地保护法》规定:"县级以上地方人民政府对本行政区域内的湿地保护负责""国家实行湿地保护目标责任制,将湿地保护纳入地方人民政府综合绩效评价内容。"各级政府目标责任更加明晰。

森林和草原在国家生态安全中具有基础性、战略性作用,林草兴则生态兴。森林、草原、湿地、荒漠四大生态系统和自然保护地体系管理集中于林业草原部门,实施好森林、草原、湿地、荒漠和自然保护地法律法规,加快推进生态空间治理体系和治理能力现代化,需要探索覆盖面广、责任实、效率高的新体制新机制。林长制应运而生,并被认为是一种有效形式。通过设立党政主要领导担任总林长、其他领导担任林长,把"政府负责制"上升到"党政同责",构建出森林草原保护与高质量发展的制度保障体系。林长制从基层发轫,在实践中发展,在发展中壮大，逐渐走向全国，铺设了生态空间绿色革命新路。

（一）试点探索

2016年，江西省抚州市委办公室、市政府办公室印发《抚州市"山长制"工作实施方案》，设立市县乡村四级"山长"，党政领导分别担任"山长""副山长"，对所辖区域森林资源保护管理负责，这种做法开全国先河。同年7月，江西省武宁县党代会决定探索建立"林长制"。2017年4月，武宁县委、县政府印发《武宁县"林长制"工作实施方案》，设立县乡村三级林长615名，在全国率先推行林长制。同年6月，安徽省在合肥、安庆、宣城三市进行林长制改革试点。同年9月，印发《中共安徽省委、安徽省人民政府关于建立林长制的意见》，设立省市县镇村五级林长5.2万余名，率先在全省范围全面推行林长制。2018年7月，江西省委办公厅、省政府办公厅印发《关于全面推行林长制的意见》，在全省推行林长制。2019年4月，国家林业和草原局同意安徽省创建"全国林长制改革示范区"，为全国提供更多可复制、可借鉴的经验。同年，山东省、重庆市全面推行林长制。2020年1月，安徽省安庆市出台《安庆市实施林长制条例》，成为全国第一个林长制地方性法规。2020年年底，23个省开展林长制改革试点，多地开花结果。

（二）全面推行

2020年新修订的《森林法》规定："地方人民政府可以根据本行政区域森林资源保护发展的需要，建立林长制。"同年10月，党的十九届五中全会通过《中共中央关于制定国民经济和社会发展第十四个五年规划和二〇三五年远景目标的建议》要求"推行林长制"。同年11月，中央深化改革委员会第十六次会议审议通过《关于全面推行林长制的意见》。同年12月，中共中央办公厅、国务院办公厅印发《关于全面推行林长制的意见》，要求2022年6月全面建立林长制体系。2021年3月，国家林业和草原局印发《贯彻落实〈关于全面推行林长制的意见〉实施方案》，就全面推行林长制做出具体安排部署。各省、市、自治区按照党中央、国务院决策部署，相继出台实施方案，组建林长制组织体系，纵向设置省、市、县、镇、村五级林长，横向设置林长制成员单位、林长制办公室；结合森林草原生态区，划定林长责任区，形成林长制会议、考核、工作督查、信息公开、部门协作等制度规范。截至2022年5月底，全国31个省、市、自治区林长组织体系全部建立，设立林长110余万名，林长制在全国全面施行。

（三）深化改革

林长制是生态空间治理体系建设，也是制度创新、体制机制改革。在组织体系建立后，需要不断深化改革，丰富内容，增强活力，构建完备的责任体系、制度体系、考核体系、监测体系。2021年7月，安徽、江西两省继续开展林长制改革，分别下发《关于深化新一轮林长制改革的实施意见》和《关于进一步完善林长制的实施方案》，持续推动林长制走深走实。相继出台《安徽省林长制条例》《江西省林长制条例》，将林长制改革政策、制度和有益经验以地方性法规形式固定下来，为进一步促进林长制改革注入新的动力。陕西、山东等省紧跟其后，下发深化林长制文件，推动林长制从全面建立向全面见效转变。

绿水青山就是金山银山，绿水青山就在生态空间。人与自然是生命共同体，落实到国土空间表现为城镇空间、农业空间与生态空间是生命共同体。人与自然和谐共生，就是在保持经济社会高质量发展的同时，还原自然生态空间宁静、和谐、美丽，维护自然生态系统健康、高效。从蓬勃发展的实践来看，林长制体现了社会主义制度特征，承载了新发展理念，实化了人与自然和谐共生，迸发出强大生命力，呈现出令人刮目相看的新变化。

——视域之变。林业部门承载林长制办公室职能，以"参谋助手"角色，用"林长思维"，把生态空间治理放在三大国土空间中、放在党委政府工作大局和经济社会发展全局中，举全党全社会之力兴林草、兴生态。

——体系之变。在林长履职尽责带动下,部门与部门联系更加紧密,沟通协调更加有力,"单打独斗"变成"众人齐力"。安徽、河北、贵州、北京等省(市)建立"林长+检察长"协作机制,多地创新推出"林长+警长""林长+法院院长"等工作机制,促进涉林案件行政执法与刑事司法有效衔接。

——机制之变。按照行政区域结合生态区位划定林长责任区,"林长+护林员",每一片山林、每一方生态空间都有了责任人,省、市、县、镇、村五级林长联动、党政同责共治,"守绿、护绿、增绿、用绿、活绿"责任网格化,目标责任制上图落地,夯实了基层基础。

——效能之变。林长制初成形,其治理效能初显就非同凡响、很不一般。2021年,全国森林草原违法行政案件发生数量同比下降21%,森林草原火灾发生次数、受灾面积下降51%、68%。松材线虫病发生面积、病枯死树下降5.12%、27.69%。

林长制刚起步、正成长。想到后天,才能走过今天、过好明天。"林"是主题,"长"是关键,"制"是核心,要紧紧围绕"抓住关键少数,密切部门协作,开展考核评价"三个方面,尊重基层首创精神,不断总结经验,完善配套制度,压实林长责任,办大事,解难题,破困境,提升治理效能,实现山有人管、树有人植、林有人护、责有人担,让"林长制"带来"林长治"。有林长制护体,生态空间安澜永宁,人与自然和谐共生!

阅读链接:陕西林长制

2018年,旬邑县率先开展林长制试点工作,建立县镇村三级林长体系。2019年,林长制试点扩大到淳化、彬州、长武、柞水四县(市),汉中市建立了"山长制"。2021年5月,省委办公厅、省政府办公厅印发《关于全面推行林长制的实施方案》,开启全面推行林长制历史进程。同年9月,召开首次全省林长制办公室主任会议,明确镇村林长设立规范。截至

10月底，全省12个市(区)、104个县(市、区)、1263个镇、16227个村全面推行林长制，设立林长5.4万余名，省、市、县、镇、村五级林长组织体系全面建立。省委书记、省长任省总林长，省委副书记、常务副省长、分管副省长任省副总林长，同时兼任省级林长，分别负责秦岭、巴山、关中北山、黄(龙)桥(山)林区、白于山五个省级责任区。制定实施《陕西省林长制省级会议制度》《陕西省林长制省级考核制度》《陕西省林长制工作督查制度》《陕西省林长制信息公开制度》四项制度，林长制"四梁八柱"建立。2022年是全面建立林长制体系后的第一年，也是推动林长制走深走实的关键之年。4月6日，全省总林长会议顺利召开，省、市、县三级总林长同频共振，发布陕西1号总林长令，全面安排部署生态空间治理工作。启动实施"基层林长责任年"活动，制定林长巡林、发令、激励配套制度，实施林长制考核，建设林长制智慧平台，推动林长制迈向有名有实有效的新阶段。

附　录

附录Ⅰ　全球林政：组织与公约

生物圈是覆盖地球表面的一层薄纱。包括人类在内，已知所有生命就在这层薄纱里。地球生物圈是生命家园，生命健康依赖于生物圈健康。由于人类不当利用森林、草原、湿地、荒漠等生物圈资源，导致生物圈健康严重危机——物种灭绝、水土流失、沙化漠化、尘暴雾霾、碳氧失衡、气候暖化……生物圈健康指数下降，地球生命力衰退，已经成为人类文明发展的现实威胁。

生物圈是全人类走向光明未来的共同财富。人类因生物圈而结成命运共同体，因生物圈而与自然和谐共生。维护生物圈健康，恢复地球生命力，发展人与自然和谐共生的现代化，越来越成为国际社会的共识，越来越成为世界各国的责任。联合国成立以来，全球治理体制、机制日臻成熟，全球化加速演进，人类命运更加紧密地联系为一体，同时，也为全球生物圈治理建构起大逻辑、大框架。

中国林政涵盖"五大阵地"，即森林、草原、湿地、荒漠四大陆地生态系统和完整的自然保护地体系，是地球生物圈的重要组成部分。推动林政"五大阵地"健康是维护生物圈健康的关键。林政"五大阵地"具有生态环境、自然资源、乡村发展"三大面相"，以及保持水土、涵养水源、防风固沙、调节气候、维持碳氧平衡、维护生物多样性等多种功能。中国林政就是气候林政、生态林政、环境林政、生物多样性林政、可持续发展林政，也是全人类共同关切的国际事务。

本文所称"全球林政",即是与上述"五大阵地"密切相关的全球治理体系、治理机制。全球林政也即国际林政,基于联合国框架、国际法准则,国际组织在研究、组织、控制、协调、监督、推动、处理跨国家、跨区域、全球化森林、草原、湿地、荒漠和自然保护地事务所进行的各种活动。国际组织常冠以组织、机构、联盟、基金会等名称,主要任务是推动各加入国履行国际义务。目前,与林政密切相关的国际组织机构共有九个,即世界气象组织、联合国环境规划署、联合国粮农组织、联合国教科文组织、世界自然保护联盟、国际林业研究组织联盟、世界自然基金会、全球环境基金、国际爱护动物基金会。在国际法上,条约是两个或两个以上国际法主体之间按照国际法在政治、经济、文化等方面经协商达成一致而规定的确立、修改、终止相互间权利和义务关系的书面协议,包括公约、协定、议定书、宣言等。与林政密切相关的国际公约有六类,即环境保护国际公约、气候保护国际公约、生物多样性保护国际公约、湿地保护国际公约、荒漠化防治国际公约、自然和文化遗产保护国际公约。

(一)世界气象组织

世界气象组织英文缩写 WMO,是联合国有关天气和气候、业务水文和相关地球物理科学的专门机构,旨在促进国际合作,统一观测和统计资料,建立和维持情报快速交换系统,提供气象和与气象有关的服务,推进气象学应用于航空、航海、水利、农业、林业和人类其他活动。其最高权力机构是世界气象大会,每四年召开一次,设有执行理事会、区域协会、技术委员会和秘书处。

世界气象组织前身是 1873 年成立的国际气象组织,总部设在瑞士日内瓦。目前有 189 个会员国。1947 年,国际气象组织在华盛顿召开大会,通过的《世界气象组织公约》决定成立世界气象组织。1950 年,国际气象组织更名为世界气象组织。1951 年世界气象组织成为联合国专门机构。中国 1972 年加入世界气象组织,1973 年成为执行理事会成员。1988年，世界气象组织和联合国环境规划署组建"政府间气候变化专门委员会"。1992年，197个国家签署《联合国气候变化框架公约》（即"气候公约"），确立"共同但有区别的责任"原则。2007年，《中国应对气候变化国家方案》确定林业是减缓和适应气候变化重点领域。2013年，中国《国家适应气候变化战略》提出生态系统适应战略。2014年，中国《国家应对气候变化规划（2014—2020年）》提出增加森林、草原、湿地生态系统碳汇。2015年，中国《生态文明体制改革总体方案》明确建立增加森林、草原、湿地碳汇有效机制，同年提交《强化应对气候变化行动——中国国家自主贡献》承诺，到2030年二氧化碳排放达到峰值并争取尽早达峰，森林蓄积量比2005年增加45亿立方米左右。

（二）联合国环境规划署

联合国环境规划署英文缩写UNEP，是联合国系统内负责全球环境事务的牵头部门和权威机构，通过激发、提倡、教育和促进全球资源的合理利用，推动全球环境的可持续发展。联合国环境规划署有执行主席、理事会、秘书处。执行主席由联合国秘书长提议，联合国大会推选。理事会由58个成员组成，任期四年，按区域分配席位，每年举行一次会议。秘书处设在联合国系统内环境活动和协调中心。资金来自成员国自愿认捐的环境基金。

1972年联合国人类环境大会做出建立环境规划署决议。1973年，联合国环境规划署正式成立，中国是联合国环境规划署理事会成员。1976年中国设立代表处，由驻肯尼亚大使兼任代表，开始基金捐款。1987年联合国环境规划署在中国设"国际沙漠化治理研究培训中心"，总部在兰州。1990年在杭州举行第四届世界湖泊环境管理及保护大会，1991年在北京召开发展中国家与国际环境法研讨会，1996年与国家环保局举办"全球环境展望"第二次会议。2003年驻华代表处在北京揭牌。2017年，习近平主席在首届"一带一路"国际合作高峰论坛倡议建立"一带一路"绿色发展联盟，联合国环境署参与筹建该联盟。2018年，时任环境署执行主任索尔海姆先后四次来华访问，并出席国合会2018年年会"绿色'一带一路'与2030年可持续发展议程"主题论坛。2019年4月，第二届"一带一路"国际合作高峰论坛成立"一带一路"绿色发展国际联盟，联合国环境规划署以成员身份加入。2021年2月22日，第五届联合国环境大会在肯尼亚首都内罗毕开幕，生态环境部部长黄润秋在领导者对话会议上发言。

（三）联合国粮农组织

联合国粮食及农业组织，简称联合国粮农组织，英文缩写FAO，是联合国最早的常设专门机构，旨在加强世界粮食安全，促进环境保护与可持续发展，推动农业技术合作。联合国粮农组织最高权力机构为大会，每两年召开一次。常设机构是理事会，由大会推选产生理事会独立主席和理事国，下设计划、财政、章法、农业、渔业、林业、商品问题和世界粮食安全8个委员会。执行机构是秘书处，行政首脑为总干事，下设总干事办公室和7个经济技术事务部。大会休会期间，由49个成员国组成的理事会在大会赋予的权力范围内处理和决定有关问题。联合国粮农组织1945年10月成立于加拿大魁北克城，1946年12月16日成为联合国专门机构。中国是联合国粮农组织创始国之一。1978年联合国粮农组织在印度尼西亚首都雅加达召开第八届世界林业大会，国家林业总局副局长汪滨率团出席会议。1983年，在北京设立驻华代表处。2004年，中国政府与联合国粮农组织在北京举办"粮农组织第二十七届亚太区域大会"。1999年，联合国粮农组织修订《国际植物保护公约》。2005年，中国加入《国际植物保护公约》。从2010年开始，联合国粮农组织实施"支持中国集体林权改革政策、法律和制度体系发展并促进知识交流"项目。2020年，联合国粮农组织发布的《全球森林资源评估》表明，2015年以来，全球每年减少森林1.5亿亩，中国保持森林增长态势。

（四）联合国教科文组织

联合国教育科学及文化组织，简称联合国教科文组织，英文缩写UNESCO，是联合国专门机构，旨在促进教育、科学及文化方面的国际合作。近年来，致力于研究解决可持续发展、人类安全、生态环境、自然资源等人类共同面临的问题，生态环境保护和自然资源管理是其优先计划。其主要机构是大会、执行局和秘书处。大会是最高权力机关，每两年开会一次，决定政策、计划和预算。执行局是大会闭幕期间的监督管理机构。秘书处负责日常工作，由执行局建议，经大会任命的总干事领导秘书处工作。联合国教科文组织1946年11月6日成立于法国巴黎，目前有194个成员国。2017年美国已退出。1966年，联合国教科文组织开展人和生物圈计划，属于政府间科学计划，目的是为合理利用和保护生物圈的资源，保存遗传基因的多样性，改善人类同环境的关系，提供科学依据和理论基础，以寻找有效解决人口、资源、环境等问题的途径。中国是联合国教科文组织创始国之一。1978年，加入人和生物圈计划。中国人和生物圈国家委员会设在中国科学院，负责确定人和生物圈计划在中国的优先领域，并组织实施和提供指导，以及为政府提供政策咨询。联合国教科文组织已将中国26处自然保护区列为人和生物圈保留地。

（五）世界自然保护联盟

世界自然保护联盟英文缩写IUCN，是世界自然遗产评估机构，联合国大会永久观察员，旨在影响、鼓励和帮助全世界的科学家和社团保护自然资源的完整性和多样性，包括拯救濒危的植物和动物物种，建立国家公园和自然保护地，评估物种和生态系统保护现状，为森林、湿地、海岸及海洋资源的保护与管理制订出各种策略及方案。主要机构是世界自然保护大会、理事会、专家委员会、秘书处、联盟会员机构。世界自然保护大会是全球环境和自然保护会议，是联盟最高决策机构，每四年召开一次。理事会由选举出的联盟主席、司库、地区理事、六个专家委员会主席等组成。六个专家委员会由技术专家、科学家、政策专家组成工作网，专家委员会主席由大会选出。秘书处为联盟全体成员服务，并负责贯彻落实联盟的各项政策和项目。

世界自然保护联盟1948年成立于法国，总部在瑞士格朗，是全球性非营利环保机构。通过信息共享、国际交流、能力建设、地方示范项目等方式，支持会员及合作伙伴开展工作。1996年中国加入世界自然保护联盟，2003年成立中国联络处，2012年设立世界自然保护联盟中国代表处。在重要国际环境问题与国际社会开展合作中，为中国提供政策技术支持，开展了"大都市水源地可持续保护计划""中国保护地计划""生态系统生产总值核算""未来红树林中国项目"等项目。2021年10月，世界自然保护联盟物种生存委员会中国专家委员会正式成立。目前，世界自然保护联盟有200多个国家和政府机构会员、1000多个非政府机构会员。

（六）国际林业研究组织联盟

国际林业研究组织联盟，简称"国际林联"，英文缩写IUFRO，是全球性林业科学组织合作机构，主要工作是研究、交流和传播科学知识，提供相关信息获取渠道，以及协助科学家和机构提升科研能力，旨在加强与森林和树木相关的科学研究的协调和国际合作，以确保森林的健康和人类的福祉。组织机构是理事会、执行委员会、总部（秘书处），下设森林培育学、生理学和遗传学、森林经营工程与管理、森林评估建模与管理、林产品、森林和林业社会问题、森林健康、森林环境、林业经济与政策九个学部。

"国际林联"前身是1892年成立的"国际森林实验站联盟"，后更名为"国际林业研究组织联盟"，总部在奥地利维也纳。20世纪70年代"国际林联"迅速成长，联合110多个国家700个成员单位1.5万多名科学家开展研究合作。IUFRO通过研究、交流和传播科学知识等活动，制定相关政策，提升经济、环境和社会效益，改善人类与森林的关系。2022年7月7日，第二十届"国际林联"林木生物技术大会暨第二届林木分子遗传学国际研讨会在黑龙江哈尔滨线上召开，为加快现代林业发展、改善生态环境、维护生态安全、应对气候变化提供"中国经验"。

（七）世界自然基金会

世界自然基金会英文缩写WWF，致力于保护世界生物多样性，确保可再生自然资源的可持续利用，推动降低污染和减少浪费性消费，遏制自然环境恶化，创造人类与自然和谐相处的美好未来。世界自然基金会是27个国家级会员、21个项目办公室及5个附属会员组织组成的全球性网络组织，资金主要来源于个人捐款。

世界自然基金会1961年成立于瑞士，是非政府环境保护组织。1979年，成立世界自然基金会——中国六人委员会，负责协调中国环境保护组织和机构与世界自然基金会全球环境保护工作的联系。1980年，中国大熊猫及其栖息地保护项目开启世界自然基金会在中国的工作。20世纪80年代，中国林业部与世界自然基金会联合组织大熊猫以及其栖息地调查。1992年，实施大熊猫及其栖息地管理计划。1996年，世界自然基金会中国环境教育项目办公室成立，开展野生动植物贸易相关研究与保护工作，同时成立中国森林项目。2001年，以"把知识带回家乡"为主题，在中国开展湿地使者行动。2002年，世界自然基金会与陕西省林业厅签署协议，新建13个自然保护区及5条生态走廊，在破碎的秦岭熊猫种群之间重新建立联系。2005年，世界自然基金会中国森林和贸易网络成立，中国国际重要湿地总数达到30个。在中国资助项目达100多个，从大熊猫保护扩展到物种保护、淡水和海洋生态系统保护与可持续利用、森林保护与可持续经营、气候变化与能源、野生动植物贸易等多领域。

（八）全球环境基金

全球环境基金英文缩写 GEF，是全球环境和气候领域最具影响力的专业机构，是《生物多样性公约》《联合国气候变化框架公约》《关于持久性有机污染物的斯德哥尔摩公约》《联合国防治荒漠化公约》《关于汞的水俣公约》五个国际公约的资金机制。负责向发展中国家提供资金和技术支持，帮助其履行国际环境公约。全球环境基金的管理机构是全球环境基金成员国大会，每3—4年举行一次，审议全球环境基金总体政策、评估基金运作情况、审定基金成员资格。理事会是管理全球环境基金的理事委员会，负责制定、通过和评估基金资助活动的政策和规划。下设秘书处、独立评估办公室、联络人、科学与技术顾问委员会等机构，独立评估办公室的核心作用是对全球环境基金内部的独立评估功能进行质量监督。科学与技术顾问委员会为全球环境基金制定战略和规划提供战略性科学技术咨询。联络人为国家与全球环境基金秘书处和执行机构之间的联系人。全球环境基金执行和实施机构有亚洲开发银行、非洲开发银行、欧洲复兴开发银行、泛美开发银行、世界银行等。

全球环境基金1991年成立，由联合国开发计划署项目管理办公室执行实施。中国是全球环境基金的核心成员之一，既是出资方，也是资金目的国。2015年9月，《中美元首气候变化联合声明》宣布，中国将拿出200亿元人民币建立中国气候变化南南合作基金。同年12月，习近平主席在巴黎气候大会开幕式宣布，中国于2016年启动"十百千"项目，在发展中国家开展10个低碳示范区、100个减缓和适应气候变化项目及1000个应对气候变化培训名额的合作项目。全球环境基金关注中国生态文明建设、绿色金融相关问题，以及"一带一路"倡议设想，与中国政府建立了互信互益长效机制。

（九）国际爱护动物基金会

国际爱护动物基金会英文缩写 IFAW，是全球动物福利组织之一，旨在减少对动物的商业剥削和贸易、保护野生动物的栖息地以及救助危难中的动物，提高野生动物和伴侣动物的福利。国际爱护动物基金会1969年创立，总部在美国马萨诸塞州。1994年，国际爱护动物基金会进入中国，致力于推动爱护动物理念的传播，参与亚洲黑熊、藏羚羊、亚洲象、麋鹿、黑颈鹤、斑海豹拯救工作。与国家林业局合作，在藏羚羊、亚洲象等濒危物种保护、公众教育、栖息地保护能力建设方面开展工作。2001年，在上海召开"中国鲸豚保护研讨会"，开展斑海豹紧急救助、中华鲟放归方面工作。2002年，与中国濒危物种进出口管理办公室签署合作备忘录，推动野生动物保护与国际接轨。

（十）环境保护国际公约

包括《人类环境宣言》《世界环境行动计划》《里约环境与发展宣言》《21世纪议程》和《世界环境公约》五个重要公约。1972年6月16日在斯德哥尔摩联合国第一次人类环境国际会议通过《人类环境宣言》，阐明与会国和国际组织所取得的7个共同观点和26项共同原则，以鼓舞和指导世界各国人民保护和改善人类环境。同时，通过《世界环境行动计划》，这是人类环境保护史上的第一座里程碑。同年，第27届联合国大会确定每年6月5日"世界环境日"。1992年6月，在巴西里约热内卢联合国环境与发展会议期间开放签署《里约环境与发展宣言》，重申1972年6月16日联合国人类环境国际会议宣言，并通过《21世纪议程》，成为各国政府、联合国组织、发展机构、非政府组织和独立团体在人类活动对环境产生影响的各个方面的综合的行动蓝图。中国政府做出履行《21世纪议程》的承诺，《中国21世纪人口、环境与发展白皮书》（简称"中国21世纪议程"）共20章78个方案领域，分为可持续发展总体战略与政策、社会可持续发展、经济可持续发展和资源的合理利用与环境保护。2017年9月19日，中国外交部部长王毅出席在纽约联合国总部举办的《世界环境公约》主题峰会。2018年5月11日，联合国大会通过决议，为《世界环境公约》建立框架，确立环境保护的基本原则。

一旦《世界环境公约》成为正式国际公约，将对缔约国产生法律效力。

（十一）气候保护国际公约

包括《保护臭氧层维也纳公约》《关于消耗氧物质的蒙特利尔议定书》《联合国气候变化框架公约》《京都议定书》《巴黎协定》等，尤其以《联合国气候公约》《京都议定书》《巴黎协定》影响深远。1992 年 11 月全国人大常委会批准加入《气候公约》，1993 年 1 月批准书交存联合国秘书长处，1994 年 3 月对中国生效。2007 年 12 月印度尼西亚巴厘岛联合国气候变化大会通过"巴厘路线图"，2009 年哥本哈根大会完成 2012 年后全球应对气候变化新安排谈判，确定《哥本哈根协议》最终延长"路线图"授权，最终达成具有法律约束力的协议。中国承诺其二氧化碳排放量在 2030 年左右达到峰值。《京都议定书》全称是《联合国气候变化框架公约的京都议定书》，是《气候公约》补充条款，目标是"将大气中的温室气体含量稳定在一个适当的水平，进而防止剧烈的气候改变对人类造成伤害"。《巴黎协定》是继《气候公约》《京都议定书》之后，第三个里程碑式的国际法律文本，体现共同但有区别的责任原则，根据国情和能力自主行动，采取非侵入、非对抗模式的评价机制，从 2023 年开始每五年对各国行动效果进行评估。

（十二）生物多样性保护国际公约

生物多样性保护国际公约，主要是《濒危野生动植物物种国际贸易公约》《国际热带木材协定》《国际防止船舶造成的污染公约》《生物多样性公约》《国际热带木材协定》《卡塔赫纳生物安全议定书》。其中《生物多样性公约》是保护地球生物资源的国际性公约，由联合国环境规划署发起，1993 年 12 月 29 日生效。联合国《生物多样性公约》缔约国大会是全球履行该公约的最高决策机构，一切有关履行《生物多样性公约》的重大决定都要经过缔约国大会的通过。1992 年 6 月 11 日中国签署《生物多样性公约》，1992 年 11 月 7 日批准，1993 年 1 月 5 日交存加入书。1994年中国制定《中国生物多样性保护行动计划》，2003年1月，中国科学院启动濒危植物抢救工程。2020年9月，习近平主席在联合国生物多样性峰会上指出，要站在对人类文明负责的高度，探索人与自然和谐共生之路，凝聚全球治理合力，提升全球环境治理水平。中国将秉持人类命运共同体理念，继续为全球环境治理贡献力量。2021年10月11日，《生物多样性公约》第十五次缔约方大会在云南昆明召开，中国宣布出资15亿元成立昆明生物多样性基金，支持发展中国家生物多样性保护事业。2021年，中国生物物种名录收录的物种及种下单元127950个。

（十三）湿地保护国际公约

湿地保护国际公约，主要是《关于特别是作为水禽栖息地的国际重要湿地公约》，简称"湿地公约"。1971年在伊朗南部海滨小城拉姆萨尔签署，是全球第一个湿地保护公约，其宗旨加强湿地资源保护及合理利用，以实现生态系统的持续发展。目前，"湿地公约"已是国际重要的自然保护公约之一。1992年中国加入"湿地公约"，湿地概念进入中国。国务院授权林业部代表中国政府履行公约。"湿地公约"第十四届缔约方大会于2022年11月在湖北武汉举办，大会围绕"珍爱湿地 人与自然和谐共生"主题，审议公约发展战略性议题，发布《武汉宣言》、公约战略框架等大会成果。

（十四）荒漠化防治国际公约

荒漠化防治国际公约，主要是《联合国关于在发生严重干旱和/或沙漠化的国家特别是在非洲防治沙漠化的公约》，简称《联合国防治荒漠化公约》，旨在防治荒漠化，协助受影响国家和地区实现可持续发展。由各国政府制定国家级、次区域级和区域级行动方案，以对抗应对荒漠化的挑战。1994年6月17日，在法国巴黎通过《联合国防治荒漠化公约》，1996年12月26日正式生效。1995年，联合国大会确定每年6月

17日是"世界防治荒漠化与干旱日"。1994年,中国签署《联合国防治荒漠化公约》,制定实施《中国执行联合国防治荒漠化公约国家行动方案》《中国防治荒漠化国家报告大纲》《中国荒漠化监测原则技术方案》,中国荒漠化概念与国际接轨。2019年2月26日,《联合国防治荒漠化公约》第十三次缔约方大会第二次主席团会议在贵阳举行。目前,《联合国防治荒漠化公约》有191个缔约方。

(十五)自然和文化遗产保护国际公约

自然和文化遗产保护国际公约,主要是1972年巴黎第十七届保护世界文化和自然遗产公约会议上通过的《保护世界文化和自然遗产公约》,简称"世界遗产公约",是联合国教科文组织发起的一项深受各国欢迎的国际合作活动,也是教科文组织最具影响力的一个旗舰项目。1985年,中国加入"世界遗产公约"。第二十八届世界遗产委员会会议2004年6月在江苏苏州召开,第四十四届世界遗产大会2021年7月在福建福州举办,这是世界遗产保护领域最高规格国际会议。目前,中国有56处遗产列入《世界遗产名录》,其中,文化遗产38处(含文化景观遗产4处)、自然遗产14处、文化和自然双遗产4处,均位列世界第一。

人类只有一个地球,各国共处一个世界。建设美丽地球、和谐世界,构建人类命运共同体,是人类走向可持续发展未来的目标愿景。中国是负责任的大国,在国际组织和国际公约中发挥着越来越大的作用,必将在全球森林、草原、湿地、荒漠和自然保护地治理体系中做出越来越大的贡献。

附录 Ⅱ　各国林政概览

大约 4.7 亿年前，在地球陆地上出现了植物。大约 3.9 亿年前，出现了树木和森林。草本的出现要晚许多，3000 多万年前开始成群生长，500 多万年前草原与森林并驾齐驱，森林草原生态系统持续演化，一派生机盎然。300 万年前，人类意外出现在陆地生物圈内，并迅速登上食物链顶端，雄霸森林草原。经历漫长的采集渔猎时代后，掀起种植养殖业革命，进入农业时代，驯化栽培的植物、养殖的动物与人俱进、大幅度繁殖，迅速占据地球表面优越生态位。由此，地球生物圈的自然秩序和生态规则发生了重大而深刻的变化，尤其是工业革命以来，更加剧烈。《地球生命力报告 2020》显示，工业革命以来，人类破坏森林、草原、湿地生态系统，导致 75% 的无冰陆地表面发生显著变化，85% 的湿地消失。1970—2016 年，哺乳动物、鸟类、两栖动物、爬行动物和鱼类等野生动物种群数量下降了 68%。人类力量日益强大，人与自然的关系严重失衡，生物圈因失序而动荡。愈加频繁而剧烈的生态灾难，敦促人类修改文明规则，修正发展模式，以尊重自然、保护自然、顺应自然，恢复自然生态系统的生产力、承载力和支持力。人类是生物圈的"霸主"，但不应该成为生物圈的"终结者"。人类可持续发展，需要健康稳定的自然生态系统、多样化物种并存、活力无限的生物圈，这是当今世界各国林政发展的大环境、大气场。

地球陆地表面千差万别、多姿多彩。除南极洲外，陆地表面成为不同国家的国土空间。不同的纬向地带性、海向地带性，带来了丰富多样的自然生态国情。加之，国与国之间发展阶段不同、发展理念差异，森林、草原、湿地、荒漠和自然保护地治理体系、治理机制和治理能力差异巨大。本文以中国林政视角，简要整理各国自然资源、生态系统类型的特征，梳理各国林政的特点，并进行初略的分析比较。

（一）多样化自然生态

根据联合国粮农组织数据，2020年全球森林面积609亿亩，森林覆盖率30.8%。一半以上的森林分布在俄罗斯、巴西、加拿大、美国、中国。中国陆地面积占全球陆地面积的6.4%、森林占全球的5.4%，全国林地42亿亩，占国土面积的29.2%，其中森林33亿亩，森林覆盖率22.96%。全球草原465亿亩，占陆地面积的20.9%，澳大利亚、俄罗斯、中国、美国是四大草原国。中国草地39亿亩，占国土面积的27%。湿地是连通各大生态系统的关键，全球湿地85.5亿亩，占陆地面积的6%。中国湿地9.9亿亩，占国土的6.8%。全球沙漠465亿亩，占陆地的21%，荒漠化土地540亿亩、占陆地的25%。沙漠分布极不均衡，以亚洲、非洲和澳洲为主。中国、利比亚、沙特阿拉伯、澳大利亚、阿尔及利亚是五大沙漠国。中国沙漠戈壁19.5亿亩、占国土面积的13%。

20世纪初，兴起全球性保护自然运动。1872年，美国建立了世界上第一个国家公园——黄石公园。国家公园理念在全球广泛传播，1885年，加拿大设立国家公园。1895年，英国设立自然保护区。1898年，南非设立萨比野兽保护区。20世纪初期，印度、斯里兰卡、苏丹、埃及等国建立野兽保护区、野生动物禁猎区。新西兰、澳大利亚、加拿大、南非、菲律宾、冰岛、瑞典、丹麦、德国、西班牙、日本、墨西哥、巴西等国家，先后设立国家公园或自然保护区。至20世纪末，全球国家公园或自然保护区数量达1万余处，自然保护地占陆地面积的11.58%。美国、德国自然保护地占国土面积的20%以上。目前，中国已建自然保护地超过1万处，占国土面积的18%，海域的4.1%，有效保护了90%的陆地生态系统类型、85%的野生动物种群、65%的高等植物群落和近30%的重要地质遗迹，涵盖了25%的原始天然林、50.3%的自然湿地和30%的典型荒漠地区。

(二)多样化林政法治

欧洲较早实行森林法治,德国1448年巴登州发布《森林条例》,随后制定《一般森林和林业法规》《田野和森林法规》。法国1669年颁布《森林及水法》,1827年制定《森林法》,1882年制定《山地恢复和保护法》。美国于1836年起陆续颁布林业法规,1873年颁布《木材培育条例》、1911年颁布《威克斯法》、1920年颁布《森林法》、1981年颁布《自然保护区法》。日本1897年颁布《森林法》、1899年颁布《国有林野法》、1909年颁布《森林组合法》《保护林措施法》。苏联列宁于1918年签署《森林法令》、1978年颁布《苏联和各加盟共和国森林立法纲要》。新西兰1920年通过《森林法》。20世纪50年代,发展中国家开始加强森林法治。土耳其于1951年、巴西于1965年、尼泊尔于1977年、赞比亚于1977年颁布森林法令。中国1984年颁布实施《中华人民共和国森林法》。目前,全世界40个国家颁布实施森林法。

美国率先推行草原法治,"黑风暴"事件促使《289决议》应运而生。1934年通过《泰勒放牧法》。1960年起,联邦政府、州政府以及相关部门颁布一系列法律法规。比如,《多用途和持续生产法》《自然保护区法》《濒危物种法》《国家环境政策法》《森林地和草地牧场可更新资源计划法》《公共草地改良法》《草地革新法》。澳大利亚也是草原法治健全的国家,主要包括:(1)联邦政府综合性法律。如《国家环境保护委员会法》《环境保护和生物多样性保持法》。(2)联邦政府专门性法律。如《濒危物种保护法》《国家野草控制战略》。(3)行政法规。如《清洁空气法规》《辐射控制法规》等。中国1985年颁布《中华人民共和国草原法》,并于2002年、2009年、2013年3次修正。

湿地进入国家管理较晚。1971年,18个国家代表在伊朗拉姆萨尔签署《关于特别是作为水禽栖息地的国际重要湿地公约》,简称《湿地公约》,又称《拉姆萨尔公约》。1982年,第一届国际湿地研讨会在印度召开。1991年启动《湿地公约》地中海行动计划。1982年美国环保署召集环境、商业、农业、研究机构领导人组成湿地政策论坛，从此"零净损失"成为湿地管理的政策目标。1992年澳大利亚签订《政府间环境协议》，1999年制定《环境与生物多样性保护法》，1997年制定实施《国家湿地政策》。日本先后制定《自然环境保护法》《濒危野生动植物保护法》《水污染防治法》《河川法》《环境基本法》。中国1992年加入《湿地公约》，林业部代表中国政府履行《湿地公约》，2021年颁布实施《中华人民共和国湿地保护法》。

1994年6月17日，在法国巴黎通过《关于在发生严重干旱和或沙漠化的国家，特别是在非洲，防治沙漠化公约》，简称《防治荒漠化公约》，并把每年6月17日定为世界防治荒漠化和干旱日。18世纪初，美国开启荒漠化预防进程，1719年制定防止破坏和保护植被法律，1873年制定《草原植树法》、1877年制定《沙漠土地法》、1935年制定《水土保持法》、1936年制定《草原利用法》、1969年制定《全国环境政策法》，恢复荒漠化土地植被，控制草地载畜量，遏制荒漠化发展。法国政府通过造林治沙，20世纪60年代大规模兴建海岸防风固沙、荒野造林和山地恢复，实行森林分类经营管理，提供造林补贴、长期低息贷款和税收优惠。中东国家制定禁止开垦牧场的法律法规、斥巨资绿化城市、植树造林和节水措施，建立荒漠化牧场保护区超过60个，多哈、迪拜等城市建造花园绿地。实施横跨摩洛哥、阿尔及利亚、突尼斯、利比亚、埃及五国的"绿色坝计划"。中国2002年实施《防沙治沙法》，推动防沙治沙进入新阶段。

（三）多样化管理体制

森林、草原、湿地、荒漠和自然保护地行政管理，分别归属自然资源、环境和农业等部门管理。俄罗斯林业归联邦林业局，草原、荒漠化防治归自然资源局，湿地归水务部门，自然保护地归环境部门。美国森林及草地管理主要是农业部林务局，湿地没有专门机构，自然保护地、荒漠化防治分属内政部国家公园管理局和土地管理局管理。加拿大森林局管理森林，农业部管理草原，环保部管理湿地，国家公园管理局、环境与气候变化部管理绝大部分联邦陆地保护区，渔业与海洋部负责管理绝大部分联邦海洋保护区。德国林业由联邦食品和农业部负责，自然保护、荒漠化防治、湿地分别归联邦环境、自然保护和核安全部。日本森林由农林水产省林野厅管理，草原、湿地、荒漠化治理、野生动植物保护、自然保护地等主要由环境省自然环境局管辖。

受资源禀赋、社会制度、所有制形式、经营思想、历史传统等影响，各国林政差异较大。各国林政也在与时俱进，不断改革，形成各具特色的林政模式。大体上可分为单设、合设、从属、统合四种类型。

1. 单设类。即国家林政机构单独设立，大多数森林国有化国家，在政府机构中单设林业部。加拿大于20世纪60年代立林业部，以后几经变革，20世纪70年代改设环境部下辖林务局，1990年恢复林业部，1995年能源、矿物及资源部与森林部合并成立自然资源部，自然资源部下设林务局管理森林资源。加拿大省级林政机构不统一，多数设林务局。印度尼西亚1983年成立林业部，全国27个省22个设林务局。新西兰1985年分别成立林业部、国家林业公司和保护局。单设林政机构的还有朝鲜、斯里兰卡、巴布亚新几内亚、赞比亚等国。英国设林业委员会，蒙古设林业和树木加工部，保加利亚设森林和森林工业部。

2. 合设类。即林政与农业、水利、环境等联合设部。德国、奥地利、芬兰、日本、印度等以国有林为主的国家，基本属于此类型。德国粮食农林部下设林业、木材工业研究、开发司，各州设林业管理局。奥地利农林部下设林业局、国有林局，林业局是职能机构，国有林局是企业性质，各州设林业局(处)。芬兰农林部下设林业司、林业总局，林业司是负责方针政策，林业总局负责森林经营管理。日本农林水产省下设林野厅，既是职能机构，又直接经营国有林。印度环境林业部、刚果水利森林部、阿尔及利亚设水利环境森林部，形式多样，不一而足。

3. 从属类。即国家林政从属于其他机构，但自成体系。大部分以私有林为主的国家，如美国、法国、瑞典、挪威、阿尔巴尼亚、土耳其、巴西、古巴、秘鲁等属于此类。美国林务局从属于农业部，既是职能机构，又直接经营国有林，人事和财务独立。法国林务局从属于农业部，其性质却与美国不同，纯属职能机构，只负责制定林业政策，不直接经营国有林，国有林由采用董事会形式的国家森林局经营管理。瑞典农业部设林业局负责制定林业政策，工业部设国有林管理局负责国家森林公园、自然保护区管理。菲律宾林政机构设在自然资源部，泰国设在农业合作社部，马来西亚设在产业工业部，澳大利亚设在初级产品部，匈牙利设在农业食品工业部等。

4. 统合类。即中国特色林政，中国林政管理幅度最为宽泛、最为特色。2018年，新一轮机构改革后，在森林、湿地、荒漠的基础上，新组建的林政机构——国家林业和草原局接纳草原、国家公园、自然保护区、地质公园、地质遗迹、风景名胜区等管理职能。至此，自然保护地以及森林、草原、湿地、荒漠，实现了陆地生态空间集中统一治理。生态空间是专属于自然生态系统的国土空间，把生态空间集中于一个部门，是精心打造的一体化治理"中国方案"。中国是全世界唯一将自然保护地体系、森林、草原、湿地、荒漠化防治归为一个部门的国家。由此，形成了世界上管理幅度最宽泛的中国特色的林政体系。

（四）主要国家林政状况

1. 美国。美国森林及草地管理机构主要是农业部林务局，联邦政府所有的森林是国有林、各州所有的森林是公有林、个人所有的是私有林。美国林务局设国有林处、州有林和私有林处。美国森林46.5亿亩，占全球7.7%，森林覆盖率33.1%。美国国有林地占全国林地的34%、公有林地占9%，合计占43%。草原面积50.7亿亩，占全球的10%。美国于20世纪90年代启动湿地保护计划，联邦环保局、陆军工程兵团、土地保持局、鱼类和野生生物管理局四家单位涉及湿地管理。内政部土地管理局负责荒漠化防治，内政部鱼类和野生生物管理局负责野生动植物保护、自然保护区管理。美国内政部国家公园管理局负责管理国家公园、国家纪念遗迹以及自然和历史保护区，管理着61个国家公园在内的419个保护地，总面积5.1亿亩。

2. 俄罗斯。俄罗斯联邦林政归联邦自然资源和环境部，下设联邦自然资源局负责自然资源监督监测、联邦水资源局负责水资源法律实施、联邦林业局负责林业领域政府服务和资产管理。俄罗斯林地172.05亿亩，占国土面积的49.8%，森林119.25亿亩，其中天然林占33.5%、次生林占64.1%、人工林占2.4%。1.28万处各类自然保护地，面积30亿亩，占国土面积的11.9%，包括109处严格自然保护区、63处国家公园、61处联邦保护区或野生动物保护区、84处自然保护区（自然遗迹）。俄罗斯还有42.15亿亩保护林、40.2亿亩禁伐林。草地面积93.9亿亩，占国土面积的37.13%，由自然资源局管理。湿地由联邦环境保护委员会管理。特别自然保护区域实行统一的分级管理体制，分联邦级、地区级（联邦主体级）和地方级三级，由联邦权力执行机关、联邦主体权力执行机关及地方自治机构分别实施管理。

3. 加拿大。加拿大自然资源部所属林务局管理森林资源。森林面积66亿亩，占国土面积的44%，森林资源仅次于俄罗斯和巴西，居全球第三位。94%的森林为公有，6%为私有。农业部管理草原，草原面积47.4亿亩，88%分布于西部的马尼托巴、萨斯卡彻温、阿尔伯塔和不列颠哥伦比亚。环保部管理湿地。联邦政府管理48个国家公园、55个国家野生动物保护区、92个候鸟保护区、14个海洋保护区、3个国家海洋公园。国家公园管理局、环境与气候变化部管理联邦陆地保护区，渔业与海洋部负责管理联邦海洋保护区。1935年，加拿大农业部草原区农场恢复局管理草原生态保护建设、畜牧业及草原野生动植物等方面的事务。

4. 德国。德国森林面积1.71亿亩，占国土的三分之一。48%的森林为私有林，19%为社区林，29%为州有林，4%为联邦林。联邦食品和农业部负责林业，州环境或农业部门负责林业。自然保护、荒漠化和湿地生态系统不在联邦食品和农业部,而在联邦环境、自然保护和核安全部,设自然资源保护和可持续利用局。德国宪法规定,自然保护由联邦政府与州政府共同开展,联邦政府制定框架性规定,州政府对实施有决策权。德国保护地类型分为六种,即国家公园、群落生境、自然保护区、生物圈保护区、景观保护区以及自然公园。国家公园、自然保护区是严格意义上的保护区,是自然保护的主要载体。

5. 法国。法国森林面积 2.22 亿亩,森林覆盖率为 27%。分国有林、集体林和私有林。分别占 12%、18%、70%。1.5 亿亩私有林分属 380 万个林主,86% 的林主面积不足 60 亩。法国实行森林所有权与经营权分离,国有林、集体林经营水平高。国家设农业部林务局、国家林业管理局、全国林产中心三家机构。林务局是林政机构,通过制定政策、编制发展规划、管理预算和林业基金、森资清查、组织木材贸易、林业对外交流等方式施政。国家林业管理局是国有林、集体林管理机构,实行企业化经营。全国林产中心是私有林权益机构,受林务局监管。法国草地占国土面积的 26.6%。全国有 7 处国家公园、26 处地区公园、100 处自然保护区。

6. 英国。英国是一个少林国家,森林面积 4297.5 万亩,森林覆盖率 11.8%。私有林 3045 万亩,占 70.9%。森林旅游是英国林业支柱。英国林业、草地、湿地、野生动物和栖息地保护、国家公园等管理均归属国家环境、食品与农村事务部。英国林业委员会是英国最大的森林经营者,不仅经营国有林,而且管理私有林。国家公园内部存在保护区、古遗址、文化遗产等独立的保护地,仍归属遗产署或农林部门管理。它们通过立法和规划进行独立或共同管理。

7. 日本。日本是岛国,也是森林大国。森林面积 3.75 亿亩,森林覆盖率 72%,主要由日本农林水产省林野厅管理,对森林的要求不仅限于木材生产,还包括保护国土,保护水源,防止全球变暖,用于保健、文化、教育等,呈现出高度化、多样化的趋势,从以木材生产为主向以能够持续发挥森林多种功能转变。日本分北海道、东北、关东、中部、四国、九州和近畿等七大森林管理局。草原、湿地、荒漠化治理、野生动植物保护、自然保护地由日本环境省自然环境局管辖。湿地在日本称"干潟"，日本环境省定义其为"潮浸幅度在 100 米以上，潮浸面积在 15 亩以上的砂、碎石、沙、泥等基础地区"。日本有 53 处国际重要湿地，面积 232.8 万亩。草原多是半自然草地，仅有小面积天然草地分布于高山。半自然草地主要是迁移中的群落，或者因放牧、割草、火灾等人为因素干扰形成的亚顶级群落。阿苏草原为日本最大草原，面积 34.5 万亩。有 34 处国立公园、自然公园，占国土面积的 5.8%。

8. 巴西。巴西环境部负责生态系统、生物多样性和森林保护、修复和可持续发展。森林、草原、湿地、荒漠化治理、国家公园体系均属环境部管理。环境部下设国家环境委员会、国家水资源委员会、遗传遗产管理委员会和巴西林业局。林地 74.025 亿亩，占国土面积的 58%。其中 72.75 亿亩原始林、次生林。公有林占 61.8%，私有林占 20.6%，所有权未知面积的 17.6%。草原 22.95 亿亩，占国土面积的 17.97%。自然保护区占国土面积的 15%。潘塔纳尔是全球最广阔热带湿地，面积在 2.10 亿亩到 2.91 亿亩。

9. 芬兰。芬兰林地 3.3 亿亩，森林覆盖率 73%。农林部设林业司，设私有林处、国有林和研究处、国际森林事务处、法律及行政事务处。私有林 2.25 亿亩，占 68%；公司林 3000 万亩，占 9%；国有林 1.05 亿亩，占 32%。国有林由 Metsähallitus 公司负责，每年与农林部签订目标责任合同，完成一定经济任务。自然保护职责在环境部。

参考文献

[1]张建亮,王智,徐网谷.以国家公园为主体的自然保护地分类方案构想[J].南京林业大学学报:人文社会科学版,2019,19(3):13.

[2]李俊峰,李广.碳中和——中国发展转型的机遇与挑战[J].环境与可持续发展,2021,46(1):50-57.

[3]耿海清."三线一单"在我国空间规划体系中的定位浅析[J].环境与可持续发展,2019,44(5):5.

[4]孙国庆.塞罕坝林场生态保护与修复[J].安徽农学通报,2021,27(5):2.

[5]张云飞.70年来生态文明理念的嬗变[J].人民论坛,2019,(29).

[6]黎祖交.关于"生态优先"的几个观点和建议[J].绿色中国A版,2019,(8):48-54.

[7]樊宝敏.中国清代以来林政史研究[D].北京林业大学,2002.

[8]陈蓬.中国林业生态工程管理机制研究[D].北京林业大学,2005.

[9]樊宝敏,张钧成.中国林业政策思想的历史渊源——论先秦诸子学说中的林业思想[J].世界林业研究,2002,15(2):56-62.

[10]王春芳,郭风平.当代森林火灾防控对策研究[J].中国安全生产科学技术,2011,7(7):168-173.

[11]国家林业和草原局.林草大事记[EB/OL].http://www.forestry.gov.cn/main/60/index.html

[12]陕西省林业局.陕西林业70年巡礼[R].西安：陕西省林业局,2019.

[13]李周等.中国天然林保护的理论与政策探讨[M].中国社会科学出版社,2004.

[14]彭祚登,乔丹.沈国舫先生关于天然林保育思想的研究[J].北京林业大学学报(社会科学版),2017(12)：1-7.

[15]刘蕾.中国天保工程20年：天然林保护,功德无量[N].中国绿色时报,2018-5-21.

[16]张佩昌,张万福,宋新中,程鹏,柏方敏,陈璐.借鉴国外经验,推进我国天然林保护工程[N].中国林业,1999(3)：38-40.

[17]金旻.全面保护天然林[N].中国林业,2021(3).

[18]刘世荣,杨予静,王晖.中国人工林经营发展战略与对策：从追求木材产量的单一目标经营转向提升生态系统服务质量和效益的多目标经营[J].生态学报,2018,38(01)：1-10.

[19]杜志,胡觉,肖前辉,冯强,贺鹏,李锐.中国人工林特点及发展对策探析[J].中南林业调查规划,2020,39(01)：5-10.

[20]梅梦媛,雷一东.我国人工林新时代发展形势分析[J].世界林业研究,2019,32(03)：73-77.

[21]陈幸良,巨茜,林昆仑.中国人工林发展现状、问题与对策[J].世界林业研究,2014,27(06)：54-59.

[22]孙长山.探索中国森林资源发展现状[J].林业勘察设计,2020,49(04)：22-24+42.

[23]张建龙主编,中国林业和草原统计年鉴2018.北京：中国林业出版社,2018,4-5,年鉴.

[24]苏春雨.中国森林资源经营管理机制的研究[D].北京：北京林业大学,2004.

[25]谢剑斌.论持续林业的分类经营与生态效益补偿[J].福建师范大学：自然地理学,2003.

[26]李卫忠.公益林效益评价指标体系与评价方法的研究[D].北京林业大学,2003.

[27]张美华.中国林业管理体制研究[D].西南农业大学,2002.

[28]李裕国,王子英.森林分类经营管理新动向综述[J].林业资源管理,1995,4.

[29]张蕾.中国林业分类经营改革研究[D].北京林业大学,2007.

[30]谢守鑫.我国森林资源分类经营管理的哲学思考与实践剖析[D].北京林业大学,2006.

[31]严会超.生态公益林质量评价与可持续经营研究[J].北京:中国农业大学,2005.

[32]齐闯.林业应对气候变化政策机制综合评价研究[D].东北林业大学,2013.

[33]景谦平.森林资产评估的组织与管理研究[D].中国林业科学研究院,2009.

[34]严俊.森林利用方式变化的经济分析[D].中国社会科学院研究生院,2013.

[35]LY/T 1556-2000,中华人民共和国林业行业标准:公益林与商品林分类技术指标[S].

[36]高发全.基于马克思立场和产权理论的我国集体林权制度深化改革探析[J].中国林业经济,2017,(3):22-26.

[37]于浩.森林法"大修":放与管"两手抓"[J].中国人大,2019,(13):2.

[38]邓海燕,莫晓勇.森林质量精准提升综述[J].桉树科技,2017,34(2):8.

[39]林宣.国家林草局印发林草产业发展指导意见[J].绿色中国,2019,(4):2.

[40]刘勇.中国林业生态工程后评价理论与应用研究[D].北京林业大学,2006.

[41]赵子夜．中国共产党"三北"防护林工程建设的历史考察[D]．吉林大学，2018．

[42]亓军红．苏北沿海防护林体系建设的历史研究[D]．南京农业大学，2019．

[43]杨田．陕西省三北防护林工程综合效益评价研究[D]．中国优秀博硕士学位论文全文数据库（博士），2008．

[44]古开弼．我国古代人工防护林探源[J]．农业考古，1986（2）：212-215．

[45]何方、张日清．中国经济林[M]．北京：中国农业科学技术出版社．2017．

[46]陕西省地方志编纂委员会．1996-08．概述[R]．陕西省志．林业志．

[47]国家林业和草原局．1949-2020年．林草大事记[EB/OL]．http：//www.forestry.gov.cn/main/60/index.html．

[48]中国林业新闻网．2022-01-13．林茂果硕庆丰收[EB/OL]．http://greentimes.com/green/news/zhuanti/open30/content/2022-01/13/content_481470.htm．

[49]陕西省国土资源厅．2021-12-29．陕西省第三次全国国土调查主要数据公报[EB/OL]．http：//zrzyt.shaanxi.gov.cn/info/1038/57862.htm．

[50]张壮．中国国有林区治理体制变迁的路径依赖研究[D]．吉林：吉林大学，2018．

[51]赵爽，庄红韬．国有林场：生态脊梁 绿色明珠[N]．人民网，2015-11-27．

[52]周孜予．国有林法律管理制度缺失与完善研究[D]．哈尔滨：东北林业大学，2011．

[53]王自力．新时期国有林场改革与可持续发展研究[D]．北京：北京林业大学，2009．

[54]樊宝敏,李淑新,颜国强.中国近现代林业产权制度变迁[J].世界林业研究,2009,22(4):1-6.

[55]刘伟平,傅一敏,冯亮明,等.新中国70年集体林权制度的变迁历程与内在逻辑[J].林业经济问题.2019(6).

[56]张春霞,郑晶.林权改革30年回顾:集体林权改革研究之二[J].林业经济,2009(1):55-58.

[57]刘璨,黄和亮,刘浩,等.中国集体林产权制度改革回顾与展望[J].林业经济问题.2019(2).

[58]陕西省农村财政研究会课题组.陕西省集体林权制度改革的调查与思考.

[59]柯水发,温亚利.中国林业产权制度变迁进程、动因及利益关系分析[J].绿色中国,2005(10):29-32.

[60]谭世明,张俊飚.制度变迁视角下集体林权制度改革研究[J].农业现代化研究,2008(5):559-563.

[61]潘庆民,孙佳美,杨元合,等.我国草原恢复与保护的问题与对策[J].中国科学院院刊,2021,36(6):666-674.

[62]唐芳林,杨智,王卓然,等.生态文明视域下草原治理体系构建研究[J].草地学报,2021,29(11):2381-2390.

[63]丁勇,春亮,孙娟娟,等.中国的草原[J].森林与人类,2020(11):21-37.

[64]赵颖.农牧民对草原政策的感知与可信度研究——以宁夏和内蒙古为例[D].北京:中央民族大学,2017.

[65]杨旭东,杨春,孟志兴.我国草原生态保护现状、存在问题及建议[J].草业科学,2016,33(9):1902-1909.

[66]李毓堂.中国草原政策的变迁[J].草业科学,2008,25(6):1-7.

[67]盖志毅.草原生态经济系统可持续发展研究[D].北京:北京林业大学,2005.

[68]谢双红.北方牧区草畜平衡与草原管理研究[D].北京:中国农业科学院,2005.

[69]戴建兵,俞益武,曹群.湿地保护与管理研究综述[J].浙江林业学院学报,2006,23(3):328-333.

[70]中华人民共和国国际湿地公约履约办公室.湿地保护管理手册[S].北京:中国林业出版社,2012.

[71]包云,马广仁.中国湿地报告[R].北京:中国林业出版社,2012.

[72]国家林业局.中国湿地资源[M].北京:中国林业出版社,2015.

[73]封晓梅.《湿地公约》与我国的湿地保护[D].青岛:中国海洋大学,2008.

[74]陈溪.湿地保护制度变迁动因的研究——美国经验及其对中国的启示[D].大连理工大学,2016.

[75]国家林业局.中国湿地保护行动计划,2008.

[76]GB/T 24708-2009,湿地分类[S].北京:中国标准出版社,2009.

[77]国家林业局.沙化土地封禁保护修复制度方案,2017.6

[78]祝列克.新世纪初全国防沙治沙工作的基本思路[J].中国林业,2002(11):4.

[79]赵星,李珈珈,吕冀平,等.试论防沙治沙的法律保障机制[J].吉林林业科技,2002,31(4):28-29.

[80]朱震达,陈广庭.中国土地沙质荒漠化[M].北京:科学出版社,1994:39-81.

[81]周金星,韩学文,孔繁斌,等.我国荒漠化防治学科发展研究[J].世界林业研究,2003,16(2):43.

[82]朱震达,吴正,刘恕.中国沙漠概论[M].北京:科学出版社,1980:1-7.

[83] 张奎壁, 邹受益. 治沙原理与技术[M]. 北京: 中国林业出版社, 1990: 8-12.

[84] 王伟, 李俊生. 中国生物多样性就地保护成效与展望[J]. 生物多样性, 2021, 29(2): 133-149.

[85] 江珊珊. 自然保护地整合优化研究——以浮梁县为例[D]. 南昌: 东华理工大学, 2020.

[86] 曹越, 杨锐, 万斯·马丁. 自然需要一半: 全球自然保护地新愿景[J]. 风景园林, 2019, 26(4): 39-44.

[87] 彭杨靖, 樊简, 邢韶华, 等. 中国大陆自然保护地概况及分类体系构想[J]. 生物多样性, 2018, 26(3): 315-325.

[88] 杨锐. 美国国家公园体系的发展历程及其经验教训[J]. 中国园林, 2001(1), 62-64.

[89] 王辉, 孙静. 美国国家公园管理体制进展研究[J]. 辽宁师范大学学报(社会科学版), 2015, 38(1): 44-48.

[90] 王连勇, 霍伦贺斯特·斯蒂芬. 创建统一的中华国家公园体系[J]. 地理研究, 2014, 33(12): 2407-2417.

[91] 杨芳. 云南国家公园的探索与实践[J]. 云南林业, 2014(2): 37-39.

[92] 杨东, 郑进烜, 华朝朗, 等. 云南省国家公园建设现状与对策研究[J]. 林业调查规划, 2016, 41(5): 14-17, 22.

[93] 田世政, 杨桂华. 中国国家公园发展的路径选择: 国际经验与案例研究[J]. 中国软科学, 2011(12): 6-14.

[94] 严国泰, 沈豪. 中国国家公园系列规划体系研究[J]. 中国园林, 2015(2): 15-18.

[95] 中华人民共和国建设部. 中国风景名胜区形势与展望绿皮书. 1994.

[96] 中华人民共和国住房和城乡建设部. 中国风景名胜区发展公报. 2012.

[97]张国强,贾建中,邓武功.中国风景名胜区的发展特征[J].中国园林,2012,28(8):78-82.

[98]严国泰,宋霖.风景名胜区发展40年再认识[J].中国园林,2019,35(3):31-35.

[99]赵智聪,杨锐.中国风景名胜区制度起源研究.2019,35(3):25-30.

[100]严国泰,宋霖.国家公园体制下风景名胜区的价值与发展路径[J].中国园林,2021,37(3):112-117.

[101]曹华春,黄亦工.中国风景名胜区管理体制70年发展历程[J].中国园林博物馆学刊,2021,7:133-138.

[102]黄宏文.中国植物园[M].北京:中国林业出版社.2018:2-3.

[103]汪国权,胡宗刚.中国植物园的由来、出现和发展[J].古今农业.1993(3).

[104]胡文芳.中国植物园建设与发展.北京林业大学.2005.

[105]贺善安,张佐双.21世纪的中国植物园[R].2010年中国植物园学术年会.

[106]郑光美.中国鸟类分布与分布名录(第三版)[M].北京:科学出版社,2017.

[107]魏辅文,杨奇森等.中国兽类名录(2021版)[J].兽类学报,2021,41(5):487-501.

[108]中国科学院.中国生物物种名录2021版[OL].[2021-05-22].

[109]容怀钰."大地园林化"文献史料研究[D].华中科技大学,2020.

[110]曹前发."生态兴则文明兴"——从毛泽东到习近平看中国共产党带领人民加强生态建设创造美好生活的百年征程[J].毛泽东思想研究,2021,38(5):1-8.

[111]吴超.从"绿化祖国"到"美丽中国"——新中国生态文明建设

70年[J].中国井冈山干部学院学报,2019,12(6):10.

[112]白仙富.区域绿化演变及发展对策初步研究[D].云南师范大学,2007.

[113]龙金晶.中国现代环境保护运动的先声[D].北京大学,2007.

[114]国家林业和草原局,国家发展改革委,自然资源部,水利部.2021:北方防沙带生态保护和修复重大工程建设规划(2021—2035年),http://www.forestry.gov.cn/main/5461/20220110/163049386831091.html.

[115]陕西省自然资源厅,陕西省发展和改革委员会.2021:陕西省国土空间生态修复规划(2021—2035年),http://zrzyt.shaanxi.gov.cn/info/1038/57934.htm.

[116]环境保护部,2008:全国生态脆弱区保护规划纲要,http://www.gov.cn/gzdt/2008-10/09/content_1116192.htm.

[117]王俊明,古代森林防火工作探究[J]森林防火,2019(6):49.

[118]国家林业局.全国森林防火规划(2016—2025年).

[119]吴建国,浅谈森林防火工作践行科学发展观的基本思路[J]国家林业局管理干部学院学报,2010(1):56.

[120]高国韵,森林资源保护与森林防火现状及对策研究[J],河北农机,2021(01):138.

[121]王梦雨,徐燕,赵明伟.我国近10年林火时空分布格局及原因分析[J],农业科技通讯,2021(10):201.

[122]但新球.中国历史时期的森林文化及其发展[J].中南林业调查规划,2003,22(1):3.

[123]程小玲,吴满元,唐小平.我国林地保护利用管理政策研究[J].中国林业经济,2013,(3):4.

[124]王洪波,韩爱惠,黄国胜,等.我国林地资源变化情况分析及管理对策[J].林业资源管理,2012,(1):5.

[125]《关于在国土空间规划中统筹划定落实三条控制线的指导意

见》. http://www.gov.cn/zhengce/2019-11/01/content_5447654.htm.

[126]潘丽. "三区变两区"后自然公园有限人为活动空间度量探索[J]. 城镇建设, 2020, (9): 24-25.

[127]魏嘉磊. 自然资源调查、监测及确权工作初探[J]. 南方农业, 2020, 14(15): 167-171.

[128]自然资源部.《自然资源调查监测体系构建总体方案》自然资发[2020]15号[J]. 自然资源通讯, 2020, (2): 13-22.

[129]陈荣胜. 森林资源调查技术研究综述[J]. 现代农业科技, 2015, (7): 3.

[130]宋庆丰. 中国近40年森林资源变迁动态对生态功能的影响研究[D]. 中国林业科学研究院, 2015.

[131]姜霞. 中国林业碳汇潜力和发展路径研究[D]. 浙江大学. 2016.

[132]古育平, 李文斗, 郭在标, 等. 我国森林资源二类调查和档案管理工作的历史发展特点、现状和对策措施[J]. 华东森林经理, 2008, 22(3): 33-38.

[133]黄征学. 国家规划体系的演进历程、融合难题与完善策略[N]. 改革(2020年第4期): 65-73.

[134]刘珉、胡鞍钢. 中国创造森林绿色奇迹[J]. 新疆师范大学学报(哲学社会科学版). 2021.10.09.

[135]陕西省地方志编纂委员会. 1996—08. 概述[R]. 陕西省志. 林业志.

[136]国家林业和草原局. 1949—2020年. 林草大事记.

[137]陕西省林业局. 2021—09. 陕西省林业发展"十四五"规划.

[138]国家林业和草原局、国家发展和改革委员会. 2021-12-14. "十四五"林业草原保护发展规划纲要.

[139]李世东. 中国林业工作 手册[J]. 2006.

[140]张岩. 我国林业工程审计制度框架构建研究[M]. 北京: 经

济管理出版社, 2010.

[141]杨帆. 我国六大林业工程建设地理地带适宜性评估[D]. 兰州交通大学, 2015.

[142]陈蓬. 中国林业生态工程管理机制研究[D]. 北京林业大学, 2005.

[143]关凤峻, 刘连和, 刘建伟, 等. 系统推进自然生态保护和治理能力建设《全国重要生态系统保护和修复重大工程总体规划（2021—2035年)》专家笔谈[J]. 自然资源学报, 2021, 36(2): 290-299.

[144]覃庆锋, 陈晨, 曾宪芷等. 长江流域防护林体系工程建设30年回顾与展望[J]. 中国水土保持科学, 2018, 16(5): 145-152.

[145]张守攻, 郝育军. 中国科技之路 林草卷 绿水青山[M], 北京: 中国林业出版社, 2021.

[146]陕西省地方志编纂委员会. 陕西省志·林业志(1949—1989)[M], 北京: 中国林业出版社, 1996.

[147]陕西省地方志编纂委员会. 陕西省志·林业志(1990—2010)[M], 北京: 中国林业出版社, 2020.

[148]樊宝敏. 中国清代以来林政史研究[D]. 北京林业大学, 2002.

[149]胡文亮, 王思明. 近代林业科技要籍述略[J]. 图书馆理论与实践. 2013(2), 23-26.

[150]刘克勇. 中国林业财政政策研究[J]. 2005.

[151]王心同. 中国林业发展的经济政策研究[J]. 北京: 北京林业大学, 学位论文, 2008.

[152]胡运宏, 贺俊杰. 1949年以来我国林业政策演变初探[J]. 北京林业大学学报（社会科学版), 2012, 11(3): 21-27.

[153]林言. 改革开放30年林业巨变[J]. 中国林业, 2008, 10(1).

[154]王立磊. 近代以来我国林业税费制度变迁研究[D]. 河北农业大学, 2011.

[155]吴振新,鲁年俊.完善育林基金管理办法的思考[J].林业财务与会计,1999(7):27-28.

[156]胡昊.我国森林生态效益补偿政策及其影响研究[D].合肥:安徽大学,2017.

[157]戴凡.新中国林业政策发展历程分析[D].北京:北京林业大学,2010.

[158]张美华.中国林业管理体制研究[D].西南农业大学,2002.

[159]国家林业局.中国林业五十年1949—1999.1999:235-254.

[160]国家林业和草原局.林草大事记[EB/OL].http://www.forestry.gov.cn/main/60/index.html.

[161]王瑞贺.中华人民共和国森林法(释义).2020.

[162]王洪杰.中华人民共和国野生动物保护法(释义).2016.

[163]陕西省林业厅.林业政策法规汇编.2006.

[164]胡文亮.梁希与中国近现代林业发展研究[M].2016.

[165]尚书·虞书·舜典.

[166]周礼·地官·山虞.

[167]周礼·地官·林衡.

[168]陈业新.秦汉生态职官考述.[J].文献.2000(4):41-47.

[169]徐松辑.宋会要辑稿.[Z].北京:中华书局.1957.

[170]傅光华等.林长制体系构建探索.北京:中国林业出版社.2022.

[171]国家林业局林业培训交流与国有林管理考察团,张周忙,张健民.借鉴芬兰、英国管理经验促进我国林业发展——芬兰英国考察报告[J].林业经济,2011(12):83-89.

[172]黄以黔.法国的森林资源管理与林业建设经验——赴法国山地营林及水土保持考察报告[J].贵州林业科技,2000,28(4):60-64.

[173]李茗,陈绍志,叶兵.德国林业管理体制和成效借鉴[J].世界林业研究,2013,26(3):83-86.

[174]刘红纯.世界主要国家国家公园立法和管理启示[J].中国园林,2015(11):573-77.

[175]日本林野厅,国民経済及び森林資源[R].日本農林水産省,2021.

[176]日本環境省,環境省五十年史[M].環境省五十年史編さんチーム,2021.

[177]唐海萍,陈姣,房飞.世界各国草地资源管理体制及其对我国的启示[J].国土资源情报,2014(10):9-17.

[178]徐济德.英国森林资源经营管理现状与监测体系特点及启示[J].林业资源管理,2010,06(25):124-128.

[179]自然生态空间用途管制办法(试行),2017.5.

[180]中共中央办公厅,国务院办公厅.建立国家公园体制总体方案,2017.9.

[181]中共中央办公厅,国务院办公厅.关于建立以国家公园为主体的自然保护地体系的指导意见,2019.6.

[182]中共中央.关于坚持和完善中国特色社会主义制度 推进国家治理体系和治理能力现代化若干重大问题的决定,中国共产党第十九届中央委员会第四次全体会议通过,2019.10.

[183]国务院办公厅.关于加强草原保护修复的若干意见,国办发〔2021〕7号,2021.3.

[184]国务院办公厅.关于印发湿地保护修复制度方案的通知,国办发〔2016〕89号,2016.11.

[185]中共中央办公厅,国务院办公厅.天然林保护修复制度方案,2019.7.

[186]姜霞,王坤,郑朔方,等.山水林田湖草生态保护修复的系统思想——践行"绿水青山就是金山银山"[J].环境工程技术学报,2019,9(5):475-481.

后　记

不知不觉，从事林政已有十余年时间。林政以"林"打头，因"林"而兴，又为"林"而围，被"林"所困。我们也在不断破解林之围、林之困，因时势而变，探索兴林草、兴生态之路。由于疫情反复等多种原因，过去多半年时间，静心思远，定制研磨《林政之变》是我心智活动的重要内容之一。出差途中、健步路上，甚至于梦境中，都在穿梭岁月通道，往来于林政变迁的风景中。林政发展变化，变在前所未有、因势而生，变在立破并举、涤旧生新，有过化蛹为蝶的艰难与阵痛，也有着直通未来的底气与豪情。无论如何，70多年过往，都已化作为这本书——《林政之变》。

基于深情厚爱。在新一轮机构改革的关键节点，我担任陕西省林业局局长，深感重任在肩，始终坚持边学习、边思索、边实践。从自然生态空间一体化治理新格局的需要出发，提出了"五大阵地、六条战线、五项保障"总思路和建设"政治强、业务精、形象好"生态绿军总要求。《林政之变》主体框架，延续了上述"565"的治理思路。立足全国，放眼世界，有职能升级、空间变换、面相变幻、理念变迁、目标变化，也有生态保护与修复同室而居的夫妻篇，国有林与集体林、天然林与人工林、公益林与商品林血脉相融的兄弟篇，还有造林地与剥离地中自然力量和人为力量的对抗篇……可以说，《林政之变》是对生态空间历史发展和未来趋势的总概括，包含着我对林政变化的分析和思考，注入了我对生态空间治理事业无法停歇的挚爱与深情。至此，我也可以给我的职业生涯留下爱的结晶……

成于勠力同心。回首往事，一开始，我是一个孤独的奔跑者。后来，成为名副其实的领跑者。一众年轻后生、林政学子，从不同方向、各大阵地、各条战线，生龙活虎，意气风发，直奔《林政之变》而来。由此，物理变化迅速升腾为化学反应，形成了一支颇具创造力、影响力的林政创作团队。《林政之变》是集体创作，一群脚踏实地肯钻研、有韧劲的青年人参与，让作品具有青春气息。在细节纹理刻画上，他们着力用功远胜任于我。多数时候，我只是指方向、定位置、点题目、画草图、把大势，而他或是她，把生命繁盛的生态空间置于心头，在无数个用心用情的创作之夜，埋头苦干，孜孜不倦，攀登知识高山，畅游信息海洋，拼接出完整的知识链条、信息链条和林政链条，将心中一丝一缕的灵光智慧凝结于笔端，浇铸于每一变的机关颈节，集成一个又一个变与不变的时空画卷。我将迈入花甲之年，但愿意始终保持青年的心智，青年的激情，愿意和青年人交流，更喜欢看到他们学习思考、奋进爬坡的样子。我欣喜，在撰写《林政之变》过程中，每一个人都在深入学习、刻苦钻研中得到了锻炼成长，完成了他们未曾预料可以胜任的艰巨工作。我庆幸，有了这群青年人接续奋斗，生态空间治理事业必将生机勃勃、绿意盎然。

归于山清水秀。党的十八大以来，生态文明建设纳入中国特色社会主义事业"五位一体"总体布局，林政升级转型发展，形成"自然保护地+森林、草原、湿地、荒漠四大生态系统"的生态空间治理新格局。在百年未有之大变局与中华民族伟大复兴相叠加的历史交汇点，林政也在发生剧烈变化，阵地、理念、政策、方向等优化调整、加速演进，大步追赶时代发展大势。出版《林政之变》的目的，就在于知识成果转化升值，并创造出新的价值。创作团队认为，《林政之变》全面梳理 70 多年林政之路，每一变都是破茧成蝶、推陈出新，了解过去，认识现在，把握未来。通过《林政之变》，可以全面了解林政之路、系统辨识林政之势。在追梦山清水秀之路上，新时代林政提出了更为繁难而高远的要求，我们既不能满足于以往的成绩，也不能束缚于发展的瓶颈，更不能困惑于未来的目标，要敏锐观察时局，顺势而为，提升能力，开拓奋进，阔步深绿，由绿而美。我们相信，《林政之变》有利于谱写林政发展新篇章，为生态空间治理增值赋能，推动兴林草、兴生态事业取得更大进步。

变化永恒，不变的是我们的工作亦步亦趋跟着变化进入人民对美好生活向往的新高度。完成了《林政之变》，我们每一个人都完成了一次自我革命。在林政发展变化的历史长河中，所有人经历的历程只是一个小小的片段，"一千个人眼中有一千个哈姆雷特"。我们这个团队，未必能对林政之变的每一个关节点把握得尽善尽美、皆大欢喜，每一代人、每一个作品或许都有不可避免的缺憾。令我欣慰的是，我们已经从林政之变向林政之治迈出了关键一步，在自己的职业生涯中，充满激情、竭尽全力地致力于推动兴林草、兴生态事业。我将要告别林政职业生涯，但林政事业永葆青春，我的生命与林政事业相伴，永不凋落。开拓新林政道阻且长，希望年轻一代甘作绿色愚公、勇敢面对挑战，扛起林政之治的重任。过去，我们奋进拼搏，攻克了无数难关。今后，也一定能够继往开来，再创辉煌。